특목고, 명문대 보낸
엄마들의 자녀교육

앞서 가는 엄마는 어딘가 다르다

특목고, 명문대 보낸
엄마들의 자녀교육

김금남 김순미 김현숙 박석희 신지연
이미경 이현숙 정병희 정연덕 조옥남

맹모지교

특목고 명문대 보낸 엄마들의 자녀교육

초판 1쇄── 2006년 6월 15일
개정 2쇄── 2014년 2월 28일

지은이── 김금남 김순미 김현숙 박석희 신지연
        이미경 이현숙 정병희 정연덕 조옥남
펴낸이── 양영채

펴낸곳── 맹모지교
주소── 120-786 서울 서대문구 홍제동 453 청구상가동 204호
전화── 02-395-2442
팩스── 02-395-2020
홈페이지── www.mmother.co.kr
출판등록── 2006년 4월 4일 제312-2006-00021호

값 12,000원

꽃에는 저마다 재배법이 있다

　책이 나온 지 6개월 만에 개정판을 내게 된 것은 우리 공동 저자의 아이 중 세 명이 2007학년도 대학입시에서 서울대 의대, 약대, 공대에 나란히 합격한 데 따른 것입니다. 우리가 적용해 왔던 교육이 그래도 괜찮은 방식이었음을 다시 확인한 셈이니 여간 기쁘지 않습니다.

　지금 내 아이를 제대로 관리하고 있는 걸까?

　아이를 키우면서 늘 가슴 한 편에 이런 의문이 있었습니다. 아이가 잘 따라와 주었는데도 이런 걱정을 하게 되는 것은 아이들 관리가 그만큼 어렵기 때문일 겁니다.

　서울대, 연세대, 고려대, 카이스트, 의대 등에 아이를 보낸 우리 엄마 열 명이 각자 아이를 키워온 경험을 풀어놓기로 한 것은 교육문제라는 힘든 과제를 안고 살아가는 엄마들의 근심과 어려움을 덜어주는 데 조금이라도 보탬이 되리라 생각했기 때문입니다.

　돈으로 환산하기 어려운 저마다의 소중한 경험을, 자식농사를 잘지었다는 부러움과 시샘의 시선 뒤에 가려 보이지 않는 고민과 갈등,

방황과 좌절까지도 솔직하게 드러내자고 했습니다.

그리고 뜻을 모은 지 반년 만에야 초판이 나왔습니다. 자식농사에 20년을 매달려 온 우리 엄마들의 체험적 교육 이야기이자 삶의 한 궤적이기도 합니다. 단순히 공부 잘하는 아이로 키운 엄마들의 관리 기술을 넘어 아이를 성숙한 사회인으로 만드려는 노력까지 담으려 했습니다. 자화자찬이지만 자녀관리 교과서라 해도 과언이 아니라고 생각합니다. 당초 책을 내자는 취지도 그랬습니다.

엄마들의 이야기를 가지런히 정리하기 위해 주제별로 가닥을 잡았습니다. 아이를 키우고 공부시키면서 공통적으로 느끼고 관리해 온 것들은 주로 '~하라'라는 이름으로 묶고 사례를 들었습니다. 우리 엄마들이 이구동성으로 권하는 관리법인 셈입니다. 공통적이지는 않더라도 눈여겨 볼만한 이야기는 '~하다'라는 제목을 달았습니다.

물론 여기 촘촘히 적은 이야기들을 엄마들은 모두 수용할 필요는 없고 필요한 것만 받아들이면 됩니다. 꽃은 그 본성마다 다른 재배법이 있듯 아이를 키우는 데도 각기 맞는 교육법이 있기 때문입니다. 분명한 것은 이 중에서 몇 가지만 실천에 옮기더라도 효과가 있을 것이라는 점입니다. 역시 관건은 실천입니다.

아이를 키우는 과정은 부모와 아이와의 끊임없는 상호작용 과정이어서 때로는 양보하고, 때로는 수긍하면서 맞추어 가는 것입니다. 때문에 어느 것이 딱히 정답이라고 하기에 어려운 것도 많고 그래서

6

아이 제대로 키우기가 더 어려운지도 모르겠습니다.

우리는 각자의 교육, 학습관리법을 정리하면서 누구라도 '맹모'가 될 수 있고, 어떤 아이라도 '맹자'가 될 수 있음을 확인할 수 있었습니다. 대단해 보이는 엄마들도 결국 '특별한 보통 엄마'였습니다. 이 책이 아이들의 꿈을 먹고사는 엄마들에게 희망과 용기를 안겨 줄 수 있는 이유입니다. 물론 그 '특별'과 '보통'의 경계선은 열정과 노력입니다. 세상에 거저 되는 일이 없는 것과 같은 이치입니다.

이번 책은 아이를 키워온 과정을 전체적으로 되돌아본 자녀교육의 총론입니다. 기회가 되면 좀더 세부적인 각론들을 엮어볼 참입니다. 책에서 다 못한 이야기는 인터넷www.skymom.co.kr에서 이어가자고 했습니다.

우리가 해왔던 교육법이 엄마들에게 조금이라도 도움이 될 것을 기대하면서, 육필로 원고를 작성하는 등의 열의로 책을 만들어낸 우리 엄마들끼리도 자축의 인사말을 나눠봅니다.

2007년 1월 봄을 기다리며

김금남, 김순미, 김현숙, 박석희, 신지연
이미경, 이현숙, 정병희, 정연덕, 조옥남

특목고, 명문대 보낸
엄마들의 자녀교육

1. 엄마가 맹모라야 자식이 맹자—엄마 역할의 중요성

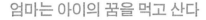

엄마는 아이의 꿈을 먹고 산다

1998년 10월 31일

지원이가 자기 일을 미루고 눈가림식으로 학습문제지들을 해답 보고 베껴 놔 속이 상한다. 어떻게 해야 바르고 올곧게 자랄까? 어떻게 도와줄까?

11월 2일

오늘도 지원 생각. 어떻게 도와주어야 자기 할 일을 할 줄 아는 사람으로 클까?

1999년 1월 20일

자발적인 학습태도가 없다. 그래서 늘 마음이 상한다. 어떤 이유에서 오는 것일까? 영어도, 한자도, 수학도, 국어도, 독서도, 일기도, 기상시간도. 이 아이를 어떻게 지도했기에 많은 면에서 부족할까? 넘치는 것은 잘 먹는 것. 유치원 때부터 "뭐하고 왔니?"하고 물으면

16

"간식 먹고 왔지."

빈 공간 공간에 빼곡히 그림 그리기, 언제나 특기가 그림이었다. 말로 표현할 수는 없지만 특이하게 하는 운동. 옷 투정 부리지 않는 것. 그것만으로도 참으로 고맙다.

TV에 푹 빠져서 불러도, 잡아당겨도 모른다. 다른 집 아이들은 시키지 않아도 한다던데 내 아이는 왜 이리도 발전이 없을까?

5학년 1학기 때쯤 좀 뭐가 보이더니 다시 퇴보. 이런 신경전을 언제까지 벌여야 하나? 답답하기만 하다. 엄마의 답답한 심정을 알까? 옆에 사는 언니는 늘 "아이는 잘 먹고, 잘 놀고, 너랑 사이가 좋으면 문제가 없다"고 충고한다.

매일매일 재미있게 지내라고? 아이랑 사이좋게 지내는 게 중요하다는 걸 모르지는 않지만 그것 때문에 아이를 그냥 보고만 있기에는 갈 길이 너무 멀다.

과학고를 거쳐 한국과학기술원KAIST에 재학 중인 지원이가 초등학교 다닐 때 김현숙 씨가 쓴 일기다. 한 줄 한 줄에 아이를 제대로 키우려는 고민이 녹아 있다. 둘째도 2007학년도에 과학고에서 서울대 약대에 들어가 공부관리에서 둘째 가라면 서러워할 엄마지만, 아이들 때문에 하루도 마음 편한 날이 없다.

자녀 교육의 큰 틀이 완성돼 소소한 걱정에서 벗어난 지금도 엄마는 두 딸에게 수시로 잔소리를 늘어놓는다. 수학, 물리는 어려우니

평상시에 그날그날 복습으로 완전 터득해라, 아프면 안 되니 건강 조심해라, 무리수 두지 마라, 몸 따뜻하게 해라, 개운한 마음을 위해 따뜻한 물에 샤워해라, 감기 걸릴라 기숙사 창문 열어놓고 잠들지 마라 등등 시시콜콜한 이야기까지.

곡식은 주인의 발자국 소리를 듣고 자란다는 말이 있다. 정성과 애정을 얼마나 쏟느냐에 따라 작황이 달라진다는 이야기이다. 실로 그렇다. 잘 익은 곡식을 거두기 위해 농부는 씨뿌리기에서 수확까지 얼마나 바쁜 걸음을 재촉하였던가? 지나가는 바람에 쓰러지지나 않을까, 쭉정이가 되지나 않을까, 웃자라지나 않을까 하는 걱정과 근심에 편안한 날이 며칠이나 있었을까?

과학고, 외국어고, SKY대학으로 통칭되는 서울대, 연세대, 고려대와 KAIST와 포항공대, 의대 등에 아이를 합격시켜 자식농사에서 최고 수확을 거둬들인 엄마들. 자녀관리에서 어느 엄마에 비교해도 조금도 모자람이 없는 우리 시대의 맹모孟母들이다. 부러움과 시샘을 한 몸에 받는 그들이지만 그 결과가 있기까지 얼마나 많은 노력과 갈등과 방황과 좌절이 존재했는지 알아야 한다. 성공한 엄마들은 고민과 노력의 결정판이다. 외형적인 결과에만 눈을 돌려서는 결코 '맹모'가 될 수 없다.

첫째가 중앙대 의대에 다니고 둘째가 2007학년도에 서울대 의대에 진학한 이미경 씨를 주변 사람들은 "어쩜 그렇게 아이들 공부를 잘 시켰느냐"며 "공부 잘 시킨 노하우를 좀 알려 달라"고 쉽게 말하

지만, 첫째 때문에 속이 시
커멓게 타고 커피 중독자
가 되었던 과거가 있다는
사실은 잘 모른다.

아이의 꿈은 일찍부터 의사가
되는 것이었다. 외국어고에서는 이과
지망생들을 위해 방과 후 보충수업을 실시했
지만 이것만으로는 턱없이 부족했다. 첫째는 중학교 때 선행학습을
전혀 하지 않은 탓에 방과 후 별도로 학원 수업을 받아야 했다.

수능을 목표로 했기 때문에 내신 성적엔 크게 개의치 않아도 됐
다. 수능영어는 학원을 다니지 않아도 중학교 때부터 줄곧 이어왔던
기본 실력과 학교 수업만으로 무난했다. 그러나 수학은 달랐다. 수
학을 따라잡아야 했기 때문에 외국어고에 입학했을 때부터 수학학
원을 정해서 꾸준히 하는 수밖에 없었다.

과학은 방학 때와 고3 때 마무리 학습을 했다. 특히 긴 겨울방학은
과목별 진도계획을 세워 빠듯하게 보냈다. 학교 내신은 가까스로 석
차 백분율 20% 이내에 들었다. 우수한 학생들이 모인 곳이었기에
그것만으로도 사실은 대단하다고 위안이 되는 실력이었다.

하지만 석차 20% 이내를 유지한다는 게 얼마나 힘든지 알 만도
한데 아이는 이런 상황을 아는지 모르는지 컴퓨터 게임에 빠져들었
다. 성적은 상위권을 유지하였으나 과목별로 등락을 거듭했다.

"말을 물가에 데려갈 수는 있으나 물을 마시게 할 수는 없다는 말은 공부는 스스로 느껴서 해야 한다는 뜻입니다. 아이가 스스로 깨달아 공부할 때까지 기다려야 한다는 것을 모르는 사람은 없어요. 그러나 현실은 그렇지 않았어요." 매 학기 성적이 대학 입시에 그대로 반영되는 상황에서 아이가 스스로 깨닫기까지 무작정 믿고 기다릴 수만은 없었다.

엄마는 아이를 감시하고 감독하지 않을 수 없게 되었고, 그 결과 아이는 더욱 타율적으로 되어만 갔다. 매학기 성적을 관리해야 하는 데다 이과 과목을 별도로 공부시켜야 하는 엄마로서는 '이건 아닌데……' 하면서 자꾸 타율적이 되어가는 아이가 밉고 야속해졌다. 아이를 의심하고 감시하고, 감독을 심하게 할수록 사춘기에 접어든 아이는 점점 엄마로부터 멀어졌다. 시키는 것만 하고, 갑갑한 현실을 피하기 위해 틈만 생기면 게임에 빠지고, 차츰 거짓말도 했다. 학교 야간 자율학습 시간에 학원에 간다며 학교 근처 PC방으로 가는 경우까지 생겼다. 입시가 가까워질수록 게임을 중단하고 공부에만 열중해야 하는데 아이는 오히려 정반대였다.

어떻게 하면 아이의 마음을 돌릴 수 있을까? 화가 나지만 풀어야 할 숙제였다. 대화법에 관한 책을 읽던 중 한눈에 쏙 들어오는 구절을 발견했다. "화가 나면 뜨거운 물을 천천히 마셔라. 시간을 벌면 냉정을 되찾을 수 있다."

그는 이 구절을 읽고 따라해 보기로 했다. 학교 주변 PC방을 다 없앨 수 없는 대신 뜨거운 커피를 천천히 씹어 넘기기 시작했다. 눈물과 함께. 그리고는 곧 커피 중독이 되어버렸다.

아이는 이렇게 숨바꼭질하듯 고3을 보내고 수능을 거쳐 의과대학에 합격했다. 그렇게 희망하던 의과대학 입학식 날이었건만 엄마는 무작정 기쁘지만은 않았다. 서로에게 준 상처가 너무 깊었다.

아이는 지난 여름방학 두 달 동안 자전거로 전국을 여행했다. 큰 인생 공부가 되었던지 소파에 잠들어 있는 엄마에게 자기 이불을 덮어 꾹꾹 눌러주기도 하고, 몇 년 사이 심어 놓은 듯한 흰 머리를 물끄러미 쳐다보며 "할매 다 됐네!" 하면서 놀리기도 한다. 외출해서는 간혹 연락도 한다. 엄마가 물으면 "그냥"이란다. '애먹인 만큼 미운 정도 들었겠지' 하고 엄마는 스스로를 위안한다.

엄마 관리 없이 특목고나 SKY대 진학은 어렵다

특목고과학교와 외국어고와 서울대, 고려대, 연세대, KAIST, 의과대학 등 SKY대학에 아이를 진학시킨 엄마 20명을 대상으로 "엄마의 관리가 없었더라도 자녀가 특목고나 명문대에 진학했을 거라고 생각하느냐?"고 물었다. 결과는 절반 이상53%이 "어려웠을 것"이라고 응답, 엄마의 공부관리가 SKY대학 진학에 얼마나 중요한지 새삼 느끼게 했다. "거의 불가능했을 것"이라는 엄마도 6%나 됐다.

이에 비해 "엄마의 관리가 없었더라도 확실히 명문대에 진학했을 것"으로 확신한 엄마는 12%였다. 여기에 해당하는 아이들은 공부

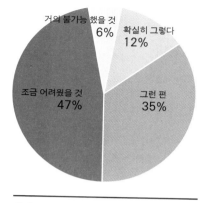

거의 불가능 했을 것
6%

확실히 그렇다
12%

조금 어려웠을 것
47%

그런 편
35%

엄마의 관리가 없었더라도 자녀가 특목고나 명문대에 입학했을 것이라고 생각하나요?

에 정말로 뛰어난 재질을 갖춘 아이들일 것이다. "아마도 그랬을 것"이라고 다소 낙관적으로 생각한 엄마는 35%였다.

설문이 입시에서 좋은 성적을 거둔 아이를 둔 엄마들을 대상으로 진행됐음을 고려한다면 엄마의 관리가 필요한 아이들의 범위는 이보다 훨씬 넓어진다. 거의 모든 아이가 엄마의 손길을 거쳐야 된다는 게 정답일 것이다.

성장기 아이들에게 엄마는 절대적으로 필요한 존재이다. 엄마는 아이와 같이 호흡하면서 세상을 보는 눈을 키워주고, 어려움을 함께 나눈다. 자신이 가진 것을 자식에게 다 주어도 하나도 아까워하지 않는 존재이다. 아이의 공부에서 엄마가 필요하다는 점은 두말할 나위가 없다.

2005학년도 입시에서 큰아이 재성이를 서울대 법대에 보낸 정병희 씨의 경우는 엄마의 존재가 자녀교육에서 얼마나 필요한지 실감하게 하는 대표적인 케이스이다. 엄마가 옆에 있으면 공부가 잘된다는 아이의 말에 엄마는 수능 3개월 전부터 아이와 같은 방에서 생활했다. 혹시 아이가 엎드려 자면 바르게 자도록 하고, 이불을 걷어차면 덮어주었다. 밤늦도록 공부하는 아들에게 엄마는 분발의 원동력이었다.

고등학교 교사인 정 씨는 수업이 끝나는 대로 집으로 곧장 돌아왔다. 생활을 단순화해 다른 데 신경 쓰는 일을 줄이고 아이 관리에만 집중했다. 둘째 아들도 엄마와 '3개월 합숙훈련' 과정을 거쳤음은 물론이다. 둘째는 2006학년도 입시에서 강릉대 치의예과에 진학했다. 큰아이는 대학생이 되고 난 뒤에도 "지금도 엄마가 옆에 있으면 공부가 잘 된다"고 한다. 아이들은 서로 눈이 마주칠 때 하는 말이 있다. "엄마가 보고 있다."

아이 키우기는 큰 공 굴리기다

외국어고를 거쳐 2006년 고려대 경영대에 입학한 은해 엄마 박석희 씨는 공부문제로 아이들과 큰 마찰을 빚지 않았던 행복한 경우에 속한다. 둘째도 외국어고에 재학 중이고, 셋째도 두 언니들처럼 외국어고 진학을 목표로 세우고 있는 이 집의 행복 비결은 무엇보다 아이들이 엄마를 잘 따라주는 데 있다.

"아이들이 부모한테 잘 순종하는 편이에요. 엄마가 관리해 주는 대로 잘 따라와 주었어요. 강압적이지 않으면서도 목표를 한 번도 놓은 적은 없었죠. 지치지 않고 질기게 끌고 갔어요." 이런 엄마를 보고는 아이들이 오히려 미안해한단다.

남매를 서울대에 보낸 영준이 엄마 김순미 씨의 경우도 비슷하다. 큰아이는 용돈이 아쉬우면 "고등학교 때부터 학비 부담 지우지 않았고, 대학에 합격해서는 이공계 장학금을 받고 있다"고 큰소리친다. 엄마는 말썽 한 번 부리지 않고 평탄하게 자라준 큰아이가 정말 고맙다. 남들보다 쉽게 자라나 주어서 고맙고, 엄마에게 감사하게 생각해 주어서 고맙다. 큰아이에게는 정말 고마운 마음뿐이라고 엄마는 고백한다.

아이들이 큰 말썽을 부리지 않더라도 '자식농사 프로젝트'의 매니저인 엄마는 편안한 날이 없다. 공부를 잘하면 잘하는 대로, 못하면 못하는 대로 걱정과 근심, 고민과 갈등 속에 산다. 갈등과 방황, 노력과 좌절의 길이다.

아이들을 좋은 학교에 보내 자식농사에서 절반의 성공을 거둔 엄마들 중 절반가량47%이 "인생의 목표가 자녀 뒷바라지에 있다"고 응답했다는 사실에 주목할 필요가 있다. 물론 "그렇지 않다"는 엄마가 53%로 더 많았지만 인생의 목표가 자신이 아닌 자녀 뒷바라지라는 의식에서 엄마들의 마음과 열정을 한눈에 알 수 있다. 단순히 아이의 공부 성공이 아니라 인생 성공을 위해 자신의 인생까지도 포기한다는 엄마들의 발걸음은 비장하고도 아름답다.

첫째가 서울대 경제학과에 재학 중이고, 둘째가 2006년 연세대 공대에 입학한 다솜이 엄마 조옥남 씨는 몇 년 새 부쩍 흰 머리카락이 늘었다. 어느 날 학교에서 돌아온 첫째가 엄마 머리를 유심히 쳐다보다가 놀란 듯이 소리를 질렀다. "엄마, 머리가 왜 이래?" 새카맣던 머리카락 사이로 흰머리가 무성히 나오고 있었다. "너희들 키우다 보니 그렇게 됐다."

그럴 만도 했다. 이 집은 요즘 보기 드문 3녀1남의 아이를 둔 집이다. 현관문을 들어서면 빽빽하게 놓인 신발이 마치 잔칫집에 들어온 느낌이 들 정도였다. 지난 2년 동안 아이가 모두 초·중·고·대학교에 한 명씩 재학 중이었으니 엄마가 얼마나 바쁜 걸음을 쳤을지 쉽게 짐작이 간다.

가지 많은 나무에 바람 잘 날 없다고, 고등학교 2학년이던 첫째가 갑자기 폭탄선언을 했다. "엄마, 나 학교 다니기 싫어." 아니 이게 무슨 청천하늘에 날벼락이야? 1학년 때부터 회장을 맡고 공부도 잘해 학교생활에 아무 문제가 없다고 안심하던 아이였다. 학교에서도 선생님이나 친구들로부터 과분할 정도로 사랑 받고 있었다.

논리는 간단했다. 학교 다니는 게 의미가 없다는 것이었다. 친구들은 시시껄렁한 연예인 이야기만 하고, 선생님은 별로 마음에 안 들고, 고등학생이라고는 하지만 초등학교 때보다 읽은 책이 적다는 것 등등. 자퇴생들이 쓴 책도 벌써 몇 권 읽었고, 이들이 아지트로 삼는 카페도 다녀온 모양이었다.

집안은 초상집 분위기였다. 학교를 제대로 마쳐야 하는 이유를 교과서적으로, 현실적으로 설명해 본들 검정고시로도 원하는 대학에 갈 수 있다고 고집을 피웠다. "본인이 정 그렇다면 할 수 없다"고 모두 다 포기했지만 아빠만은 안 된다고 단호하게 나섰다. 아이는 결국 아빠의 말을 수용했다.

자퇴소동은 끝이 났지만 자그마치 3개월을 허송한 뒤였다. 학교에 계속 다니겠다고 마음을 돌려먹은 아이에게 고마운 마음에 선물로 사준 노트북은 고3이라는 중요한 시기에 또 하나의 시한폭탄이 되었다.

조 씨는 "시인 서정주는 '나를 키운 건 8할이 바람'이라고 했지만 아이들을 키운 건 8할이 부모들의 한숨과 눈물이라고 말하고 싶다"고 했다. 그는 아이 키우기를 운동회 때 큰 공 굴리기에 비유한다.

"두 사람이 한 팀이 되어 굴리는 이 게임은 처음엔 공이 잘 굴러가는 것 같다가도 주자들이 조금만 방심하면 궤도를 이탈해 옆으로 굴러가고 말아요. 그러면 주자들은 얼른 궤도를 수정해 목표점을 향해 공을 다시 굴려야 하죠. 아이들은 이 굴러가는 큰 공과 같지 않을까요?"

소신파 엄마도 불안하긴 마찬가지다

자녀관리에서 수학 공식처럼 정답을 풀어낼 수 있다면 얼마나 좋을까마는 안타깝게도 그런 해법은 없다. 자녀관리는 자식과 부모 간의 끊임없는 상호작용에 따라 달라지기 때문이다. 수많은 변수가 있고, 그 변수마다 답은 달라지게 마련이다. 그러기 때문에 엄마들은 늘 불안하고, 초조하다. 현재 공부를 잘하고 있다고 안심할 수 없는 이유도 여기에 있다.

첫째가 연세대 의대에 다니고 둘째가 2007학년 서울대 공대에 합격한 신지연 씨는 소신 있는 자녀관리법으로 이름났다. 철저하게 아이들을 관리하고 있었지만 주위의 다른 엄마들이 자신과 다른 방식으로 아이들을 관리하는 모습을 볼 때는 내심 불안했다고 고백한다.

"주위의 모든 아이들이 단순 반복학습에 매달리고 있을 때 우리 아이들은 다른 활동을 하고 있었어요. 물론 다른 집 아이들은 단순 반복을 지겨워하고 있었고요. 하지만 '우리 아이만 뒤지는 것은 아닐까' 하고 내심 불안하기도 했던 것은 사실이에요. 그러나 믿음을 가지고 일관성 있게 밀고 나가야겠다고 생각했어요."

소신파 엄마도 이렇게 불안할 때가 있는데, 그렇지 않은 대부분 엄마들은 더 말할 나위가 없다. 특히나 옆집 아이가 어떻다는 이야기에는 더 민감해지기 마련이다.

'결대로 키운다.' 고려대 법대에 재학 중인 우경이 엄마 김금남 씨의 자녀관리 모토이다. 김씨는 아이가 태어났을 때부터 다짐했던 이 모토를 실천해 명문대에 보냈다. 아이가 싫어한다는 이유로 학원에도 제대로 보내지 않고 자식농사에 성공했으니 주위 사람들의 눈에는 오히려 이상하게 비칠 만하다.

"아이가 스스로를 행복하다고 생각하면 그것으로 족하다고 생각했어요. 공부에 대해 염려하지 않은 것은 아니지만 굳은 믿음이 있었죠. 크게 잘하지 않아도 학년별 학습 진도만 대충 따라가 준다면 스스로 필요성을 깨닫는 날, 언제든 잘할 수 있을 것이라는 절대적인 신뢰죠. 물론 아이는 우리 부부의 기대를 크게 저버린 적이 없었어요."

아이가 크게 공부를 잘하지 않아도 엄마가 태평할 수 있었던 것은 아이가 기본을 해주었기 때문이란다. 기본이 받쳐주었기 때문에 이러한 관리방식이 흔들리지 않았지만, 그렇지 않았더라면 아마도 이

방식을 지속해야 하느냐, 마느냐로 고민했을 것이라고 했다.

남들이 보기에는 '태평농법'이지만 이 방식을 초지일관하는 동안에도 아이가 공부의 필요성을 스스로 느낄 수 있도록 고민하고 노력했다고 말했다.

엄마가 관리해 주면 확실히 다르다

맹자의 어머니가 아들을 위해 세 번 이사했다는 맹모삼천지교孟母三遷之敎는 누구나 아는 고사이다. 맹모는 세 번째 시도에서 아들을 제대로 된 길로 이끌 수 있었다. 어떻게 보면 시행착오를 덜 거치고 빨리 자리를 잡은 행운맘이라 하지 않을 수 없다. 2천년 전 고사가 여전히 우리 엄마들에게 유효한 것은 자녀교육이 그때나 지금이나 힘들기 때문일 것이다.

자녀교육에서 만인에게 통하는 단 하나의 답은 없다. 그 본성마다 재배법이 다른 꽃을 키우는 것과도 같기 때문이다. 정답이 없기에 엄마의 공부관리 중요성은 더욱 절실해진다.

받아쓰기 20점이 서울대 가다

"영준이 엄마, 애가 갑자기 공부 잘하게 된 비결 좀 가르쳐주고 가세요."

김순미 씨 둘째의 중학교 졸업식 날, 같은 초등학교를 나온 아이 엄마가 갑자기 큰소리로 떠드는 바람에 사람들의 눈이 김 씨한테로 쏠렸다. 초등학교 때 받아쓰기를 잘못해 아이들로부터 "바보" 소리를 들었던 아이가 경시 특별전형으로 과학고에 합격했으니 그럴 만도 했다. 영준이는 2년 뒤 조기졸업 특별전형으로 서울대 공대에 합격했다. 엄마들에게 공부관리 중요성을 여실하게 보여주는 사례지만 아이가 자기를 바보라고 생각하며 지냈던 그 시간을 생각하면 김 씨는 지금도 마음이 아프다.

"엄마, 난 참 바본가 봐요!"

어느 날 학교에 갔다 온 아이가 심각한 목소리로 털어놓는 말에 엄마는 깜짝 놀랐다. "아니! 왜 그런 소리를 하니?", "아이들이 나를 바보라고 놀려요. 그리고 내가 생각해도 바보인 것 같아." 받아쓰기를 50점, 40점 급기야는 20점을 받으니 아이들이 "바보"라고 했다.

"아이 때 글자공부를 시키지 않았어요. 텔레비전과 책이 있어 저절로 다 하는 것 같더라고요. 좀 둔해서 그런지 우리 아이들이 언제부터 글자를 읽었는지 몰라요. 다 남들이 이야기해 주어서 알았어요. 아이들이 비교적 글자를 빨리 읽어 별로 신경을 쓰지 않았어요. 서울대 생명과학부에 다니는 큰아이는 입학하고 1주일 동안 가나다라…… 쓰기를 한 것 같은데, 세살 터울인 작은아이 때는 이마저도 없었던 모양이에요."

초등학교 입학하고 난 뒤 담임선생님이 받아쓰기를 한다며 아이들에게 "집에서 공부를 해오라"고 했는데, 김순미 씨는 당시 몸이 불편해 돌봐줄 형편이 되지 않았다. 아이는 '가훈'대로 오후 8시만 되면 잤고, 결국 받아쓰기 시험에서 소리 나는 대로 적어 줄줄이 틀렸다. 졸지에 "바보"가 된 것이다.

나중에 같은 반 애 엄마가 아주 딱하다는 듯이 김 씨를 쳐다보며 "대부분의 아이들은 동네 보습학원에서 1학년 1학기 교과서로 받아쓰기를 하고 왔다"고 일러주었다는 것이었다. 그런데 받아쓰기 연습도 못하고 그냥 갔으니 결과는 뻔했다.

아들이 바보로 취급받는 상황이 되자 엄마가 가만있을 수 없었다. 김 씨는 받아쓰기 공부를 시켜 보냈다. 당연히 100점이었다. 그러나 100점을 받은 뒤에도 작은아이에게 붙은 '바보'라는 별명은 학교를 졸업할 때까지도 붙어 다녔다. 물론 그때 이후 바로 아이를 꼼꼼하게 챙기고 학교도 자주 가 아이의 상태를 파악했더라면 이런 상황에서 빨리 벗어날 수 있었을 텐데, 아이가 100점을 받아 괜찮으려니 하고 방심했던 것이었다.

기질에 맞는 관리법을 찾아라

"공통수학 몇 번 했어요?"

둘째가 과학고에서 운영하는 '영재반'에 선발된 뒤 영재반 학부모 모임에 참석했을 때, 대치동에 산다는 엄마가 김순미 씨에게 물었다.

"네? 우리 아이는 아직 중학교 2학년인데요?"

그 엄마는 뜨악한 표정으로 김 씨를 쳐다보더니 "여기 다 2학년이에요. 공통수학 다 하는데, 우리 아이는 두 번째 들어가요. 여기에 더 한 아이들도 있을 걸요"하면서 한 술 더 떴다.

김 씨가 너무 놀랐던지 그 엄마 표정이 '이런 애가 어떻게 영재반에 들어왔을까?'라고 하는 것 같았다.

김 씨의 공부관리법은 방학이 되면 다음 학기 수학 문제집과 영어 독해집을 한 권씩 사 주고 스스로 풀라고 하는 방식. 큰아이는 그냥 버리는 문제집 하나 없이 사 준 문제집을 스스로 다 풀었다. 큰아이가 나중에 책을 정리하면서 "엄마, 내 책값은 아깝지 않지?"라고 했을 정도로 열심히 풀었다.

그러나 작은아이는 깨끗한 문제집이 많았다. 학교 성적을 유지하고 있어 "스스로 알아서 하라"며 맡겨 놓았더니 처음 몇 장만 연필 자국이 있을 뿐 깨끗했다. 그런 아들을 지켜보고 있는 중에 놀라운 이야기를 들었던 것이다. TOEIC 점수가 어떠니, 어떤 단계에서는 어느 학원이 좋고, 그 다음에는 어느 학원에 미리 예약을 해놓아야 제때 들어갈 수 있다는 등의 이야기가 오갔으니 걱정이 될 만도 했다.

도대체 다른 아이들은 언제부터 어떻게 공부를 해왔다는 말인가? 강남에 살고 있는 친구에게 전화를 했더니 "잘하는 아이는 어디에 살 건 잘한다"며 "걱정할 필요가 없다"고 했다. 다소 위안이 되었지만 혼란은 한동안 계속됐다.

김 씨는 다른 엄마들처럼 그렇게 할 자신이 없었다. 우선 아이가 받아들이지 않을 것이고, 남편을 설득할 수도 없을 것이라고 생각했

다. 아이가 밤늦게 학원 다니느라 지치는 모습도 보기 안타까울 것
같았다. 남편은 "큰아이한테는 냉정하게 잘 생각하고 대처하면서 왜
작은아이에게는 방향감각을 잃느냐?"며 소신대로 하라고 조언했
다. 불안은 했지만 욕심과 걱정을 적당히 접기로 했다.

실제로 '대치동식 공부법'은 소문만으로도 많은 엄마들을 기죽게
한다. 첫째를 한양대 의대, 둘째를 고려대 법대에 보낸 정연덕 씨를
통해 조금 유별난 공부법을 들여다보자.

"강남에서는 영어의 경우 초등학교 4학년 때 기초영문법을 다 끝
내고, 중2 정도면 〈종합영어〉를 마스터하는 게 보편적인 과정이죠.
학원을 못 다니면 과외를 붙여서라도 하고, 문법은 늦어도 초등학교
6학년 때까지 끝냅니다. 수학은 초등학교 고학년 때 중학교 3년 과
정의 원리 정도를 마스터하고, 고등학교 들어가기 전에 〈정석〉을 두
번 정도 봅니다. 강남에서 선행학습은 선택이 아닌 필수입니다. 강
남에서 고등학생이 되면 국어, 영어, 수학학원에 다니지 않는 아이
가 거의 없어요. 공부 정보는 초등학교 때부터 같이 올라온 상위권
엄마들끼리 늘 공유해왔죠."

이런 공부법이 모든 아이에게 통하지는 않는다. 두 아이를 외국어
고에 보낸 박석희 씨는 아이의 기질대로, 아이에게 맞는 공부방법이
더 효과적이라고 했다.

'대치동식 공부법'을 따랐던 정연덕 씨는 "학원 중심의 사교육 성
공사례는 상위 1~5% 학생에만 해당되는 소수의 아주 뛰어난 학

생들한테 해당된다"면서 이 아이들은 어디서든 개인적 능력으로 잘할 수 있다고 했다.

공부의 중요성과 성공 요인

자녀교육에 성공한 엄마들에게 "학교 공부가 인생에서 어느 정도 중요하다고 생각하느냐"고 물었다. 결과는 82%가 "중요하다"고 응답했다. 이중 "매우 중요하다"가 18%, "중요하다"는 64%였다. "보통"이라는 응답은 18%였다. "중요하지 않다"고 응답한 엄마는 한 사람도 없었다. 당연한 결과이다.

공부를 잘해서 명문대에 일단 적을 올리고 나면 인생의 상당 부분이 편안해진다는 것을 부인할 수 없다. 세계 공통이다.

아이를 SKY대학에 보내야 하는 이유는 SKY대학 출신들이 우리 사회의 정점에 있기 때문이다.

중앙일보가 서울대 사회발전연구소와 함께 우리나라 각계 파워 엘리트 3만1800여 명을 대상으로 2005년 조사한 '대한민국 파워 엘리트 분석'에서도 서울대 출신은 33%, 고려대 9%, 연세대 8%로 나타났다. 연·고대를 합친 비율이 서울대의 절반에 불과하

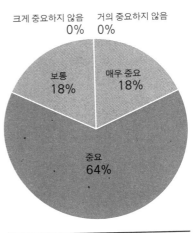

학교 공부가 인생에서 어느 정도 중요하다고 생각하나요?

지만 어쨌든 SKY대학 출신 파워 엘리트가 절반을 차지했다.

파워 엘리트 조사대상은 100대 기업 부장급 이상, 주요 20개 대학 부교수 이상과 2년제 대학 학과장, 판검사와 변호사, 종합병원 과장급 이상 의료인, 3급 이상 행정공무원, 부장급 이상 언론인, 전현직 국회의원, 차관급 이상 전현직 정무직 공무원이었다.

물론 386세대부터는 파워 엘리트가 되는 다양한 길이 생겨나고 있지만 이런 변화에도 불구하고 명문대 입학이 파워 엘리트로 가는 지름길이라는 사실은 별로 달라지지 않을 것이다.

실제로 공부 잘하는 사람을 위한 문은 넓다. 한 해 사법고시 합격자는 1,000명, 행정고시 200명, 공인회계사 1,000명이나 된다. 1년 동안 새로 임용되는 교수는 얼마나 많고 대기업 취업문은 얼마나 넓은가? 스포츠 스타나 연예 스타가 되는 것과 비교해 보면 어떤 게 더 쉽고 문이 넓은지 쉽게 가늠할 수 있다. 돈버는 일과 비교해도 금방 이해가 되는 대목이다. 공부는 자신이 노력하는 것에 정확하게 비례해 성적을 올려준다. 그런 의미에서 공부는 정직하다. 가까운 길을 놓아두고 먼 길을 돌아서 갈 필요는 없다. 엄마들은 아이들에게 이 점을 잘 설명해 주어야 한다.

2006년 대학입시에서 엄마 없이 가난하게 자란 쌍둥이 형제가 서울대에 나란히 합격해 화제가 되었다. 다섯 살 때 어머니를 잃고 목공일을 하는 아버지와 몸이 불편한 할머니 슬하에서 어렵게 자란 쌍둥이 형제가 과외나 학원을 거치지 않고 합격의 영광을 안았기에 더 눈길을 끌었다.

공부 성공의 원동력은 노력이다. 물론 집안의 뒷바라지가 명문대 진학의 주요 요인이 되고 있음은 부인할 수 없다. 실제로 서울대 합격자 중 서울 강남지역_{강남, 서초, 송파구}의 비중이 높은 것은 부모들의 파워를 배경으로 하고 있다.

하지만 집안의 뒷바라지가 받쳐 준다고 원하는 학교에 모두 진학하는 것은 아니다. 아이를 특목고, 명문대에 보낸 엄마 중 61%가 "노력"을 공부 성공 첫째 요인으로 꼽았다. 두 번째 성공 요인이 "집안의 뒷바라지"로 21%였다.

또 이들 엄마들의 94%가 "보통아이도 노력하기에 따라 명문대에 진학할 수 있다"고 응답, 노력을 가장 중요하게 생각했다. 실제로 J씨는 큰아이가 2006년 서울대 공대에 합격하자 친구들로부터 "왜 그렇게 엄살을 떨었느냐?"는 이야기를 들어야 했다. 아이가 새벽 2, 3시까지 잠을 자지 않고 공부를 하는데도 성적이 오르지 않아 연·고대 정도로도 만족해야 할 판이라고 늘 말해왔기 때문이다. J씨는 "합격 통보를 받고서야 돌이켜 보니 끈질기게 노력했던 게 통했던 것 같다"고 말했다. 아이의 노력보다 더 중요한 동인은 없음을 새삼 일러주는 이야기이다.

경제적인 뒷바라지가 다소 부족하더라도 경제 외적 요소 중에서도 공부 경쟁력을 높일 수 있는 것들은 얼마든지 있다.

아이의 성공은 엄마의 사랑과 열정의 크기에 비례한다

엄마의 열정과 사랑이 있으면 잘 자라지 못할 아이는 없다. 자식 농사에 성공한 엄마들에게 "자녀 공부에 열정을 가지고 있느냐"고 물었더니 82%가 "그렇다"고 응답했다. 엄마의 사랑과 열정이 자녀 성공의 키워드임을 한눈에 알 수 있다. "보통"이라는 응답은 18%였고 "그렇지 않다"고 답한 엄마는 한 사람도 없었다. 엄마들에게 "보통 엄마들과는 다른 노력을 기울였다고 생각하느냐"고 물었더니 69%가 "그렇다"고 응답했다. 성공한 엄마들은 자녀관리에 열정을 가지고 노력했다는 결론이다. 열정과 사랑의 뒷바라지 없는 탐스러운 과실은 있을 수 없음을 신지연 씨의 자녀교육 마스터플랜을 통해 확인할 수 있다. 그의 장기계획은 남다른 데가 있다.

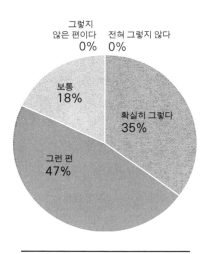

자녀 공부에 대한 열정을 가지고 있다고
생각하나요?

태교를 하면서 18년간 엄마 인생을 투자키로 하다

"결혼 후 임신을 하면서 다른 모든 엄마처럼 뱃속에 있는 아이를 멋지고 훌륭한 아이로 키워보고 싶었어요. 그때 태교를 하면서 '나의 인생 18년을 아이에게 투자해 보자. 무엇이 되어도 되지 않겠는가?' 하고 다짐했어요. 지금도 마찬가지지만 서두르지 말고 꾸준히 한 목표를 향해 나아가자는 것이었죠."

한 번의 과외 없이 혼자 힘으로 대학과 대학원을 졸업한 신지연 씨는 아이를 옆에서 도와준다면 자신보다 훨씬 더 능력 있는 아이로 키울 수 있다고 확신했다. 그의 장기계획은 두 아이의 연세대 의대 합격과 과학고 합격이란 결실로 이어졌다.

"아이가 뱃속에 있을 때 여느 엄마처럼 클래식 음악을 듣고, 책을 읽었어요. 강의를 다녔던 관계로 공부도 많이 했어요. 이것이 아이에게 도움을 주었는지는 모르겠지만 책임과 의무를 다해야 한다는 생각으로 노력했죠. 아이가 태어나자 기쁨보다는 두려움이 앞섰어요. 양육방법에 따라 아이의 성장 결과가 달라질 수도 있다는 생각에 이르자 두려웠어요."

그는 "생각 없이, 큰 그림 없이, 가치관 없이 아이를 기르고 싶지는 않았다"면서 "순간순간 아이에게 도움이 되고 훗날 후회하지 않을, 때를 놓치지 않는 교육을 하고 싶었다"고 했다.

그런 열정을 가진 그가 갓 태어난 아이에게 해주고 싶은 것은 너무 많았다. 많은 이야기를 들려주었고 책도 많이 읽어주었다. 공기욕 등 책에서 권하는 좋은 것은 모두 다 해주었다. 단계에 맞는 장난감을 제공해 주는 일도 소홀히 하지 않았다.

누워 있는 아이의 머리 위를 지나가지 마라, 문 쪽으로 머리를 두지 마라, 소변볼 때 건드리지 마라, 나쁜 것을 절대 보여주지 마라는 등의 어른들이 전통적으로 해오던 육아법도 지켜나갔다.

한번은 시어머니께 아이의 건강 상태를 자랑하였다가 혼이 났다. 아이의 건강함은 자랑하는 것이 아니라는 것이었다. 그 뒤로는 "우리 아이는 건강해. 또래보다 더 크고 몸무게도 많이 나가" 등의 자랑은 한 번도 하지 않았다.

남편이 상가를 다녀오면 어른들이 하던 그대로 소금을 남편에게 뿌린 다음 집으로 들어오게 하고, 아이를 안을 수 있게 했다. 조상들이 연약하고 면역성이 없는 아기들에게 좋지 않은 일이 혹시라도 일어날까봐 걱정이 되어 했던 일이었다. 물론 과학적인 행동이 아니어서 지금 생각해도 조금은 우습다고 했다. 더군다나 두 아이를 모두 과학고에 보낸 몸이 아닌가?

하지만 좋은 것만 해주고 싶은 것이 엄마의 마음. 아이에게 좋지 않다는 이야기를 어른들로부터 듣고는 그렇게 하지 않을 수 없었다. 나쁜 것을 피하라는 옛 사람들의 마음까지 옛날 것은 아니었다.

어른들의 육아법 중 맞지 않는 것도 있겠지만 그들이 오래 살아오면서 쌓아온 경험에서 나온 지식을 완전히 무시하고 싶지 않았다고 신 씨는 말했다.

세상은 정직하고, 뿌린 대로 거두고, 노력한 만큼 분명히 돌려준다고 믿고 싶고, 또 믿고 있다는 그는 "한번 세상을 믿고, 소중한 아이를 위해 장기계획을 세워 우리 인생을 투자해보는 것도 삶의 방법 중

하나"라는 조언을 아끼지 않았다.

엄마들이 사회적으로 성공해 성취감을 갖는다는 의미를 밖에서의 성공만으로 한정할 게 아니라, 아이들을 건강하고 사회에 보탬이 되는 훌륭하고 능력 있는 아이로 키우는 것도 또 하나의 커다란 성공이라는 게 그의 자녀교육론이다.

부엌일 제쳐두고 아이들과 체험활동에 나서다

직장 엄마인 김금남 씨의 경우 할머니, 삼촌, 고모가 함께 사는 대가족이어서 집에 엄마가 없어도 아이들이 불안해하지 않을 수 있었던 행복한 경우였다. 하지만 아무리 집에 할머니가 계시더라도 엄마만이 해줄 수 있는 일은 따로 있었다. 퇴근 후 엄마는 아이들의 이야기를 많이 들어주려 했고, 아이들도 엄마에게 많은 이야기를 했다.

"애들을 데리고 여기저기 많이 다니게 된 것은 이 시기는 아이에게도, 엄마에게도 평생에 다시는 돌아올 수 없는 소중한 시기라고 생각했기 때문이에요. 집에서 아무리 그릇을 깨끗하게 씻고, 베란다를 아무리 열심히 청소해도 내일이 되면 그것들은 다시 더러워지잖아요. 그래서 집 안에 할 일이 남아 있어도 아이를 데리고 과감하게 밖으로 나오게 됐죠. 그러면 하루 종일 아이와 함께 할 수 있으니까요."

그는 그래서 일찍 차를 샀다. 나들이를 떠나야 할 때 바로 나서지 못하면 주변 상황에 매여 계획에 차질을 빚을 수도 있다고 생각했기 때문이었다. 그렇게 해서 시작된 우경이네의 나들이는 아이들과 엄마,

아빠의 사랑을 확인하는 시간이 됐다. 집밖으로 나서는 순간부터 새로운 이야기들이 기다리고 있었다. 나중에는 아이들도 너무나도 익숙해져 엄마가 휴일이면 당연히 나가는 것으로 생각할 정도가 됐다.

엄마, 아빠는 전국토가 교과서이고 온 나라가 부교재인 전국을 아이들과 함께 여행하며 역사와 지리, 그리고 사회과목에 나올 법한 상식과 제도와 풍물에 대해 이야기해 주었다. 어릴 때 하도 많은 곳을 다니며 역사유적 등을 보여주었더니 초등학교 3, 4학년 때쯤엔 아이들이 국보 60호까지 노트에 적어 놓고 줄줄 외우고 다닐 정도가 됐다.

"틈나는 대로 아이와 함께 여행하라! 생각의 폭을 넓혀줄 뿐 아니라 인성을 도야하는 데도 더없이 좋은 수단이다."

김 씨는 여행을 통해 아이들이 스스로 해야 하는 것이 무엇인지 알아가기 시작했고 훌쩍 크는 모습을 보았다고 했다.

비 오는 날이면 아이들을 놀이터에 내보내다

"야, 비 온다!"

비가 오면 환호성을 지르면서 놀이터로 달려가는 아이들이 있었다. 다른 집 아이들은 비가 오면 집으로 들어가기가 바쁜데, 연년생 꼬마들은 정반대로 놀이도구를 챙겨 놀이터로 나왔다. 이 흔하지 않은 '비 오는 날의 풍경'은 김현숙 씨네 이야기다.

김 씨는 비가 내리는 날이면 연년생 아이들을 일부러 놀이터로 내보내 흙놀이를 시켰다. 사람은 누구나 도벽성이 있고 흙놀이를 하면 치유된다는 것을 책에서 읽은 뒤부터다. 비가 오는 날이면 자매는 놀이터를 독차지했다. 모래성을 쌓고, 성곽도 만들면서 신나게 놀았다. 비 오는 날의 놀이는 이 집 아이들만의 특권이었다.

물론 비가 오지 않는 날에도 놀이터에서 모래놀이를 많이 시켰다. 매일 신발이나 옷이 모래투성이였다. 모래투성이는 싫었지만 아이들의 정서적인 안정에 도움이 된다기에 마다 않고 받아들였다.

어렸을 때부터 손놀림이 중요하다고 해서 시작한 '그리고, 오리고, 찢고, 붙이기 놀이'도 남다른 구석이 있다. 읽을 책이 없다고 아이들이 짜증을 내고 무기력해 하자 엄마는 종이와 책을 아이들 옆에 두었다. 아이들은 끊임없이 오리고, 만들고, 그리고, 찢고, 붙이고를 했다. 집은 날이면 날마다 난장판이 되었다. 엄마는 색종이, 가위, 풀과 스카치테이프가 떨어지지 않게 사다 날랐다. 아이에게 아까운 종이를 낭비한다며 스트레스를 줄 필요가 없도록 종이는 컴퓨터 용지 이면지와 부동산 소식지 이면지를 활용했다. 한 달에 한 번 정도 인근 부동산 사무소를 돌아가며 모아온 것들이었다. 마음껏 종이를 쓰게 했다. 고맙게도 아저씨들이 아이들을 위해 차곡차곡 모아 두었다.

낮에는 그렇게 보내고 밤이면 안방에다 이불을 있는 대로 내려 두껍게 깔았다. 아랫집에 피해를 주지 않으려고. 그리고 뛰고 뒹굴고 장난치게 했다. 푹신한 이불은 아이들의 놀이터이자 꿈의 궁전이었다. 아이들이 성장하는 과정에 꼭 필요한 것이라면 조금도 망설이지 않는 게 그의 사랑법이다.

첫째가 서울대 법대로 진로를 최종 결정하자 정병희 씨 부부는 자주 다니던 등산코스를 북한산에서 관악산으로 바꿨다. 관악산 정기를 받아 수험생인 아이에게 기를 불어넣어야겠다고 마음먹었기 때문이었다. 물론 이들은 평소 기 같은 데 관심을 가지고 있던 사람들이 아니었다. 아들이 서울대에 지원하겠다기에 조금이라도 힘이 되어주기 위해 찾아낸 '기 불어넣기'였다.

두 사람은 아이의 모의고사 점수가 450~460점 대여서 연·고대 정도면 족하다고 생각하고 있었다. 하지만 아이는 서울대의 꿈을 버리지 않고 끝까지 밀어붙였다. 엄마, 아빠의 이런 정성에 보답이나 하듯 아들은 수능 492점에 제2외국어 48점을 받아 2005년 서울대 법대 합격의 꿈을 이뤘다.

두 사람은 첫째가 서울대에 합격한 이후에도 관악산 산행을 계속했다. 연년생인 둘째가 기다리고 있었기 때문이었다. 이들의 정성에 관악산 산신령도 감동했는지 둘째도 2006년도에 서울대 공대에 합격했다. 둘째는 그러나 복수 합격한 다른 대학 치의예과에 진학했다. 둘째가 수능시험을 보던 날, 사업차 중국 출장 중이던 아빠는 "아비가 되어서 자식이 일생에 가장 중요한 시험을 보는 날, 옆에 있어 주지도 못해 한심하다는 생각이 든다"는 메일로 아들을 격려했다. 두 아들의 합격에는 두 사람의 지극정성이 밑거름이 됐음은 물론이다.

2. 성공 엄마들은 이런 점이 닮았다 — 성공 엄마들의 특징

엄마의 미덕은 사랑

어머니의 자식 사랑만큼 위대한 사랑이 있을까? 그 사랑은 단순히 아이를 낳았다는 동물적인 사랑에서라기보다는 가정생활과 사회생활을 해나갈 하나의 인격체로 완성해야 한다는 책임감에서 비롯되는 것은 아닐까?

자식농사에 성공한 엄마들의 첫 번째 특징은 무엇보다 사랑의 실천자라는 점이다. 사랑이 사람을 완성하는 첫걸음이라는 것을 누구보다도 잘 알고 실천한 엄마들이었다. 아이의 마음을 조금만 깊게 들여다보면 누구나 쉽게 사랑할 수 있다는 게 자식농사에 성공한 엄마들의 공통된 생각이다.

내리 사랑. 사랑을 받은 아이는 더 큰 사랑을 만드는 사랑의 전수자가 된다는 사실을 엄마들은 잘 안다. 아이에게 따뜻한 관심을 기

울이면 아이가 보인다. 아이를 이해하고 존중할 수 있다. 그게 바로
엄마들의 사랑법이다.

엄마가 이 방 저 방 다니며 재롱을 부리다

김금남 씨 집은 엄마가 직장에 가고 없는 시간이면 아주 조용하다.
문학청년이었던 아빠는 퇴근하면 조용히 책읽기를 즐긴다. 아이들
도 일찍부터 이런 영향을 받아 학교에서 돌아오면 각자 자기 방에 틀
어박혀 책을 읽는 것이 일상이 되었다.

조용하던 집은 엄마가 회사에서 돌아와 현관문을 여는 순간부터
시끌벅적, 생기가 돈다. 이 방 저 방 다니며 제각각 책만 읽고 있는 이
들을 마루로 불러낸다. 장난을 치고 농담을 건네고 스킨십을 유도한
다. 그날 직장에서 재미있었던 일이며, 주워들었던 이야기들을 풀어
놓는다. 그의 쾌활함이 산소처럼 온 집안에 퍼진다.

엄마가 천성이 워낙 쾌활한 탓도 있지만 하루 종일 아이들과 떨어져
있었던 엄마가 아이들을 행복하게 해주기 위해 벌이는 이벤트이다.

이쯤이면 점잖게 앉아 있던 아빠도 가만있을 수 없다. 세상 돌아가
는 이야기며, 아이들이 알았으면 좋은 이야기들을 꺼내놓는다. 아이
들도 학교에서 일어난 일들을 하나씩 풀어놓는다. 엄마는 맞장구를
쳐준다. 엄마가 얼마나 재미있게 해주는지 딸아이는 이렇게 농담을
늘어놓는다. "우리 집은 아빠가 애 셋 키우는 것 같아요."

야단치고 나서도 반드시 안아 주고 칭찬하다

"아이에게는 부모가 전 우주입니다. 특히 어렸을 때는 더욱 그렇죠. 아이는 엄마가 언제든 기댈 수 있는 내 편이라고 생각할 수 있어야 합니다. 그래서 야단치고 나서도 반드시 안아 주고 칭찬해 줬어요. 스킨십도 많이 하고, 시간 나는 대로 업어 주기도 했어요."

좋아하기만 하는 아이 사랑법의 정병희 씨. 아이를 어린이집에서 데려올 때나 퇴근 후에 만나면 호들갑을 떨며 반가워했다. 야단도 큰소리로 쳤다. 항상 즐거워하며 살았고, 아이들 앞에서 모든 것이 즐겁게 보이도록 했다. 아이들 데리고 친구 집에도 자주 놀러 갔다. 아이들은 이런 엄마에게서 적극적으로 열심히 사는 모습을 보았을 것이다.

엄마가 애들만 보면 지금까지도 그저 좋아하는 것처럼, 아이들도 엄마만 보면 즐거워하고 반가워하고 행복해했다. 별로 야단친 기억이 없다. 야단을 쳐도 짧게 치고 금방 안아 주고 별로 통제하지 않았다. 아이들이 아프거나 낮밤이 바뀌어서 잠을 못 잔 기억도 없다. 그만큼 잘 자고 잘 먹고 잘 놀았고, 소탈하고 편안하게 키웠다. 부족한 것은 아이들이 알아서 하겠지 생각했다. 정리하는 습관을 잘못들인 건 사실이나 까다롭지 않고 편안한 성격으로 키웠다. 엄마는 뭐든지 가르쳐서 아이들을 자신의 수준으로 끌어 올리려 했다.

"뭐든지 아이들이랑 같이 했어요. 비디오도 같이 보고, 텔레비전 앞에도 같이 앉았죠. 노래방에도 같이 갔어요. 비디오는 지금까지도 같이 보고요. 아이들은 어릴 때부터 이렇게 해왔기 때문에 엄마랑 같이 봐야 집중이 잘된다고 해요. 물론 필요한 부분은 엄마가 해설도 해주었죠. 엄마가 해설해 주어야 이해가 잘 간다고 해요."

다 큰 대학생 두 아들과 지금도 농담하면서 비디오를 같이 본다는 정병희 씨. 부족한 것들은 스스로 철들어 하길 바랬다고 했다. 통제하지 않고 좋아하기만 하는 게 '정병희표 사랑법'이다.

엄마의 미덕은 열정과 욕심

맹모가 아들을 위해 이사를 결심했을 때의 심정을 상상해보자. 지금처럼 이삿짐센터가 있어 전화 한통으로 해결되는 것도 아니고, 운송 수단이 발달한 때도 아니었다. 2천년 전으로 돌아가 본다면 이사는 번거롭고 꽤나 힘든 일임은 분명했다. 그럼에도 맹모는 이사를 감행했다. 엄마의 열정과 욕심이 맹자를 있게 한 것이다.

엄마가 학원 복도에서 수업 내용을 적다

초등학교 2학년인 큰아이를 처음 영어학원에 보내면서 신지연 씨는 걱정이 앞섰다. 아이가 영어에 대해 아무것도 모르는 상태에서 외국인이 가르치는 영어회화 전문학원에 등록한 것이다. 남편 직장이 있는 대덕연구단지에 살던 때 일이다. 이 지역은 특성상 외국에서 살다 온 아이들이 많은 곳이었다. 동네 아이들과 함께 학원에 보냈다. 그동안 자기 방식대로 관리해 왔던 영어공부의 첫 실험무대였다.

신 씨는 엄마가 돌봐주면 안될 게 없다고 생각했다. 먼저 학원의 양해를 구했다. 아이의 수업에 따라가 교실 문을 열어 놓고 복도에 앉은 다음 공책에 수업 내용을 적었다. 집에 돌  아와서는 반복학습을 시켰다. 한 번도 쉬지 않고 꾸준히 보냈다.

아이는 외국인 선생님과 신문도 만들고 작은 파티도 하면서 정말 재미있고 자연스럽게 영어를 배워나갔다. 학원에서 내 주는 과제물도 열심히 시켜 보냈다. 가기 전에 예습을 시켜 보내는 것을 잊지 않았다. 같이 영어 문제를 풀고, 다음 시간에 나갈 곳을 미리 읽어 보냈다. 아이들도 학원에서 내는 숙제나 과제물을 소홀히 하는 법이 없었다. 학교랑 같은 개념으로 생각하는 정도가 됐다.

그 결과 아이는 수업 내용을 더 빨리 이해할 수 있었고, 더 높은 단계로 쉽게 올라갔다. 자명한 이치였다. 엄마의 열정이 있었기에 가능한 일이었다. 과학고에서도 전교 4~5등을 유지했던 큰아이는 좋은 내신 성적, 화학 올림피아드 은상 수상, 토익 925점, 지역 영어대회 동상 수상 등의 경력으로 2학년 때 연세대 의대에 쉽게 합격했다. "아이에게 공부하라고 하기 전에 적극적으로 수업에 뛰어 들어 직접 공부하고 가르친다면 효과는 훨씬 더 큽니다." 신씨의 말이다.

첫째와 둘째를 외국어고에 보낸 박석희 씨는 주위 사람들로부터 공부비결을 알려달라는 말을 자주 듣는다. 그가 제시하는 비결은 간단하다. 무엇보다 엄마가 연구를 많이 하고, 관리를 잘 해주어야 한다는 것이었다.

"관리를 잘했다고 볼 수 있죠. 아이가 피아노를 칠 때 선생님이 '열 번 쳐 오라' 하면 열두 번 시키고, 다음 진도 나갈 부분은 같이 테이프를 미리 들어보는 식으로 관리했어요. 이 정도는 다른 엄마들도 다 하지 않을까요?"

아이에게 "네가 알아서 잘해라"하고 내버려 두는 것과 엄마가 세심한 배려를 하는 것과는 당연히 천양지차. 피아노를 칠 때 조금 이상하다 싶으면 "다시" "다시"를 연발했다. 공부 계획도 중학교 때까지는 엄마가 쭉 세워주었다. 학교 과정을 꿰뚫고 있으니까 가능한 일이었다.

"국어는 책 읽히고 일기 봐주고, 수학은 문제집을 정해 주고 하루에 꼭 세 장씩 문제를 풀게 하는 식으로 관리했어요. 중학교 때도 전체적으로 봐서 좀 부족하다 싶으면 과목별로 적어보고 보충해 주었어요. 연구를 많이 했어요. 늘 체크했죠."

도전하고 노력한 만큼 아이들은 자란다

두 아이를 서울대에 보낸 김순미 씨. 최고의 자식농사를 거뒀다고 누구나 부러워할 그이지만 "공부는 때가 되면 스스로 알아서 하려니 하는 안일한 생각으로 보내온 지난 시간들이 가끔 후회된다"고 털어놓았다. 보통 엄마들이 들으면 지나친 욕심이라고 한마디 거들 법도 한 말이다.

엄마의 욕심은 늘 그렇다. 아이에게 좀 더 기회를 제공할 수도 있었을 텐데 하는 아쉬움이다.

"도전하고 노력한 만큼 아이들은 큽니다. 성공하면 성공한 대로, 실패하면 실패한 대로 아이들은 배웁니다. 시도해보지 않은 아이는 그냥 그 자리에서 안주해요. 그런 점에서 큰아이에게 미안하죠. 그런 기회를 많이 줘보지 못했기 때문이죠. 물론 큰아이는 잘 해왔어요. 그러나 엄마의 욕심인지는 모르겠지만 더 큰 그림을 그릴 수 있는 기회를 놓쳤으면 어쩌나 하는 후회가 되기도 해요."

서울대에 다니는 첫째가 중학교 1학년 때의 일이다. 아이가 서울대에 무슨 시험을 치러 간다기에 김씨는 별 관심 없이 그렇게 하라고 했다. 시험을 보고 온 아이는 다른 부모들은 다 따라왔는데, 자기는 시험장을 찾느라 힘들었다며 툴툴거렸다. 어려워 문제를 제대로 못 풀었다고 했다. 결과는 불합격.

그때는 그 시험이 어떤 시험인지 모르고 지나쳤는데 작은 애가 중학교 때 과학영재반에 들어가면서 큰아이가 치른 시험이 어떤 것인지 알고는 미안한 마음을 감출 수 없었다고 했다.

둘째가 자칫 과학영재반에 선발되지 못할 뻔한 일도 있었다. 과학고 진학을 목표로 경시를 준비하던 아이가 중학교 2학년 때 일이었다. 김 씨가 학부모총회에 갔더니 과학영재반 선발 공고가 붙어 있었다.

학교 추천 인원은 1명인데, 교내 선발시험을 거쳐 뽑는다는 것이었다.

엄마가 신청을 해놓고 집에 와 아이에게 이야기했더니 펄쩍 뛰었다. 실력도 없고, 공부한 게 없어 할 수 없다고 야단이었다. 과학학원을 겨우 2~3개월 다닌 것뿐인데, 이렇게 하면 학원도 다니지 않겠다고 버텼다. 엄마는 "떨어지는 것 신경 쓰지 말고 그냥 시험만 보자"고 설득했다. 설득이라기보다는 윽박질렀다는 표현이 더 적합했을 정도였다.

얼마 뒤, 과학 주임 선생님으로부터 아이 도장과 사진을 가지고 빨리 학교로 오라는 연락이 왔다. 부랴부랴 달려갔더니 화가 잔뜩 난 표정으로 "원서가 이게 뭐냐!"고 야단이었다. 연필로 마구 날려 쓴 글씨에 사진도 붙이지 않고 도장도 없는 원서. 엄마에게 보여주지도 않고 낸 원서였다. 원서를 받은 선생님은 어처구니가 없고 황당했을 것이다.

다른 아이의 원서를 보여주는데 할 말이 없었다. 엄마가 깨끗하게 준비하여 보낸 원서는 칸이 모자랄 정도로 꽉 찬 화려한 수상경력으로 더 돋보였다. '아니! 이런 애가 우리 학교에 있었나? 얘는 언제 이런 것을 다 했지?'라고 할 정도로 우수한 아이였다.

김 씨는 솔직히 너무 부끄러웠다. 수상 경력이 단 한 줄도 없는 아이를 내보내겠다고 한 자신이 무모하게 느껴졌다. 선생님께 그 아이를 내보내라고 말씀드렸다. 아이가 얼마나 힘들었을까? 엄마의 지나친 의욕이 아이에게 상처가 되었으면 어쩌나? 엄마에게 말하지 않고 원서를 내면서 얼마나 망설였을까? 아이 스스로 포기하고 낸 것 같은 원서를 보면서 엄마는 마음이 아팠다.

김 씨가 너무 당황하며 힘들어 보였는지 선생님이 목소리를 누그러뜨리며 2명이 신청했는데, 다른 아이가 양보했다는 것이었다. 그 아이는 이미 다른 학교에서 운영하는 영재반에 합격한 상태였다. 4차까지 치른 시험에 합격한 아이는 합격했다는 사실보다 "능력 있는 친구를 대신해 나왔다가 떨어지면 어떡하나 하는 걱정을 덜게 돼 더 기쁘다"고 했다.

영재반 수업을 하면서 아이는 꿈을 세우고 조금씩 키워갔다. 김 씨는 "그때 기회를 놓쳤으면 어떻게 되었을까 하는 불안감이 지금도 남아 있다"면서 "준비가 되어 있지 않으면 뭔가 시도해 보려고 할 때에는 이미 늦은 경우가 많다"고 했다.

김현숙 씨는 중학교 3학년이던 큰아이를 학원에 실어 나르기 위해 운전을 배웠다. 학원에 가는 시간까지도 아껴야 하는 절박한 상황에서 나온 비상책이었다. 첫째가 과학고 진학을 목표로 수학, 과학을 중점적으로 공부하던 중학교 2학년 2학기 중간고사에 어이없는 실수를 했다. 답이 보이는 수학 문제를 두 개나 틀려 과학고 일반전형이 불가능해졌다. 처음 좌절을 맛보았다.

희망을 포기할 수는 없었다. 경시대회에 입상하면 과학고에 지원이 가능했다. 끝까지 해보자며 경시대회에 희망을 걸었다.

아이가 3학년으로 올라가자 운전을 배워 매일 학원으로 아이를 실어 날랐다. 다행히 아이는 3학년 교내 경시대회에 입상, 학교 대표로 서울시 대회에 참가했고 과학부문에서 장려상을 받았다. 희망의 싹이 돋았다.

학교 성적은 그리 좋지 않았지만 가산점이 있으니까 해보자고 격려했다.

학원을 다니던 아이들이 중도에 포기해 가고 있었지만 아이는 꿋 꿋하게 버텨주었다. 아이는 엄마의 정성에 보답이나 하듯 과학고 합격 통보를 받았다.

비상용으로 배웠던 운전은 연년생 아이들이 과학고에 다닐 때 유용했다. 기숙사에서 퇴사하는 토요일과 학교로 돌아가는 월요일 새벽에는 아이들을 태웠다. 물론 학원 다닐 때의 초조함 대신 희망과 기대로 느긋하게 운전대를 잡았다.

엄마의 미덕은 소신

아이를 키우다 보면 누구나 시행착오를 경험한다. 성공한 엄마라고 해서 예외는 아니다. 그만큼 사람 키우기는 어렵기 때문이다. 오죽하면 "자식농사는 아무도 장담하지 못한다"고 하지 않았던가? 물론 시행착오에도 정도의 차이는 있다. 그 차이가 적을수록 성공 가능성이 높다. 특목고나 SKY대학에 보낸 엄마들의 두드러진 공부관리 특징 중 하나는 소신이다.

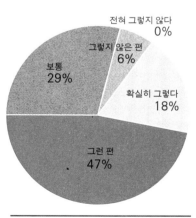

전혀 그렇지 않다 0%
그렇지 않은 편 6%
보통 29%
확실히 그렇다 18%
그런 편 47%

소신있게 자녀 공부를 관리하는 편인가요?

이들 엄마들에게 "소신 있게 자녀 공부를 관리하느냐?"고 물었더니 65%가 "그렇다"고 응답했다. 반면 "그렇지 않다"가 6%, "보통"이 29%였다. 성공한 엄마들은 크게 내세우지는 않지만 나름대로 확실한 철학과 방법으로 끝까지 밀어붙였다. 소신 없이 상대적으로 우왕좌왕한 엄마들은 실패하기 쉽다.

실컷 놀라고 초등학교 입학을 늦추다

"저 아줌마 좀 봐. 이상한 엄마야. 초등학교에 가야 할 아이를 보내지도 않고 놀이터에서 놀고만 있어. 학교 안 보내도 괜찮은 거야? 어쩌려고 그러는지 정말 알 수가 없네."

과학고 3학년에 재학 중인 윤동이 엄마 이현숙 씨가 아이와 놀고 있을 때 동네 아줌마들이 쑥덕거렸다. 생일이 빨라 7살에 입학해야 할 아이를 학교에 보내지 않고 놀이터를 학교로 삼았기 때문에 이상하게 보지 않는 엄마가 오히려 이상한 엄마였다. 아이가 조금 부족하다는 이유로 7살에 학교에 보내야 낼 아이를 8살에 보내는 엄마들이 더러 있긴 하다. 일부 엄마들은 이 문제로 심각하게 고민도 한다.

그러나 이 씨는 건강하고 크게 모자라지도 않는 아이를 학교에 보내지 않았으니까 이상한 아줌마로 찍힐 법도 했다. 그의 답변은 간단하다. 학교에 들어가면 놀 시간이 없으니까 남은 1년간 실컷 놀라고 입학을 미룬 것이다. 덕택에 시간이 남아돈 아이는 놀이터에 제일 먼저 나가 놀고 제일 늦게 집에 들어오는 아이가 되었다. 실컷 놀게 하려고 유치원에도 보내지 않았다. 유치원에 가는 대신 수영, 바둑, 스케이트 등을 시켰다. 정말이지 엄마랑 같이 원 없이 놀았다.

"큰아이를 키웠던 경험을 토대로 나름대로의 법칙을 세웠다고 볼 수 있죠. 첫째는 다른 엄마가 하는 대로 따라만 했던 것 같아요. 아이가 초등학교 고학년이 되니까 공부에 전념하느라 시간이 없더라고요. 그렇다고 크게 두각을 나타낸 것도 아니고. 그래서 생각을 달리 했어요."

이쯤 되면 이상하게 여기던 동네 아줌마들의 색안경이 오히려 근시안으로 보일 법하다. 물론 아이는 받아쓰기 한 번도 하지 않은 채 학교에 들어갔다. 지금도 아이는 "태어나서 그렇게 재미있게 실컷 놀 수는 없을 것"이라고 말한다.

윤동이는 과학고 2학년에 재학 중이던 2005년 국제 정보경시대회에서 동상을 받았다. 이 정도 만으로도 같은 해, 과학고 조기졸업자 전형으로 SKY대학 진학이 가능했지만 1년간 학교에 더 남기로 했다. 2006년에 다시 도전, 기필코 금상을 한 번 받아야겠다는 게 그의 고집이다. 그 엄마에 그 아들이다.

첫째 아이를 키우면서 절절 매던 엄마들이 둘째 때에는 초보엄마 딱지를 떼고 다소 여유로워진다. 큰아이를 유아원과 유치원에 보냈던 이미경 씨는 둘째 아이의 경우 첫째와는 다른 코스를 택했다. 유치원 대신 웅변학원을 선택한 것이다.

"첫아이를 품에 안았을 즈음, 엄마라는 소리가 어색하게 들릴 정도로 준비되지 않은 미숙한 엄마였어요. 그러나 좋은 엄마가 되고 싶었고, 아이를 훌륭한 아이로 키우고 싶은 욕심 많은 엄마였답니다. 아이가 모든 방면에 모범생인 어른 같은 아이 이기를 기대하며 열심히 키웠답니다."

이 씨는 첫째를 키운 경험에서 취학 전 유아교육이 별 도움이 되지 않는다고 판단, 과감하게 유치원 대신 집 근처 웅변학원을 선택했다. 물론 학원 원장은 웅변학원을 굳이 '말 잘하기 학원'이라는 표현을 사용했다. 웅변이라고 하면 단상에 올라가 큰 몸짓과 목소리로 청중을 휘어잡는 장면이 연상돼 다소 고리타분한 이미지를 준다고 생각했던 모양이다. 그래서인지 요즘 웅변학원은 스피치학원이라는 다소 세련된 이름으로 간판을 바꾸고 있다.

그가 유아원과 유치원을 사양하고 웅변학원을 선택한 이유는 간단했다. 필요한 특기 적성을 발견하고 싶었기 때문이었다. 최종 결정을 내리기 전에 웅변학원에서 어떤 것들을 가르치는지 미리 점검했다. 한글을 깨우쳐주는 것은 물론이고 또렷한 발음과 발성법을 익히고, 대중 앞에서 자기주장을 발표할 기회를 가질 수 있다고 해 등록을 마쳤다. 학습 과정에는 글쓰기, 그림그리기, 그리고 상당한 수준의 속셈도 포함돼 있었다.

둘째는 학원 보낸 지 3개월쯤 되었을 때, 1년 이상 다닌 언니 오빠들과 함께 웅변대회에 나가 기대치도 않게 전국 2등을 차지하면서 자기

키보다도 더 큰 트로피를 받아왔다. '가문의 영광'이었다. 물론 아이도 자신감을 얻어 모든 일에 더욱더 적극적이 되어 배우고 익히려 했다.

웅변학원에 보내고 남는 시간에는 젓가락질만큼 두뇌개발에 효과적이라는 피아노를 배우게 했다. 체력을 키우기 위해 수영도 시켰다. 이렇게 즐겁게 2년을 보내면서 다양한 경험을 할 수 있었다. 그 즈음 속셈이 빨라져 학원이 있는 상가 편의점에서 주인 부부의 신임을 얻어 가끔 아르바이트를 했다. 최초의 알바비는 쮸쮸바였다.

초등학교 입학식 날, 키가 작아 맨 앞줄에 섰던 둘째는 한 번도 자세를 흐트러뜨리지 않고 담임 선생님 얼굴을 뚫어져라 쳐다보았다. 이런 아이 모습에서 엄마는 처음으로 '다른 아이들과 조금 다르구나!'하는 느낌을 가졌다. 이런 자세는 학교생활 내내 계속되어 "수업 중에 언제나 바른 자세로 선생님 말씀을 집중해서 잘 듣는다"고 모든 선생님들의 칭찬을 받았다.

특히 초등학교 입학 후에는 웅변을 배운 영향인지 언제나 큰 목소리로 발표를 마무리했다. 의사 표현이 또렷해지면서 남의 말도 잘 파악했다. 소신 있는 엄마의 현명한 선택이었다.

나름의 계획대로 수학과 영어 공부를 시키고 있던 신지연 씨에게 한문, 수학, 영어 문법 등의 과외팀을 짜서 하자는 엄마들의 제의가 들어왔다. 첫째가 초등학교 6학년 때였다. 그 사람들처럼 한 번 해볼까? 이런 경험이 없었던 신 씨는 한편으로는 솔깃했지만 한편으론 불안하기도 했다. 고민 끝에 내린 결론은 마이 웨이. 내 방식대로, 소신대로 꿋꿋이 밀고 나가기로 했다. 물론 영어공부라 하면 문법이나 독해를 먼저 떠올리는 사람들은 영어회화에 주력하던 그의 방식을 의아해했다. 신씨는 그때 그의 선택이 옳았다고 생각한다.

"항상 크게 멀리 보고 교육을 시키는 것이 매우 중요합니다. 이 말을 우리 가슴속에 정말로 깊이 새겨 두어야 해요. 아이가 유치원에 다닐 때는 모든 활동의 중심에 있기를 바라고, 초등학교 때에는 학교에서 주는 많은 상에 집착하게 마련입니다. 하지만 멀리, 크게 본다면 그러한 작은 것들에 집착하고 마음 상할 필요가 절대로 없어요."

신 씨도 그러한 것들에 집착하고 마음 상해한 적이 있었다. 그러나 그런 것들이 중학교에 들어가는 순간, 아무 의미 없는 것들이 되어 버렸다고 했다. 물론 작은 것들도 때로는 소중하기도 하지만 진정으로 우리 아이에게 필요한 것이 무엇인가를 생각하고 장기계획을 세워 관리해 나가야 한다는 게 그의 변함없는 생각이다.

재능 있는 아이보다 행복한 아이로 키우다

아이를 결대로 키우기로 마음먹은 김금남 씨는 아이가 싫어하는 일은 절대로 억지로 시키지 않았다. 아이를 믿고 아이가 좋아하는 일을 할 수 있게 해 준다면 나중에 아이가 커 나가는 과정에서 큰 자산이 되리라 굳게 믿었기 때문이다.

"싫어하는 분야의 공부를 억지로 하게 하는 것은 효과가 없다고 생각합니다. 다만 싫어도 해야 하는 이유를 설명해 주고, 스스로 필요성을 느끼도록 해주고, 곁에서 도와주는 일이 중요합니다.”

김 씨는 첫째아이의 경우 초등학교 1학년 때 바이올린을 시도해 보았지만 아이가 어려워하였기 때문에 곧 그만두고 좋아하는 놀이를 하도록 했다. 문제집을 사 주고도 아이가 부담감을 느끼면 즉시 그만두도록 했다. 언젠가 국토종단 행사에 아이를 참여시키고 싶은 욕심이 있었는데, 아이가 부담을 느껴 포기했다. 부모의 억지로 행사에 참여했던 아이의 친구에게 엄마가 나중에 소감을 물었더니 “그때 울고불고 무척 괴로웠다”고 실토했단다. 아이에게 즐거운 경험이 되지 못하거나, 필요성을 느끼게 하지 못하였다면 어떠한 유익이 있겠느냐고 그는 반문한다.

이후 피아노를 권해 보았지만 아이가 음악에 별다른 흥미를 보이지 않아서 그만두었고, 초등학교 입학 무렵에는 미술학원에도 데리고 가보았지만 역시 아이가 별로 즐거워하지 않는 것 같아 그만두었다. 물론 미술학원에는 “아이에게 테크닉을 가르치려 하지 말고 그림에 흥미를 느끼도록, 아이가 그리고 싶은 것을 자유롭게 상상해서 그리도록 도와 달라”고 주문했다. 학원 입장에서는 받아들이기 쉬운 주문은 아니었다. 아무래도 많은 아이들을 붙잡아 두려면 학부모들에게 성과를 보여주어야 하기 때문에 늘 아이에게 그림의 완성을 요구할 수밖에 없었다. 더러는 선생님이 덧칠을 해서 그림을 완성해 주기도 했다.

아이가 싫증을 내지 않고 좋아하는 일은 책을 읽거나 책에서 읽은 것을 가지고 스스로 줄거리를 만들어서 노는 것, 예를 들면 많은 블록을 가지고 삼국지 놀이를 하거나 살수대첩 놀이를 한다든지 하는 것이었다. 때문에 더 많은 책을 사 주었고, 새롭게 알게 된 사실에 대해 칭찬해 주었다.

이 과정에서 엄마, 아빠는 거의 남을 의식하지 않았다. 다른 부모들이 아이들을 여러 학원에 보내고 과외를 시키고 있다는 것을 모르지는 않았지만 그것은 그들의 방법이고, 자신들에게는 자신들의 방법이 있다고 믿었다. 두 사람은 자신들의 방법이 옳다고 생각했다.

"물론 당장의 성적을 올리는 데는 학원에 보내고 과외를 하는 편이 훨씬 유리했겠죠. 그러나 우리 부부는 아이가 공부에 흥미를 느끼고 자신의 길을 스스로 찾아 나갈 수 있도록 하는 일이 한두 문제 더 맞추는 것보다 훨씬 중요한 일이라고 생각했어요."

엄마, 아빠는 공부는 언제 해도 할 수 있는 것이라고 생각했다. 아이가 굳이 우등생이 아니라 하더라도 학교에서 배운 진도를 따라가기만 한다면 나중에 중학생이 되거나 고등학생이 되었을 때에라도 우등생이 될 수 있는 기회는 얼마든지 있다는 믿음이었다. 중·고등학교 때 학원에 다니는 문제도 마찬가지였다. 그래서 아이가 싫어하면 자신 있게 그만둘 수 있었다.

이런 부모 밑에서 아이는 초등학교뿐만 아니라 중학교와 고등학교를 거치면서 늘 자신이 아주 행복하다고 생각했다. 이런 긍정적인 사고가 자신감이 되고, 자신감이 아이의 성취에 거름이 됐음은 물론이다.

서울 강남에서 초등학교 4학년 때부터 글짓기 팀 아이들과 함께 수학 전문학원에 보내다가 그만두기는 쉬운 일이 아니었다. 그 학원은 당시 강남에서 가장 공부를 많이 시키기로 유명한 경시대회 전문학원이었다.

친한 친구들로 구성된 팀에서 빠져나옴으로써 아이가 가질 수 있는 상실감도 걱정되었지만 그동안 공부해온 리듬을 잃고 떨어지면 어쩌나 하는 염려가 가장 컸다. 하지만 1년 만에 과감하게 그만두었다. 고려대 법대에 다니는 주형이 엄마 정연덕 씨 이야기다.

둘째는 형과는 달리 여럿이 모여 공부하는 분위기를 못 견디어 했다. 형을 보고 요령을 쉽게 익혔고, 혼자 공부하는 스타일이었다. 〈삼국지〉〈수호지〉〈장길산〉 등의 소설을 좋아해서 책이 너덜너덜할 때까지 읽곤 하던 아이였다.

"다른 엄마들처럼 아이에게 모질게 시키지 못한 것 같아요. 아이가 좀 힘들어해도 대화를 통해 이끌어 갔으면 좀 더 좋은 결과가 있지 않았을까 하는 생각이 들기도 해요. 하지만 당시 주위에서 엄마가 아이에게 너무 심하게 압박을 가해서 아이들이 시험 때마다 스트레스성 구토, 설사를 보이는 경우를 보았어요. 그런 것을 보면서 아이 교육에 지켜야 할 정도가 있다고 생각했어요. 개인적으로는 돌아보면 아쉬움이 조금 남지만 정답은 없다고 생각해요."

정 씨는 아이에 대한 기대가 너무 큰 나머지 엄마가 지나치게 아이를 챙겨서 실패하는 케이스를 종종 보았다고 했다. 중학교 때까지는 아이가 부모를 잘 따라주었지만 아이에게 요구하는 강도가 세어지면서 아이와의 골이 너무나도 깊어져 가정불화까지 이어진 경우도 있다고 했다.

아이의 입장을 헤아리지 못하고 부모의 마음만 앞세운다면 절대 성공하지 못한다는 게 그의 지론이다. 아이가 기본적으로 따라와 주도록 하는 것까지도 엄마의 몫이긴 하다.

엄마의 미덕은 신뢰

엄마, 아빠가 항상 내 편이라고 생각하는 아이는 정상적인 길에서 벗어나는 일이 별로 없다. 설사 벗어났다 하더라도 잠깐이고, 이내 제 자리로 돌아오게 마련이다. 엄마, 아빠가 믿고 있다는 것을 잘 알고 있기 때문이다.

아이와 부모의 친밀감은 당연히 공부에 플러스 요인이다. 부모 자식 간 믿음이 없으면 친밀감이 생길 수 없고 학습효율이 떨어질 수밖에 없다. 믿음이야말로 공부를 떠나서라도 반드시 필요한 덕목이 아닌가?

부모와 친한 아이들은 정서적으로도 안정되게 마련이다. 엄마와 친한 아이가 공부를 잘한다는 말과 통하는 부분이다. 자식농사에 성공한 엄마들에게 자녀관리에서 친밀도가 얼마나 중요하냐고 물은 결과 모든 엄마들이 "중요하다"고 응답했다. 물론 실제로 친밀하다는 응답은 82%로 이보다 조금 낮았다.

부모는 언제나 내편이라고 믿게 하라

자녀교육에 성공한 엄마들의 특징 중 하나는 아이들이 엄마를 내편으로 생각하도록 관리했다는 점이다. 아이의 생활에 관심을 가지고, 아이가 힘들어 할 때에는 모든 것을 버리고라도 도와줄 수 있는 사람이라는 것을 느끼도록 행동으로 보여주었다. 부모는 아이가 언제나 엄마, 아빠는 내 편이라고 믿고 생각하고 행동하게 해야 한다.

부산 한국과학영재학교에 다니다 아버지와의 불화로 학교를 그만둔 A군의 경우 부모 자식 간 신뢰관계가 얼마나 중요한지 보여주는 대표적인 경우. 한국과학영재학교는 2006년 첫 졸업생이 외국의 유명대학과 국내 명문대에 모두 합격해 화제를 모았다. KAIST와 포항공대에서는 이곳 출신들이 원서만 내어도 합격시켜준다고 할 정도다. 그런 학교에 아들이 합격했으니 A군의 부모는 얼마나 기뻤을까?

A군은 재주가 많았다. 악기를 잘 다루고 작곡까지 했을 정도로 뛰어난 아이였다. 친구 엄마들까지도 A군의 우수함에 대해서는 이견이 없었다. 그러나 영재학교에 입학한 지 얼마 되지 않아 아이가 정신과 치료를 받고 있다는 이야기가 들려왔다. 조금 있다가는 학교를 쉬고 있다는 소식이 들렸고, 끝내는 해외로 유학을 떠났다고 했다.

아이와 아버지와의 사이는 이미 중학교 때부터 벌어지기 시작했다. 아이의 역량을 아는 아버지는 더 열심히 해달라는 주문을 계속 내어놓았고, 그럴수록 아이는 아버지가 못마땅해지기 시작했다. 반항의 시기였다. 결국은 A군의 아버지는 친구들이 보는 앞에서 아들에게 손찌검을 하기까지 이르렀다. 그래도 워낙 뛰어난 아이라 영재학교에 입학했지만 아버지와의 간극을 극복하지 못하고 유학을 떠나야 했던 것이다.

부모 자식 간이라 하더라도 한 번 잃어버린 신뢰를 회복하려면 몇 갑절의 노력이 필요하다. 아이에게 부모의 가치관을 이해시키는 것도 신뢰를 만드는 바탕이 된다. "존경받지는 못할망정 존중받는 부모가 되려고 노력한다"는 Y씨의 말은 귀담아 둘 만하다.

아이의 생각을 존중하고 받아주라

"아이가 한 말은 100% 믿었어요. 솔직하게 말하면 혼내지 않았죠. 물론 필요할 때는 야단도 쳤지만 아이들은 후회하면서도 물어보면 말을 잘해요. 밥 먹을 때 옆에서 지켜보면 학교에서 있었던 일 등을 솔솔 얘기해요. 그러면 아이 편에서 대꾸해 주었어요. 그래서 아이 친구들이나 학교 일들을 많이 알 수 있었죠."

정병희 씨는 "믿어주고, 이야기에 항상 귀를 기울이고 관심을 가져주면 자연스럽게 신뢰관계가 형성된다"고 말했다. 물론 본인도 항상 정직하게 했다고 말했다. 적절한 비판은 필요하지만, 감정에 치우친 야단만 치지 않으면 된다고 생각한다.

그는 엄마와 아이들이 함께 하는 봉사활동은 서로 마음을 나누는 좋은 소재라고 말했다. 실제로 정 씨와 아이들은 방학 때마다 구청 자원봉사센터에서 장애인 노력봉사를 함께 해 왔다. 아이와 함께 하면서 엄마는 "감사하는 마음으로 열심히 살라"고 당부했고, 아이도 많은 것을 느끼는 것 같았다고 한다.

　부모역할 교육을 받았던 정연덕 씨는 '~했구나' 화법을 사용한다. "음~그랬구나" 하고 맞장구를 쳐주는 대화법이다. 그의 대화법 제1법칙은 일단 아이의 생각을 받아주라는 것이다. 엄마 중심이 아니라 아이 중심에서 생각하게 되면 아이는 엄마가 자신을 이해하고 신뢰한다고 생각하게 되고 자연스럽게 어려움이나 고민을 털어놓게 된다는 것이다. 일단 이야기가 오가게 되면 그 다음은 아주 쉽게 풀린다는 이야기다.

　아이의 말을 무시하지 말고 존중해 주고, 아이의 힘을 북돋우는 언어를 사용하며, 단답식 대답은 곧바로 대화의 흐름을 끊어버리기 때문에 피하라고 조언했다. 필요한 경우에는 아이의 생각에 적절한 평가를 넣어 엄마가 적극적인 관심을 가지고 있음을 아이가 알게 하라고 덧붙였다. 대화를 통해 아이의 수준을 올리는 것도 엄마의 몫이다.

　아이와의 대화는 신뢰의 문을 여닫는 가장 중요한 수단이다. 사소한 말로도 우리는 얼마나 깊은 상처를 주고받고 있는가? 아이의 생각을 받아주고, 아이 편에서 생각한다면 우리는 아이와의 불필요한 갈등을 피하고 누구나 부러워할 교감을 이끌어 낼 수 있다.

엄마의 미덕은 아낌없는 칭찬과 격려

"다른 집에서는 3~4등만 해도 잘했다고 이것저것 선물 사준다는데……."

서울대 경제과에 다니는 조옥남 씨의 큰애가 고등학교 다닐 때 한 번씩 던지던 말이다. 칭찬에 인색한 집이었다. 1등 성적표를 내밀어도 "수고했다"라는 말이 고작일 정도였다. 엄마, 아빠가 비슷했다. 경상도 어느 집안의 인사가 "밥 먹었냐?"가 전부라는 말처럼.

"옛날 방식이지요. 그때는 아버지 어머니들이 자식에 대해 별 말이 없던 시절이었잖아요. 1등을 받아와도 그러려니 했고, 꼴찌를 했어도 묵묵부답. 이게 당신들의 사랑법이었어요. 이 방식이 자신도 모르게 몸에 뱄던 거죠."

대학 합격자 발표 때에도 그랬다. 엄마는 조금 가슴이 떨렸지만 아빠는 "그동안 수고했다"는 한마디였다. 특히 아빠는 다른 사람들의 거듭된 축하를 받고서야 그동안의 방식이 잘못됐음을 알았다고 했다. 그때, 더 칭찬하고 격려했더라면 아이가 더 신났을 텐데…… 후회가 되었지만 과거를 돌릴 수는 없었다. 그 후 아빠는 사소한 일에도 잘했다고 한마디씩 거들었다. 큰아이는 금방 눈치를 챘다. "엄마, 아빠가 많이 약해졌어."

칭찬은 더 큰 칭찬을 만든다

게임에 빠졌던 첫째 때문에 커피 중독이 됐을 정도로 마음고생이 심했던 이미경 씨. 그 때문에 둘째가 유달리 더 귀여운지도 모른다.

"큰아이와는 달리 많이 챙겨주지도 않았는데도 둘째는 스스로 기회를 찾고, 또 언제나 최선을 다해 좋은 성과를 거두어 왔어요. 막내이고 딸이라서가 아니라 정말로 대견하고 기특했어요."

경시대회에 참가하여 크고 작은 상을 받아오는 아이, 잠을 충분히 못 자는 것 같아 늘 마음에 걸린 엄마가 그만하라고 해도 재미있다며 포기할 줄 모르는 아이. 칭찬을 아니 할 수 없었다. 고슴도치 사랑이지만 아이도 해 냈다는 성취감에 스스로 만족해했고, 칭찬 속에 자신감이 불끈 생겼다. 그 후로는 칭찬의 선순환이었다.

엄마는 그리고 비교하지 않았다. 선의의 경쟁도 경쟁이고, 경쟁에는 승패가 있게 마련이기 때문에 친구 이름을 실명으로 거론하거나, 시험 결과를 묻거나 비교하지 않았다. 의연하게 큰 그릇으로 만들 수 없다고 생각했기 때문이고, 이미 과정으로 충분했다고 보았기 때문이다. 이 씨는 모든 경쟁 상대는 바로 자기 자신이라고 아이들에게 지금도 변함없이 강조한다.

둘째는 칭찬을 많이 받고 자라서인지 매사 능동적이고 활달하며 책임감이 강한 편이다. "돌이켜 보면 큰아이에게도 진심으로 감사하고 칭찬할 일이 많았을 텐데 왜 그렇게 몰랐는지 후회가 남아요."

아이가 스스로 방법을 찾을 때 아낌없이 칭찬해 주어라. 꾸중은 할수록 강도가 높아질 수밖에 없고 칭찬은 더 큰 칭찬을 만드는 법이다. 그의 칭찬론이다.

부족할수록 칭찬을 더해주라

아이를 키우다 보면 아이가 자랑스러울 때도 있고 기대에 못 미쳐 실망스러울 때도 있다. 누구나 다 마찬가지이다. 김금남 씨의 첫째는 서울 강북에 있는 중학교에서 반에서 2~4등 정도의 성적을 유지했다. 그러나 이들 부부는 한 번도 아이에 대한 신뢰를 버린 적이 없다. 그리고 그 신뢰감을 기회 있을 때마다 아이에게 전달해 주었다. "너는 지금보다 훨씬 잘할 수 있어."

"바탕이 좋은 아이니까 공부하면 얼마든지 할 수 있다"는 격려야말로 아이에게 큰 힘이 되었다. 엄마나 아빠가 공부했던 환경보다 훨씬 좋은 환경이고, 마음만 먹으면 얼마든지 후원해 줄 수 있는 상황이라고 설명해 주면서 "단지 네가 마음의 결심을 하지 않았기 때문"이라고 말해 주었다.

아이도 엄마 아빠의 변함없는 격려에 스스로 마음만 먹으면 얼마든지 좋은 성적을 거둘 수 있다고 확신하게 되었다. 아이는 선배들 수능 고사장에 다녀온 고등학교 2학년 말, 본격적으로 공부에 매달리기 시작해 1년여 공부로 고려대 법대에 합격했다. 엄마, 아빠로부터 그동안 받았던 '격려의 내공'이 막판 스퍼트에 불을 붙인 것이다.

"작은 애는 눌리고 좀 예민하고, 그래서인지 자신감이 좀 약했어요. 몸이 약해서 자주 아팠어요. 걱정이 됐지만 궤도에 올라갈 때까지 많이 도와주고 맞춰주었어요."

박석희 씨는 외국어고에 다니는 둘째의 경우 자신감이 약해서 과잉일 정도로 칭찬을 많이 해주고, 관심을 더 많이 가졌다고 했다. 딸 셋 중 관심이 부족하다고 느끼는 애는 아빠가 맡아 특별관리했다. 아빠가 많이 격려해 주고 기분을 맞춰주려고 노력했단다.

그 결과 초등학교 때는 조용하고, 크게 두각을 나타내지 않던 아이가 중학교 들어 자신감을 가지면서 성적이 쑥 올랐다.

둘째는 고1 때 공부를 왜 해야 하는지 방황하기도 했다. 이상한 친구들을 만나면서 친구관계도 힘들어했다. 청소년 상담기관에서 엄마와 아이가 함께 상담을 받았는데 크게 도움이 되었다고 했다. 기도도 많이 했다. 어려운 시기를 무사히 넘기는 데는 역시 엄마, 아빠의 칭찬과 격려, 세심한 보살핌이 큰 힘이 되었다. "아이마다 기질이 다르니까 그 기질에 맞춰서 해주면 되요." 박 씨의 말이다.

3. 엄마보다 더 좋은 선생님은 없다—엄마의 역할

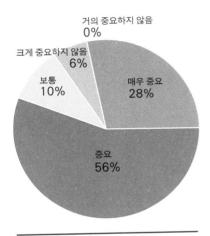

거의 중요하지 않음
0%

크게 중요하지 않음
6%

보통
10%

매우 중요
28%

중요
56%

자녀 교육에서 엄마의 역할은 어느 정도 중요하다고 생각하나요?

자녀교육에서 엄마 역할보다 더 중요한 게 있을까? 특목고와 SKY대학에 아이를 보낸 엄마들에게 "자녀교육에서 엄마의 역할은 어느 정도 중요하다고 생각하느냐?"고 물었다. 예상한 결과지만 "중요하다"는 응답이 84%였다. 특히 중학교 단계에서 엄마의 역할이 중요하다는 응답은 94%에 달했다.

"내가 아이를 낳은 이상 아이를 잘 키우는 것이 나의 책임이라고 생각했어요. 내가 성공해도 아이가 실패하면 의미가 없다고 생각했죠. 아이에게 내가 해줄 수 있는 모든 걸 해주려고 했어요."

무조건적인 사랑은 부모가 자식에게만 할 수 있는 것이라는 정병희 씨. 제일 좋아하는 소설 속의 인물은 작가 박완서의 〈엄마의 말뚝〉과 이청준의 〈눈길〉에서의 어머니상이다. '나는 못 살더라도 내가 모든 걸 다 해줄 테니 너희들은 잘 살아라' 하는 어머니이다.

정 씨는 부모님께는 그렇게 해드리지 못했지만 아이들에겐 "나는 비록 이렇게 살더라도 너희들만은 잘 살기를 항상 기도한다"고 말했다. 부모로부터 받지 못해서 힘들게 살고 있지만, 아이들은 하고 싶은 일을 경제적 문제로 포기하지 않고 마음 놓고 할 수 있기를 바란다고. 엄마 마음은 다 똑 같다. 열 손가락 깨물어 아프지 않은 손가락 없듯 아이만은 잘되기를 간절히 바랄 뿐이다. '맹모들'은 이 간절한 바람이 현실이 되도록 실천하는 사람들이다.

엄마의 사랑을 느끼게 하라

엄마들의 마음이 이렇건만 요즘 아이들은 엄마의 사랑이 당연한 것으로 받아들인다. 받기만 하고 돌려줄 줄은 잘 모른다. 작은 것에도 감사할 줄 모른다. 엄마의 사랑을 느끼게 해야 한다. 그래야 성숙한 사람이 되고 가슴 따뜻한 사람이 된다. 사랑을 받아본 사람이 사랑을 할 수 있다.

아이들은 표현되지 않은 사랑을 잘 느끼지 못한다
"아이를 기르면서 너무 사랑스러워 뺨, 손가락, 발 등을 가볍게 물기도 많이 물었어요. 아이들은 아프다고 하지만 절대로 싫어하지 않았죠. 어떤 때는 눈을 감고 기다리기도 했어요."

신지연 씨는 사랑을 받고 자란 아이와 그렇지 않은 아이는 다르다고 생각한다. 가슴이 따스한 아이로 기르기 위해서는 사랑의 작은 표현까지도 소홀히 해서는 안 된다고 말한다. 특히 공부를 하다 아이가 맞추었을 때는 호들갑스러울 정도로 칭찬을 아끼지 않았다. 뽀뽀도 해주고 궁둥이를 두들겨 주기도 했다. 작은 표현에도 아이들은 반응한다.

아이와 불편한 관계가 형성되면 사랑의 문자를 날리기도 하고, 뽀뽀도 해주었다. 싱글 좁은 침대에 같이 누워 배를 만져주면서 같이 자기도 했다. 그의 사랑 표현법이다. 사랑하고 있다고 자주 표현해 주었다. 물론 아이들은 "우리 엄마는 고슴도치 엄마"라면서 엄마 이야기는 객관성이 없다고 종종 말하기도 했다. 아이들이 표현하는 사랑의 메아리다.

신 씨는 "요즘 아이들은 표현하지 않는 사랑을 잘 느끼지 못하는 것 같다"면서 아이들이 다 성장한 이 시점에서 다시 한번 뒤돌아보면 아이를 사랑하는 마음만 있으면 문제는 있을 수 없다고 단언한다.

그는 "아이들의 미래는 부모의 사랑, 정성과 노력을 먹고 산다. 뿌린 대로 거둔다는 말을 믿어야 한다"면서 우리도 지금까지 인생을 살아오면서 거저 되는 것은 없다는 것을 몸소 느끼지 않았던가? 라며 반문했다.

아이의 교육 역시 단시간에 되는 것이 아닌 장기레이스라는 점을 깊이 인식하고, 서두르기보다는 장기 계획을 세워 천천히, 꼼꼼히,

꾸준히 아이의 성장과 교육을 옆에서 도와주고 지켜봐 주어야 한다는 것이다. 엄마가 사랑하고 있다는 사실만 안다면 엄마는 아이들이 피곤하고 쉬고 싶을 때 찾아오는 '아낌없이 주는 나무'가 된다며 "아낌없이 사랑을 표현하라"고 강조했다.

딸은 아들보다 손이 많이 간다. 그래서 키우기가 더 힘들다. 딸 셋 키우는 박석희 씨. 첫째를 외국어고로 보내기로 마음먹고 중학교 1학년 말부터 특목고 전문학원에 보냈다. 아이가 학원에서 돌아오는 시간은 보통 밤 11~12시경. 중3 때는 새벽 1시 반에 들어왔다. 애들이 지쳐 "엄마 나 오늘만 빠질래" "나 오늘만 잘래" 하는 말이 입버릇이 됐을 정도로 고단한 날들이었다.

"학교 갔다 오면 오후 4시쯤 되거든요. 그럼 30분쯤 재워요. 그래야 학원에 가서 맑은 정신으로 공부하니까요. 재우는 것도 엄마 몫이고, 깨우는 것도 엄마 몫이죠. 엄마가 곁에 붙어 있어야 되요. 깨우면 막 짜증을 내죠. 짜증 받아주기가 제일 힘들었어요. 그냥 참았어요."

참으로 끈기와 인내다. 엄마라고 피곤하지 않을까? 가끔은 같이 짜증을 내기도 하지만 이내 풀어 버린다. 아이들이 학교 가고 없는 시간에는 학습 내용을 검토하고 부족한 부분을 어떻게 채워줄지 고민한다.

"엄마가 자기들을 위해서 희생한다는 것을 알더라고요. 엄마가 간섭해도 엄마는 우리를 위해 희생한다는 것을 뭉클하게 표현할 때가 많아요."

엄마의 사랑을 아는 아이들은 이렇게 말한다. "엄마도 엄마 인생 재미있게 살아. 나중에 우리가 엄마 위해 많이 해줄게." 언니들이 이렇게 말하는 것을 들은 중학생 막내도 엄마의 사랑을 받아들인다. "엄마, 크면 아르바이트해서 종합진찰권 끊어 줄게. 예쁜 옷도 사 주고."

때로는 절제된 사랑도 필요하다

한때 속상하는 마음을 다스리기 위해 뜨거운 커피를 씹어 삼켰다는 이미경 씨는 절제된 사랑법을 제시했다. 아이가 원할 때 필요한 만큼만 사랑을 주고 나머지는 스스로 해결토록 하는 방식이다. 그렇다고 사랑의 밀도가 본질적으로 달라지는 것은 아니다.

"첫아이 때는 사랑스러운 마음에 모든 것을 아이에게 쏟아 부었죠. 배고프다 하기 전에 먹여 주었고, 춥다고 하기 전에 입혀 주었고, 조금이라도 불편한 게 있을까 항상 먼저 보살펴 주었어요. 이런 지나친 사랑 때문에 아이는 욕구를 스스로 해결할 기회를 갖지 못하고, 항상 누군가가 해결해 주기를 기다리는 수동적인 아이가 되지나 않았는지 되돌아보게 되었어요."

그래서 둘째 아이는 어려서부터 약간의 거리를 두고 사랑을 베풀었다. 혼자 방에서 자다가 깨어나도 달려가지 않았다. 아침에 정한 시간이 되어야 엄마가 올 것임을 알게 해 아이 스스로 배고픔을 달래고 이겨내게 했다. 부모가 먼저 아이가 필요한 것을 알아서 해결해 주지 않으니, 아이 스스로 필요한 것을 갖기 위해서 먼저 노력하고 요구하는 적극적인 방법을 터득해 나갔을 것이라고 생각한다.

사랑을 절제하니 아이에 대한 기대치도 낮아져 작은 성취에도 크게 칭찬하게 되고, 그 칭찬을 받은 아이는 인정을 받았다는 자신감에 새로운 것에 도전하고 더 큰 성취를 스스로 만들어 가더라는 절제된 사랑론이다.

"아이가 사랑스러울수록 사랑을 절제하여 아이가 원할 때 필요한 만큼만 사랑을 베풀고, 나머지 부분은 아이 스스로 해결할 방법을 찾아가기를 기다리는 인내심이 필요한 것 같아요." 특히 습관이 형성되는 아동기에는 비교적 시간이 있기 때문에 여유를 가지고 실천하는 게 좋다는 조언이다.

꿈과 목표를 키워주라

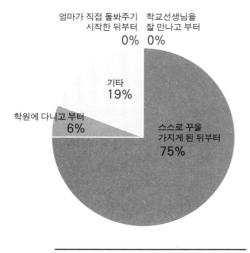

엄마가 직접 돌봐주기
시작한 뒤부터
0%

학교선생님을
잘 만나고 부터
0%

기타
19%

학원에 다니고 부터
6%

스스로 꾸을
가지게 된 뒤부터
75%

아이가 두각을 나타내게 된 비결은 무엇인가요?

아이가 공부에서 두각을 나타낸 비결은 무엇일까? 자녀교육에 성공한 엄마들 중 75%가 "스스로 꿈을 가지고 난 뒤부터"라고 했다. 꿈이 있는 아이는 다르다. 아이가 꿈과 목표를 가질 수 있도록 적극 도와주는 것이 엄마들의 주요한 역할 중 하나다.

근착 미국 시사주간지 타임은 아

이의 야망을 키워주는 네 가지 방
법을 제시했다. 목표를 세우게 하
라, 강요하지 마라, 책임감을
갖게 하라, 결과만 갖고 평가
하지 마라 등이다.

이 중 첫 번째 방법인 목
표 설정은 후천적 요소지만
야망을 성공으로 연결시키는 가장 중요한 동력이다. 빌 클린턴 미국
대통령이 좋은 케이스였다. 그는 16세 때 가상 국회의원에 당선, 백악
관 초청을 받고 케네디 대통령과 악수하면서 장래 목표를 정했고 꿈
을 이뤘다.

두 번째 방법은 아이들 스스로 어떤 일에 관심이 있는지 생각할 기
회를 주는 것. 사람마다 재능이 다르고, 성공의 길은 다양하기 때문
에 공부만 하라고 하지 말고 봉사, 스포츠, 취미 활동 등 여러 경험
을 하도록 하라는 것이다. 음악신동에 스케이트 선수 출신이었지만
스스로의 선택으로 정치에 발을 들여놓은 콘돌리자 라이스 미국 국
무장관이 대표적인 경우다.

세 번째 방법은 도전하게 하는 것. 실패와 실수는 학습의 일부분
이기 때문에 도전하다 경험한 실패도 인정하라고 했다. 스스로 내린
결정에 아이가 책임을 느끼게 해야 책임 속에서 아이는 더욱 내실 있
게 성장한다는 것이었다.

마지막은 결과만 갖고 평가하지 말라는 것. 점수가 좋다는 이유만으로 칭찬하게 되면 자만에 빠질 뿐 아니라 목표를 위해 수단과 방법을 가리지 않게 된다는 것이다. 노력과 전략, 일의 진행 방향을 칭찬하라고 했다. 진정한 야망은 도덕성을 동반해야 성공에 대한 확신이 생긴다고 했다.

타임은 또 자녀가 야망이 없는 속 좁은 아이라고 비관할 필요가 없다고 지적했다. 야망은 후천적으로 길러지기 때문이라는 것이 타임의 진단이다.

아이의 단 한번 목표 상실로 오랜 가슴앓이를 했던 이미경 씨의 경우는 꿈과 목표의 중요성을 새삼 일깨워주는 사례이다. 아이가 과학고에 들어가 의과대학에 진학하기로 목표를 잡고 공부하던 중학교 2학년 때의 일이다. 과학고에서 의대 진학생들이 늘어나는 것을 막기 위해 과학고생들의 의대진학을 불리하게 하도록 입시제도가 바뀌었다. 돌발 상황이었다. 이 바람에 과학고에서는 한바탕 자퇴소동이 벌어졌고, 중학생이던 아이는 과학고 진학을 포기할 수밖에 없었다.

"문제는 이때부터 시작되었어요. 과학고 진학이라는 눈앞의 목표를 상실한 아이는 처음에는 만화책을 보더니, 차츰 온라인 게임으로 빠져들기 시작했어요."

불행은 절대 혼자 오는 법이 없다던가. 설상가상 금융계에 몸담았던 남편이 IMF로 직장을 나오는 바람에 이미경 씨가 생활전선에서 뛰고 있던 때였다. 칼바람은 매서웠다. 엄마의 퇴근 시간은 새벽 2시경. 너무 힘들어 눈이 짓물러졌다. 아이들에 대한 걱정은 두려울 만큼 컸지만 돌봐줄 사람이 없었다.

그러던 어느 날, 집안일을 봐주던 할머니가 엄마가 집에 들어와 아이들을 돌보는 게 좋겠다면서 아이가 밤에 잠을 자지 않고 컴퓨터 게임을 하고 만화책을 본다고 했다. 밥도 안 먹고 게임에 빠져 있다는 사실을 1년이 거의 다 되어서야 알게 된 것이었다.

엄마는 상황이 매우 심각하다고 느껴 과감히 집으로 복귀했다. 1년 동안 엄마의 부재를 메우는 데에는 2~3배의 노력이 필요했다. 특히 사춘기에 막 들어선 아이의 방황은 섣불리 진단할 수도 없었다. 우선 지나간 일에 매달리기보다 그날그날 단기 계획을 세워서 무리하지 않게 실천해 달라고 주문했다. 감수성이 예민해진 아이는 쉽게 제자리를 찾지 못했다. 자신과의 싸움을 하는 듯했다. 이길 때도 있고, 질 때도 있었다.

당면 목표가 사라지자 다음 목표는 멀게만 느껴졌던지 게임과 판타지소설, 무협지, 음악 등에 빠져들면서 부모나 선생님이 시키는 것만 겨우 공부해 내는 소극적인 아이로 점점 변해 갔다. 못하게 하는 게임을 하기 위해 조금씩 거짓말을 하다 들통 나 야단맞게 되고, 야단을 맞게 되니 더욱 공부에는 관심이 없어지고 성적은 떨어져만 갔다. 그전까지만 해도 스스로 목표를 갖고 장래를 계획하면서 자신감을 갖고 주위 사람들까지 보살필 줄 아는 총명하고 사려 깊은 아이가 스스로도 자신감을 잃어 갔다.

아이는 과학고 대신 외국어고에 진학했지만 사춘기 때 단 한 번의 목표 상실로 입은 상처는 컸다. 의과대학에 진학했지만 그 상처를 치유하는 데 적지 않은 가슴앓이가 따랐다.

다양한 길을 보여주고 일찍 재능을 키워주라

"아이가 장래 무엇이 되고 싶은지, 직업의 세계는 어떠한지에 대해 대화를 많이 나눴어요. 여기에는 아빠의 도움이 컸지요. 그러면서 아이는 목표를 인문대에서 법대로 수정하게 됐어요."

김금남 씨는 "아이가 이렇게 구체적으로 진로를 결정하자 공부에 대한 의욕을 가지게 되었다"고 말했다. 아이의 어릴 적 꿈은 고고학자. 어릴 때부터 엄마, 아빠와 함께 전국 방방곡곡, 가보지 않은 곳이 없을 정도로 여행을 다닌 탓인지 역사를 좋아했다.

그러다가 고등학교 1학년 때 법대로 목표를 바꾸었다. 순수학문보다는 전문자격증을 가지고 사회적 활동을 다양하게 할 수 있는 변호사를 선망하게 되었다. 주변에 있는 아빠 친구, 엄마 친구, 삼촌 등의 전공과 사회적 위치 등을 유심히 살펴보고 스스로 결정했다.

"다양한 세계가 있다는 걸 알게 하는 게 중요한 것 같아요. 불과 한 세대 동안 세상이 이렇게 달라졌잖아요. 부모들은 아이들이 하고 싶어하고, 잘할 수 있는 것들을 할 수 있게 도와주어야 해요."

성공의 길은 다양하며, 많은 세계를 경험하고 많은 사람들을 만나게 하면서 스스로 그 길을 찾도록 해야 한다는 이야기다.

두 아이를 서울대에 보낸 김순미 씨는 자신이 살아온 궤적을 통해 아이들에게 세상에는 다양한 선택이 있음을 종종 들려주었다. 그는 어릴 때부터 학교 선생님 하라는 말을 듣고 자라 그냥 한 길로만 왔는데, 동창 중에는 변리사가 무엇인지도 잘 모르는 그 당시에 오빠의 권유로 변리사가 되어 지금도 당당히 활동하고 있는 친구가 있다면서, 여러 분야에서 자기 자리를 잡고 활동하는 친구들을 보면서 자신의 무지와 게으름, 소심함을 후회하기도 했다는 이야기를 솔직하게 아이들에게 해주었다. "내가 직접 활동하는 모습을 보여주면 더 좋겠지만 이미 때가 늦었으니……"라는 말과 함께.

　다양성을 중시하는 세상의 흐름을 반영해 공부와는 거리가 멀어도 톡톡 튀는 인재를 뽑는 대학이 늘고 있는 추세다. 발명왕, 삼바 축구 전문가, 인터넷 카페 운영자, 자원봉사 마니아, 역사소설 작가 등 기존 우등생의 개념을 넘어서는 신개념의 인재들이다. 대학 입학 전형의 다양화이다. 어릴 때부터 만나는 다양한 세상을 통해 아이의 적성을 발견해 줄 수 있다면 꼭 공부가 아니더라도 아이에게 행운이 아닐 수 없다.

　"영재뿐만 아니라 기술 등 다른 방면에서도 어릴 때부터 재능을 키워주는 게 중요하다고 생각해요." 아이를 경시대회 수상 성적으로 과학고에 진학시킨 이현숙 씨는 "꼭 영재가 아니더라도 개개인의 재능을 일찍 발견해 개발시켜 주는 일이 중요하다"고 말했다.

아이의 경우 초등학교 2학년 때 집안에 컴퓨터를 들여놓고 학원에 보내면서 컴퓨터와 본격적으로 대면했다. 엄마 눈에는 처음에는 자판 연습을 핑계로 게임만 하는 것 같았다. 하지만 게임도 공부의 한 과정이라 생각하며 내버려뒀다. 그러던 중 초등학교 정보담당 선생님이 아이의 재질을 알아보고 "제대로 한번 시켜보라"고 권유해 전문 경시학원을 다니게 되었다. 컴퓨터 학원에 다니는 애들이 별로 없던 지방이라서 학원에 다니던 아이가 더 눈에 띄었는지도 모른다. 정보담당 선생님은 서울에서 정보교육을 지속적으로 받아왔기 때문에 대회에 관한 정보를 잘 알고 있었다. 처음에는 자잘한 자격증을 따는 것부터 시작했다.

"그때부터 아이는 꽤나 열심히 하는 것 같았어요. 성적이 조금씩 나오니까 자신감을 가지고 더 열심히 노력했어요. 그때 계기가 없었다면 우리 아이도 평범한 일반 고등학교에서 대학 입시를 준비한다고 학원만 들락날락하고 있었겠죠?"

수학경시대회가 무엇인지도 모르는 아이가 엄마와 상의 없이 혼자 신청하고 온 대회는 사설 학원 주최 경시대회였다. 물론 학교에서 공식적으로 대표를 선발하여 참가시킬 정도의 지명도 있는 전국규모 대회였다. 이미경 씨의 둘째가 초등학교 4학년 때의 일이었다. 아이는 학교에서 친구가 손을 드는 것을 보고 따라 참가 신청을 했다.

초등학교에서 정기고사가 없어져 아이의 학업 성취도를 몰랐던 엄마는 부랴부랴 서점에 가서 경시대회용 문제집을 한 권 샀다. 생각보다도 훨씬 어려웠다. 페이지 수를 보며 기한을 정해 처음은 같이 풀고, 다음은 혼자서 처음부터 끝까지 풀어보게 했다. 마지막 한 번은 틀린 것만 다시 풀게 했더니 아이의 실력이 엄마에게 설명할 정도가 됐다. 그 결과 기대치도 않게 우수한 성적으로 입상했다.

그 후 아이를 집 앞 수학 전문학원에 맡겼다. 같은 학년 반이 없어 한 학년 상급반에서 수업하자는 권유를 망설임 끝에 받아들였다. 물론 아이가 조금이라도 지치는 기색이 있으면 곧 연락해 주기로 약속을 받았다. 그 후 학원을 다니는 5년 동안 연락은 오지 않았다. 아이가 스스로 재미있어 하면서 포기할 줄 몰랐다. 아이의 특기를 발견할 수 있다면 사설학원 주최 행사도 무시할 이유가 없다.

실행이 따르지 않는 목표는 희망사항일 뿐이다

2006년 서울대 공대에 합격한 영준이의 어릴 때의 꿈은 종이접기 강사 김영만 선생님. 종이접기를 좋아해 온 방을 엉망을 만들어 놓기가 일쑤였다. 조금 더 자라면서는 조립품에 관심을 가지면서 동네 문방구 아저씨가 되겠다고 했다. 그러다가 게임에 몰두하고 돈의 가치를 알게 되면서는 빌 게이츠처럼 컴퓨터로 돈 많이 벌 수 있는 부자가 되는 꿈을 꾸었다.

그동안 막연히 '~좋겠다'라는 부러움의 표현이었던 꿈은 과학고에 진학하면서 구체적으로 무르익어 갔고 나노에 관하여 계속 공부

한다는 게 현재의 꿈이다. 김순미 씨는 초등학교 때 받아쓰기를 못해 자기를 바보라고 생각하던 아이가 이렇게 조금씩 자기 꿈을 키워가고 목표를 세워가는 모습이 너무 예쁘고 자랑스럽다고 했다.

어느 날 갑자기 이뤄지는 꿈은 없다. '로또 대박'도 노력하는 사람한테서 터질 확률이 높다. 시대에 따라 아이들이 바라는 꿈의 내용은 많이 달라졌지만 구체적인 계획과 실행이 뒤따르지 않는다면 목표가 아니라 희망사항일 뿐이라는 게 김 씨의 말이다.

"소설 〈갈매기의 꿈〉에 가장 높이 나는 새가 가장 멀리 볼 수 있다는 말이 나옵니다. 당연히 우리도 아이들에게 높이 날아오르라고 말합니다. 그렇게 해야 멀리 보고, 멀리 날 수 있으니까요. 그런데 가장 높이 날아오르기 위해서는 뭔가 이유나 목표가 있어야 하지 않을까요?"

대부분의 갈매기들은 먹이를 찾기 위해 높이 날아오를 필요가 없었다. 하지만 갈매기 조나단은 달랐다. 조나단에게 중요한 것은 '먹는 것'이 아니라 '나는 것'이었다. 엄마들은 날아야 할 이유와 목표를 아이에게 찾아주는 데 힘을 쏟아야 한다는 게 그의 지론이다.

자율적인 사람으로 키워라

자기 일을 스스로 알아서 하는 아이는 다르다. 자식농사에 성공한 엄마들에게 "아이가 스스로 자기 일을 알아서 처리하는 편인가?"고 물었다. 엄마 중 88%가 "그렇다"고 대답했다. 예상했던 결과이다.

엄마가 뒤따라가면서 챙겨줘야 한다면 답이 나오지 않는다. 스스로를 통제하는 아이는 자기 절제력과 감정 조정력이 뛰어나다. 굳이 긴 말이 필요 없다. 자율적인 아이로 키울 수 있는 엄마는 행복하다.

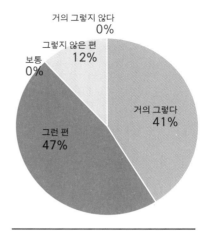

아이가 자기 일을 스스로 알아서 하는 편인가요?

스스로 선택하고 실천토록 하라

받아쓰기를 소리 나는 대로 적어 초등학교 내내 "바보" 소리를 들어야 했던 영준이가 중학교에 들어가게 되었다. 엄마는 입학하기 전 방학 동안 아이와 친구들을 데리고 수학공부를 시켰다. 공부라면 칠색 팔색을 할 것 같던 아이는 걱정이 되었는지 중1 수학문제집을 풀기 시작했다. 다행히 이해가 빨라 쉽게 진도가 나갈 수 있었다. 중학교에 들어갈 때 엄마와 아이는 "딴 것은 관두고라도 수업시간만은 착실하게 보내겠다"고 약속을 했다.

"1학기 중간고사를 앞두고 이 시험이 아이에게 어떤 전환점이 되게 해야겠다는 생각했어요. 그래서 시험 2주일을 앞두고 계획표를 아이와 같이 만들고 챙겨주었어요."

김순미 씨는 첫 시험이 중요하다고 생각했다. 공부에 익숙지 않았던 아이는 힘들어했으나 "잘할 수 있다"는 엄마의 격려와 부담을 안고 드디어 시험을 치렀다. 결과는 1등. 성적이 어느 정도 될 거라고 예상은 했지만 1등이라니, 믿겨지지 않았다. 초등학교 때 사정을 모르는 선생님들은 당연하게 받아들였다. 동생과 같은 중학교를 다녔던 누나가 서울대에 들어갔으니 동생도 뛰어날 것이라고 미리 짐작하고 있었던 것이다.

"아이와 함께 그냥 흥분되고 얼마나 기뻤는지 몰라요. 1등이 문제가 아니라 해냈다는 게 더 기뻤어요." 그런데 아이는 1등이 엄마의 힘이라고 생각했다. 그래서 다음 기말 시험에는 혼자 스스로 계획을 짜서 공부하도록 했다. 아이는 지난 번 시험공부를 참고로 계획을 짜고 수정하면서 열심히 공부했다. 필기시험에서 단 1개만 틀려 성적꼬리표가 이 반 저 반 돌려졌다는 이야기가 엄마 귀에 들어왔다. 그러나 예체능 과목에서 떨어져 학기 종합성적에서 수위권을 놓쳤다.

김 씨는 이 정도만이라도 해주는 아이가 대견스럽고 고마워 더 무엇을 시도해볼 생각조차 하지 않았다. 아이는 수업 시간에 딴 짓을 하지 않기로 한 약속을 지켰다. 자율성은 어디서나 막강한 힘을 발휘한다.

"그렇게 힘들면 하지 않아도 돼!"

조옥남 씨가 과학고 진학을 목표로 공부하던 아이가 힘들다고 투정 부리면 한번씩 던졌던 말이다. 물론 내심으로는 원하는 학교에 들어가기를 간절히 바라면서도.

둘째는 엄마, 아빠가 고3인 언니에게만 신경을 쓰고 자신에게는 관심을 가져주지 않는 게 불만이었다. 그도 그럴 것이 다른 집에서는 아이가 과학고에 가겠다면 완전히 상전처럼 떠받들며 집안의 우선순위를 아이에게 둔다. 그리고 엄마는 아이의 전속 운전사로 나선다.

그러나 둘째는 전철을 1시간씩 타고 다니며 학원을 다녔고 자매간에는 시끄러운 아이로 취급 받았다. 또 힘들다고 투정이라도 부리면 엄마, 아빠는 그렇게 힘들게 공부하지 않아도 된다고 포기를 종용했다. 이런 구박을 받으면서도 아이는 포기하지 않았다. 유치원 때부터 스스로 선택한 길이었기 때문이다.

'절대로 키우겠다'고 다짐한 김금남 씨. 아이에게 이것저것 많이 시도해 보았으나 싫어하면 이내 그만두었다. 학습참고서도 마찬가지. 엄마가 서점에 데려가 문제집을 사준 후 그 문제집을 다 풀지 못했을 경우 다음 것을 사 주지 않았다.

"열심히 하지 않을 테면 사지 마. 돈 아까워. 엄마가 돈 100원 어치를 들였으면 네가 적어도 90원치 공부는 해주어야지. 엄마가 얼마나 힘들게 돈 버는데, 네가 이렇게 낭비하면 되겠니? 그 돈이라면 다른 데 즐겁게 쓸 수 도 있잖아?"

투자의 효율성을 강조한 간단한 논리였다. 그러자 아이들이 "다음부터는 잘할 테니 문제집을 꼭 사 주라"고 졸랐다. 어릴 적에는 엄마가 책을 사 주지 않을까 봐 애들이 전전긍긍한 적도 있었다. 김 씨는 "필요하면 아이들이 엄마한테 매달려야지, 엄마가 아이 뒤를 쫓아다니며 안겨주지 않았다"고 했다.

'스스로 선택하는 삶'은 이 집의 모토나 다름없다. 여기에는 남편의 과거가 들어 있다. 남편은 상당히 문학적인 사람이었다. 중·고교 시절 백일장 등에서 상을 휩쓸었다. 그에게서 문학은 평생 걸어가고 싶은 매력적인 길이었지만 갈 수 없는 길이었다. 부모님은 그를 받아들이지 않았다.

어릴 때부터 타처에서 유학한 아들이 관직이나 관리자가 되기를 원했던 어른들 때문에 남편은 결국 생각지도 못했던 경제학을 전공하고 은행원이 되었다. 표현한 적은 없지만 미처 걸어가지 못했던 길에서 시선을 떼지 못했을 것이다. 원하던 문학을 했더라면 조금이라도 더 행복하지 않았을까 하는 생각에 아이만큼은 자신이 선택하는 삶을 살도록 하겠다는 것이 이들 부부의 신념이다.

자율성의 위험을 감수하라

자율성에는 위험이 따른다. 당연히 이를 감수하겠다는 용기가 필요하다. 위험을 줄이는 방법은 필요하다고 인정되면 참여해서 통제하면 된다. 자율성이라 해서 굳이 모든 것을 아이에게 다 맡겨놓을 필요는 없다.

큰아이를 서울대 법대에 보낸 정병희 씨는 아이가 선택한 대로 해주어 스스로 통제할 수 있는 능력을 키워주라고 강조한다. 뭐든지 질릴 때까지 해 보고, 실패도 경험해 보고, 스스로 깨달아야 한다는 것이다. 강요에 의한 경우는 처음에는 문제가 없어 보이더라도 결국 나중에 더 힘들어진다고 했다.

김금남 씨는 공부든 뭐든 하고 싶은 일, 혹은 해야 하는 일을 구분해서 할 수 있도록 훈련시키는 일이 중요하다고 말했다. 초등학교 때는 실컷 놀 수 있고, 또 좋아하는 일을 골라 할 수 있어야 이후에 자신에게 맞는 공부 방법을 스스로 선택할 수 있다고 했다. 그리고 그 결과에 대하여 책임을 져야 한다는 사실도 반드시 성인이 되기 전에 가르쳐 주어야 한다고 덧붙였다.

과학고 1학년에 다니던 둘째에게 김순미 씨는 여름방학 동안 수학 학원을 다니라고 권했으나 아이는 혼자 하겠다고 우겼다. 아이의 느긋함을 잘 아는 엄마로서는 짧은 시간 안에 진도를 나가려면 학원의 도움이 필요하다고 생각했지만, 1학기를 나름대로 잘 보낸 아이의 의견을 우선 받아들이기로 했다. 아이가 고집이 세기 때문에 실패가 눈에 보이더라도 스스로 수긍하지 않으면 그 실패를 거치는 것이 아이에게 오히려 득이 될 때가 있다고 생각했다.

그러나 스스로 선택한 결과는 좋지 않았다. 1학기 결과가 아이를 방심하게 했는지, 아니면 다른 데 마음이 있었는지 1학기보다 성적이 내려갔다. 특히 수학성적이 많이 내려갔다. 2학기에는 학교 행사가 특히 많았고 아이가 열심히 활동했다. 이런 행사를 통해 아이들이 많은 것을 배우고 자란다는 것을 잘 알고 있지만 엄마들은 시험이 마음에 걸려 마냥 흐뭇해할 수만은 없었다.

겨울방학 동안 아이는 친구들과 학원에서 수Ⅱ와 미적분을 하기로 했다. 두 달을 계획했는데 한 달이 지난 후 책을 보니 문제를 푼 흔적이 별로 없었다. 이야기해 보니 문제를 풀지 않았다. 김 씨는 아이에게 학원을 끊게 하고 진도를 나가지 않아도 좋으니 남은 한 달은 집에서 배웠던 문제를 스스로 풀게 하였다. 모든 과목이 그렇지만 특히 수학은 학원에서 들을 때는 다 알 것 같아도 자기 공부가 뒤따르지 않으면 전혀 효과가 없다.

김 씨는 2학년이 된 아이에게 "경시를 한번 생각해보면 어떻겠느냐?"고 물어보았다. 중학교 때 같이 공부한 친구들이 경시를 계속해 금상을 받았다는 소식에 아이는 쉽게 포기한 것이 내내 아쉬웠던 모양이었다. 1년 넘게 쉬던 경시를, 그것도 2학년이 되어 다시 시작한다는 것은 무리가 있었다. 그래서 아이에게 너무 욕심 부리지 말고 구술면접 시험 대비를 겸한 심화학습쯤으로 생각하자고 했다.

이런 와중에 아이는 친구와 같이 한 달 동안 1주일에 한 번씩 학원에서 경시 기출문제를 풀며 감을 익혔고 서울시 경시대회에 나가 동상을 받았다. 스스로 선택한 길이면 웬만한 어려움은 쉽게 돌파할 수 있음을 알게 하는 대목이다.

자신감을 갖도록 도와주라

"자신감은 할 수 있다는 의지라고 볼 수 있죠. 당연히 노력을 필요로 합니다. 공부에 대한 열의가 없으면 아무리 좋은 방법을 동원해도 별 효과가 없겠죠."

김금남 씨는 부모가 정해준 목표나 기대치에 무조건 따르라고 할 것이 아니라, 학습에 흥미를 가질 만한 여러 방법을 제시하고, 스스로 노력하면 이룰 수 있다는 자신감과 성취감을 느끼도록 유도하는 것이 중요하다고 말했다.

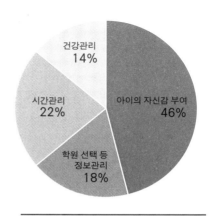

건강관리
14%

시간관리
22%

아이의 자신감 부여
46%

학원 선택 등
정보관리
18%

엄마의 공부관리는 어디에 중점을 두어야 한다고 생각하나요? 두가지를 꼽는다면?

칭찬과 격려는 자신감을 북돋우는 가장 좋은 수단이다. 공부 잘 시킨 엄마 중 46%가 공부관리에서 엄마가 중점적으로 해야 할 일로 "자신감 부여"를 꼽았을 정도이다.

"조용히 책만 읽던 우리 아이를 특별한 관심으로 지켜봐 주며 일기장에 꼼꼼히 의견을 달아준 초등학교 4학년 때의 박지숙 선생님은 늘 아이의 생각이 깊다고 칭찬했어요. 덕분에 아이는 점점 자신감을 가지게 되었죠."

아이는 자신의 의견을 스스럼없이 말할 수 있게 되면서 주변에서 중심으로 나가는 생활을 할 수 있었다고 김 씨는 말했다.

격려는 자신감을 길러주는 키워드다

일반고에서 서울대 의대를 목표로 공부하고 있던 첫째가 학교 시험을 한 번 망치고 온 적이 있었다. 내신이 중요한 때였기에 아이는 크게 실망했다. 엄마도 속으로는 마음이 무너져 내렸지만 내색하지 않았다. 정연덕 씨 이야기다.

아이는 특별히 내신 중심의 학원을 다니지 않아도 혼자 공부할 능력이 되었기에 학교 공부에 치중하고 있던 상황이었다. 내신에서 학교 시험 한 문제가 대학을 결정할 정도로 중요한 시기에 실수를 한 것이었다.

엄마는 자책하는 아이에게 "다음에 만회할 기회가 올 거야. 그때 잘하면 되지"라고 격려했다. 속마음은 흔들리더라도 "너를 믿는다"는 말로 끊임없이 용기를 불어넣었다. 엄마의 격려로 아이는 자신감을 회복할 수 있었고 원래 목표했던 대학은 아니었지만 한양대 의대에 진학할 수 있었다.

"큰아이를 키울 때는 아무래도 첫째이기 때문에 하지 말라는 것이 많았어요. 아쉽거나 부족해 보이는 것들은 많이 요구했죠. 그래서인지 아이의 성격이 조금 내성적이 되었어요. 아이의 자신감을 북돋아 주려고 노력했어요." 부모가 아이를 신뢰하고 긍정적인 마음을 심어 자신감을 갖도록 하는 게 중요하다는 정 씨의 말이다.

'머리는 좋으나 수업시간에 다른 생각이나 행동을 많이 합니다. 수업에 관심을 갖지 않습니다. 과제물과 실기 교과에 성의가 부족합니다. …… 수학, 자연 과목의 이해 탐구력이 우수합니다. 부모님의 꾸준한 관심과 격려를 부탁합니다.'

초등학교 5학년 아이의 생활통지표를 읽어본 김순미 씨는 깜짝 놀라 기절할 지경이었다. 이런 통지표는 처음이었다. 원래 통지표에는 웬만하면 나쁜 소리는 잘 쓰지 않는 법이지 않던가. 엄마는 당장 학교로 달려가고 싶었지만 솔직히 부끄러워서 가지 못했다. 아이가 왜 그러냐고 물으면 할 말이 없었기 때문이다. 자기 아이 상황을 누구보다도 잘 알고 있어야 할 엄마가 아닌가?

아이를 붙들고 물어보았더니, 수업시간이 재미가 없다 했다. 수업시간에 게임 생각도 하고, 그 전날 읽었던 책 생각도 하고, 그냥 이런저런 공상도 한다고 했다. 엄마는 놀랐지만 어린 아이가 상처 받을까봐 "넌 머리가 좋다고 하잖아. 넌 하려고 마음만 먹으면 잘할 수 있어"라고 다독거려 주었다. 엄마 입장에서는 그렇게 믿고 싶었는지 모른다. 엄마의 격려로 아이는 자신감을 갖고 중학교 때부터 두각을 나타내기 시작해 원하는 학교로 진학했다.

서울대 합격생 중에는 특목고 입시에 고배를 마셨던 학생이 적지 않다. 그 좌절의 교훈이 서울대 합격의 원동력이 된 경우이다.

"큰애는 수학 선행학습을 시키지 않은 데다 과학에 소질이 없었고, 작은애는 갑자기 입시요강이 바뀌면서 영어듣기에 어려움을 겪었어요."

정병희 씨는 두 아이를 특목고에 보내려다 실패했다. 아이들은 최초의 꿈이 좌절된 데 대해 심하게 힘들어했다. 다행히 일반고교에 진학한 뒤 학급 반장 등을 하면서 학교에서 인정을 받았다. 아이들은 위기의식을 느끼고 더 열심히 공부에 매달렸다. 엄마 입장에서도 다시는 실패를 되풀이하지 않으려고 아이들을 더 열심히 챙기게 되었다. 결과론적으로 특목고 떨어진 게 전화위복이 된 셈이다. 첫째는 서울대 법대에, 둘째는 강릉대 치의예과에 합격했다.

조옥남 씨의 첫째도 특목고 입시에서 고배를 마셨지만 3년 뒤 서울대 사회대에 합격했다. 아이들은 자라면서 크고 작은 실패와 좌절을 경험하게 마련이다. 시련과 좌절은 사람을 단련시키는 힘이다. 아이들이 그런 실패에 좌절하지 않고 다시 일어설 수 있도록 자신감을 북돋워주고 관리해 주는 게 엄마들의 역할이다. 돌이켜보면 우리가 인생에서 쓰디쓴 실패를 경험하고 이겨내 왔던 것처럼.

전문학원에 보내 공부 자신감을 키우다

"아이 때부터 누구나 하는 기본적인 영어를 조금씩 시키다 초등학교 4학년 때 전문 영어학원에 보냈죠. 현지인 외국인 선생님들이 나오는 학원이었어요. 적극적이던 큰애는 월요일 학원에 가면 주말에 있었던 일들을 선생님한테 되든 안 되든 다 영어로 얘기를 했어요."

박석희 씨는 그때는 아이를 외국어고로 보내겠다고 마음먹지 않았지만 영어에 대한 자신감을 일찍부터 길러주기 위해 영어 전문학원을 찾았다. 엄마는 아이가 학원에서 집으로 돌아오면 학원에서 배운 내용들을 꼬박꼬박 복습시켰다. 성격이 활달한 아이는 자기표현을 잘하고, 재밌게 다녔다.

아이는 "그때 영어 학원 다니면서 영어에 대한 느낌 같은 것을 체득한 게 영어 공부에 굉장히 큰 도움이 됐다"고 나중에 얘기하더란다.

그때부터 초등 6학년까지 영어에 매달린 결과 아이는 확실한 자신감을 가지게 됐고, 지금도 영어를 잘하고 못하고 간에 자신 있어 한다. 외국어에 대해서 눌린 감이 없단다. 박 씨의 '영어 자신감 키우기 프로젝트'는 외국어고 진학과 고려대 경영대 입학으로 완결되었다.

긍정적인 아이로 키워라

긍정적이고 낙천적인 아이가 인생에서 성공할 가능성이 높다. 긍정적으로 생각하고 긍정적으로 행동하는 아이는 자신의 삶을 충실하게 만든다. 긍정의 힘은 주변까지도 변화시킨다. 반면 부정적인 아이는 남의 탓만 한다. 자기중심으로만 생각하고 감사하는 법을 모른다. 감사할 줄 모르고 불만투성이니 행복해지기 어렵다.

엄마들이 해주어야 할 일중 하나가 바로 긍정적인 아이로 키우는 일이다. 긍정적인 아이는 공부뿐 아니라 세상 자체를 밝게 본다. 행복한 아이로 만들길 원하면 엄마가 앞장서서 긍정적인 모습을 보여주어야 한다.

유머로 웃으면서 하루를 시작하게 하다

"코끼리가 실수로 개미집을 밟았다. 화가 난 개미들이 마구 코끼리에게 덤벼들었다. 코끼리가 긴 코로 흙을 확 뿌리자 코끼리 몸에 붙었던 개미들이 한방에 다 떨어져 나가고 목에 한 마리만 남았다. 바닥에 떨어진 개미들이 그 친구에게 뭐라고 했게?"

김금남 씨가 아이에게 들려준 이야기는 20여 년 전 들었던 유머. 중학교생이던 첫째가 아침에 일어나기를 너무 힘들어하자 엄마는 아이가 웃으면서 하루를 시작하게 해주려고 재미있는 이야기를 찾아 나섰다. 애들은 자기가 행복하다고 느끼는 게 가장 중요하다고 믿기 때문이었다. 인터넷을 돌아다니기도 하고 가물가물하던 기억을 되살리기도 했다.

웃으면서 하루를 시작하게 된 아이는 밝아졌다. 유머를 아는 아이 주위에 친구들이 많이 생겼다. 나중에는 아이가 엄마를 따라다니면서까지 재밌는 이야기를 들려주고 싶어 했다.

둘째가 어느 날 시를 외우는 것을 들은 엄마는 "어디에서 본 시냐?"고 물었고 아이는 화장실에서 읽은 시라고 했다. 여기서 힌트를 얻은 엄마는 좋은 글을 발견하면 화장실에 붙였다. 가족들이 다 읽었을 즈음엔 다른 글로 바꿨다. 그리고는 그 글에 관한 느낌을 자연스럽게 나눴다. 아이들은 이런 과정을 통해서 엄마를 어렵게 여기지 않고, 친구처럼 장난치고 편하게 여기게 됐다.

"아이가 긍정적이고 잘 웃는다는 이야기를 선생님들에게서 많이 들어왔어요. 공부를 잘하고 다른 집 아이보다 많은 걸 가졌다 하더라도 행복하지 않으면 행복한 아이가 아니에요. 아이는 경제적으로 부유한 친구들이 많지만 지금도 자신이 가장 잘 산다고 생각해요." 이런 점을 엄마들은 자칫 소홀히 할 수 있다는 게 그의 생각이다.

이런 영향이었던지 어릴 때는 직장 다니는 엄마에 대해 늘 목마름을 가졌던 아이들은 초등학교 고학년이 되면서부터 현실을 오히려 긍정적으로 받아들이고 엄마가 하는 일에 힘이 되어 주었다.

그는 "삶은 가치 있는 것이며 자신이 받아들이기에 따라 환경과 조건이 변화될 수 있음을 아이가 받아들이도록 하는 일이 가장 중요하다"며 아이들이 긍정적 인생관을 갖게 해야 한다"고 말했다.

열심히 사는 모습을 보여주라

개인택시를 모는 K씨는 고등학교 학부모 모임에 참석하는 몇 안 되는 아빠였다. 모임은 대개 엄마들의 몫이었지만 K씨는 아이 엄마가 직장을 다니는 관계로 계속 참석해왔다. 모임에 한 번도 빠지지 않았을 정도로 열성적이었다.

깨끗하게 손질돼 있는 택시, 깔끔하게 차려입은 옷, 진지한 태도에서 엄마들은 성실한 사람이라는 인상을 지울 수 없었다. K씨의 아이는 그런 아빠의 기질을 물려받아서인지 매사 성실하고 긍정적이었다. 다른 데 한눈을 팔지 않아 오히려 친구들이 얄미워할 정도였다. K씨의 아이는 서울대 합격으로 아버지께 보답했다. 어려움 속에서도 열심히 최선을 다하는 아버지의 모습이 아이의 공부 원동력이었다.

"걱정 마세요. 잘 될 거예요." 어려운 살림에 세 자매를 교사, 약사, 공무원으로 키운 Y씨는 친정 엄마의 걱정에 늘 이렇게 답했다. 아이들 셋에게 방 한 칸밖에 내어줄 수 없을 정도로 곤궁한 살림이었지만 늘 긍정적이고 낙천적이었다. 아이들은 학원 한번 제대로 다니지 못하는 가정 형편이 불만스러웠겠지만 열심히 최선을 다해 뒷바라지해 주는 엄마, 아빠에게 그저 감사하면서 꿋꿋하게 잘 자라주었다. 어렵게 성장했는데도 구김살이라고는 찾아볼 수 없다. 형제간 우애도 두텁다.

실로 그렇다. 엄마, 아빠의 사는 모습은 아이에게 그대로 투영된다. 부모가 적극적으로 열심히 산다면 아이들은 자신도 모르는 사이에 그대로 보고, 배우면서, 자란다. 부모는 성실하지 않으면서 아이에게 성실하라고 주문한다면 먹혀들 리가 없다. 아이는 엄마 아빠를 비추는 거울이다.

아이를 긍정적으로 키우려면 우선 엄마, 아빠가 세상을 긍정적으로 보아야 한다.

정보망을 확보하라

"돌이켜 보면 둘째는 길을 너무 돌아 왔다고 생각해요. 내신만 잘 관리했다면 쉽게 올 수도 있었던 곳을 험난한 경시의 길을 걸어오느라 아이의 마음과 몸이 몹시 지쳤기 때문이죠."

둘째를 과학고에 보낸 조옥남 씨의 쓰라린 실패담이다. 그는 과학고 입시를 위한 본격적인 준비를 중2 여름방학 때 시켰다. 과학경시를 통해 과학고에 진학시킨다는 전략을 세우고 강남의 과학전문학원에 등록했다. 아이는 학교를 마치면 전철로 왕복 2시간을 소비하며 학원에 다녔다. 경시를 목전에 두고서는 오전 2~3시까지 공부하는 날도 비일비재했다.

그러나 드러난 결과만 말한다면 참패였다. 경시대회에 입상을 하지 못하였고 경시 준비하느라 학교 내신을 관리하지 못해 내신 또한 엉망이었다. 게다가 과학고 입시요강이 완전히 바뀌어 내신을 만회할 기회조차 주어지지 않았다. 완전히 절망적이었다.

다행히 영재반에 다니는 학생들을 위한 길이 남아 있었고 아이는 치열한 경쟁을 뚫고 합격했다. 조 씨는 조금만 더 꼼꼼하게 살피고 정보를 갖고 있었더라면 사서 하는 고생은 피할 수 있었을 것이라고 했다. 그는 아이를 과학고에 보낸다는 마음만 있었지 정작 아는 정보는 별로 없었던 것이었다.

엄마의 주요 역할 중 하나는 학습 정보관리이다. 엄마가 알아야 하는 정보의 폭은 공부에서 교우관계, 이성문제 등에 이르기까지 폭넓다. 아이가 현재 어떤 위치에 놓여 있고, 무슨 생각을 하고 있는지를 제대로 알지 못하면 앞날을 설계해 줄 수 없다. 정확한 정보와 처방만이 불필요한 수고를 줄이고, 공부의 효율성을 높일 수 있다.

이를테면 2007학년도 서울대 입시에서 공대, 자연대 수시모집 비율이 70%로 크게 늘어나고 의학전문대학원 도입으로 의예과 정원이 줄어든다. 아이를 서울대에 보내려는 부모는 이런 정보를 놓쳐서는 안 된다.

자녀를 의대에 진학시키려는 부모는 주요 대학이 의학전문대학원 전환을 신청함에 따라 2007학년 입시에서 의대정원이 2006학년에 비해 20% 정도 줄어들면서 입학 경쟁이 더욱 치열해진다는 사실을 알아야 한다. 아이를 법조인으로 키우려는 부모는 로스쿨 도입이 추진되고 있다는 정도는 알고 있어야 한다. 이런 정보는 학부모에게 굉장히 중요한 정보이다.

아이 친구 엄마들을 많이 알아 두라

"아이의 친구 엄마들을 잘 사귀어 둬야 해요. 친구 엄마들과 친밀한 관계를 유지하면 아이의 학교생활이 또르르 귀에 들어와요. 아이가 학교에서 다른 짓을 하면 금방 귀에 들어옵니다. 하지만 엄마에게 그런 루트가 없으면 아이는 절대 잡히지 않아요."

고교 교사인 정병희 씨의 '친구 엄마론'이다. 아이들은 어느 순간을 놓치면 바로 잡기가 힘들기 때문에 평소 잘 체크해야 하는데, 이때 친구 엄마들이야말로 좋은 정보원이라는 것이다. 아이들의 움직임을 들을 수 있고, 다른 한편으론 각종 학습정보를 나눌 수 있기 때문이다.

아이들 학습 교육정보는 주로 어디에서 얻었나요?

"잘하는 아이 엄마가 있으면 쫓아가서 이것저것 물어봤어요. 동네에 아는 사람이 많았는데, 우연히 만나더라도 꼭 아는 척을 하고 얘기를 건넸죠. 우리 아이와 다른 상황이라도 반드시 건지는 게 있었고 적절히 활용했어요."

정 씨는 고3 문과 담임을 맡아 본

인이 정작 최고의 정보 생산자이었음에도 학교에서 입시지도 선배 교사나 공부 잘하는 아이를 둔 선배교사에게 꼭 더 물어보았다고 한다.

실제로 공부 잘 시킨 엄마들에게 "학습정보를 어디에서 주로 얻느냐"고 물은 결과 "친구 엄마"라는 응답이 33%로 가장 높았다.

"상위권 엄마들과 초등학교 때부터 공부 정보를 공유해 왔어요. 일반고에서는 그런 정보가 더욱 절실해집니다. 일반고에서 아이의 대학 수준을 한 단계 끌어올리는 데에는 그런 정보가 좌지우지한다고 생각해요."

정연덕 씨는 아이가 따라주지 못해서 그런 학부모 모임에 끼이지 못한 엄마들은 잘하는 아이 엄마에게 개별적으로 정보를 구하거나 아니면 그냥 주위의 일반학원에 보냈던 걸로 기억했다.

초등학교 3학년인 S군의 경우 행실이 좋지 않다는 소문이 나면서 다른 엄마들이 자신의 아이가 S군과 어울리는 것을 꺼리고 있는데도 직장생활을 하는 S군의 엄마만 이 사실을 모르고 있다. 엄마가 조금만 관리해 준다면 S군은 또래 사이에서 두각을 나타낼 수 있는데도 엄마가 이 사실을 알지 못하니 아이는 위험선 위에 아슬아슬하게 걸려 있는 셈이다. 그렇다고 다른 엄마들이 결례를 무릅쓰고까지 S군의 엄마에게 굳이 알려주지 않을 것이다.

엄마가 아이에 대해 제대로 된 정보를 갖지 않으면 아이는 늘 위태위태하다.

가능하면 학부모회에 가입하라

학부모회에 가입하면 친구 엄마들을 사귈 수 있을 뿐 아니라 담임 선생님을 만나는 데도 도움이 된다. 일거양득이다.

"지금은 상황이 좀 달라졌지만 큰아이가 중학교를 다닐 때만 하더라도 동네 엄마들이 알고 있는 정보가 별로 없었어요. 큰아이가 반장이 되어 어쩌다가 밀려들어 간 학교운영위원회 모임이 끝난 뒤, 엄마들이 하는 이야기를 듣고 강남에서 강북으로 막 전근 온 교장 선생님이 놀라워했다는 이야기를 나중에 들었어요."

김순미 씨가 살던 서울 서대문구 주택가는 대부분 단독주택이어서 엄마들이 각각 문을 닫고 살아 아파트단지처럼 엄마들의 교류가 별로 없었다. 게다가 학교에는 학년 초 학부모총회 때나 조용히 갔다 오는 정도였다. 서로 알지를 못하고 오가는 이야기도 별 게 없었으니 으레 강남 엄마들 같은 관심을 기대했던 교장 선생님의 예측은 전혀 맞질 않았다.

강남에 사는 김 씨의 친구가 큰아이를 과학고로 진학시키면서 들려준 경시, 겨울학교, 영재반 등의 이야기는 모두 김 씨가 처음 듣는 소리였고, 이 이야기를 친구들에게 했더니 모두 처음 듣는 소리라고 할 정도로 정보에 어두운 곳이었다. 학교에서 공부 선두를 달리는 그룹에서 이랬으니 다른 아이들의 경우는 더 말할 필요가 없었던 셈이다.

김 씨는 작은아이가 과학고에 진학하고 나서야 자신이 우물 안 개구리였음을 알게 됐다면서 유능한 엄마들로부터 배운 게 많았다고 했다.

그런 점에서는 자신의 아이들은 운이 매우 좋은 편이라고 했다.

어쨌든 우물 안 개구리가 되지 않으려면 정보가 있는 엄마 곁에 서야 하고, 학부모 모임은 아무래도 공부 잘하는 아이의 엄마가 주도하기 때문에 빠뜨리지 말라는 메시지이다.

조옥남 씨는 "초중고 중에서도 특히 초등학교 저학년의 경우는 학부모 모임에 꼭 가입하는 게 좋다"고 했다. 아이가 학교생활에 제대로 적응하고 있는지를 바로 알 수 있기 때문이다.

정병희 씨는 "학교에 자주 가지 못하더라도 돈 내는 일은 꼭 하고, 학부모 총회에는 조퇴를 해서라도 반드시 참석해야 한다"고 웃으면서 말했다.

거저 되는 좋은 부모는 없다

준비된 부모라야 아이들을 제대로 이끌 수 있다. 마음만 앞선다고 아이들이 따라주는 것은 아니다. 거저 되는 좋은 부모는 없다. 지금 부모들이 아이들이었던 60~70년대 부모 역할은 비교적 단순했다. 시대가 바뀌고 자녀교육을 둘러싼 변수도 워낙 다양해진 지금은 멀티플레이어가 되어야 할 정도로 알아야 할 게 많다.

과거에는 책상에 꼿꼿이 앉아 바른 자세로 앉아 공부하는 게 모범자세였다면 지금은 컴퓨터를 켜놓은 채 MP3를 듣고 핸드폰으로 문자 메시지 날리면서 공부하는 세상이다.

부모의 역할이 본질적으로 달라진 것은 아니지만 X세대에 맞는 버전이 필요하다. 부모역할 훈련 프로그램에 참가하는 부모들이 조금씩 늘고 있고 자녀교육 관련 도서가 꾸준히 팔리는 현상은 부모역할을 모색하려는 노력의 반영이다.

공부에 연연 말고 큰 그릇을 만드는 데 주력하라

공부에 연연하지 마라. 아이가 속 좁은 사람이 될 수 있기 때문이다. 공부만 잘해서는 진정한 리더가 될 수 없다. 길게 내다보는 부모가 큰 그릇을 만든다. 어릴 때부터 그릇을 크게 만드는 데 주력하라.

이미경 씨가 아이에게 시험 결과를 묻지 않고 친구와 비교하지 않은 것은 이미 과정으로 충분했다고 보았기 때문이었다. 모든 경쟁 상대는 바로 자기 자신이라고 지금도 강조하는 것은 자기 자신의 완성도를 높여야 한다는 뜻 깊은 소리였다. 눈앞의 승패에만 집착하게 되면 의연하게 큰 그릇으로 만들 수 없다는 게 그의 생각이다.

조옥남 씨는 아이들에게 "너희들의 경쟁 상대는 같이 시험공부를 하는 친구들이 아니라 미국의 하버드생, 영국의 옥스퍼드생 등 세계의 아이들"이라고 늘 강조한다. 좁은 땅에서 좁게 생각하지 말고 큰 공부를 해서 크게 봉사하라는 뜻이다. 그는 공부 잘한 사람 중 사회에 도움이 되지 않고 손가락질을 받는 사람들은 얼마든지 많지 않느냐면서 그런 공부가 무슨 소용이 있겠느냐는 이야기를 종종 들려준다.

아이들에게 진정한 리더가 될 수 있는 덕목을 길러주는 게 엄마들

의 역할이다. 남을 배려할 줄 아는 아이, 창의적인 아이, 얄팍한 재주
보다는 심지가 바른 아이, 자기 정체성과 목표가 확실한 아이, 맡은
일에 최선을 다하는 아이가 진정한 리더가 될 수 있다. 눈앞의 공부
에만 연연한다면 절대 큰 사람으로 키울 수 없다. 엄마들은 아이가
진정한 리더가 될 수 있도록 큰 공부를 시켜야 한다. 그리고 그 때를
놓치지 말아야 한다.

부모 역할은 수양의 길이다

"좋은 부모가 되려면 훈련이 필요합니다. 부모라는 역할은 희생을
전반적으로 요구하는 수양의 길이기 때문이죠."

김금남 씨는 "좋은 부모 아래에서 자란 아이가 좋은 부모가 되는
법을 배우고 궁극적으로 좋은 부모가 된다"고 했다. 하지만 이런 축
복을 받기는 쉽지 않다.

"어린이날에 행사에 참가한 적이 있었어요. 아이가 막상 가서는 싫
다고 해서 그냥 돌아왔어요. 애기 아빠는 화가 났지만 꾹 참았어요.
그리고는 집에 돌아와서 아이에게 왜 그랬는지, 이유를 공책에 써 가
지고 오라고 했어요."

아이들이 잘못하면 부모들은 대개 야단치게 마련이다. 감정이 앞
서기 때문이다. '태평농법'의 김 씨 집에서는 아빠가 절대로 아이들
에게 야단을 치지 않는다. 험한 말도 하지 않는다. 큰아이를 때린 적
은 한 번도 없었고, 작은아이는 한 번인가 체벌을 가한 적이 있었지

만 그게 마지막이었다.

아빠는 보통 아이로부터 문제의 원인을 들은 후 자신의 생각을 말해준다. 아이들이 아빠를 대할 때는 긴장하고 조심스러워한다. 화를 터뜨리면 아이도 대꾸할 수 있지만 아이와 이야기를 하기 때문에 그쯤에서 멈출 수 있다. 엄마는 간혹 감정적으로 대하기도 하지만 아빠가 중간에서 해결해 주니까 엄마도 편하다. 어느 정도 부부간 합동작전이 필요한 셈이다.

"부모가 감정을 앞세워서 아이들을 야단치면 아이들도 감정으로 대응하기 마련이죠. 단지 부모 앞이라는 이유로 표현하지 않아서 그렇지, 부모에 대한 반발심도 생기고 항변하고 싶은 마음도 생기는 것은 당연합니다. 아이들의 이야기를 들어주고 차근차근 논리적으로 아이들의 잘잘못을 지적해 주면 아이들도 자신의 행위에 대해서 한 걸음 물러나서 자기 나름대로 자신의 행동을 이성적으로 판단하게 됩니다." 아이들 입장에서 생각해보려고 노력하면 부모가 어떻게 해야 하는지 답이 나온다는 이야기다.

부모가 모범을 보이고 감정이 쌓이면 먼저 화해하라

아이는 부모의 거울이라는 말이 있다. 아이가 보여주는 행동이나 사고가 결국 부모에게서 배웠다는 사실을 알고 얼굴이 화끈거렸던 경우가 적지 않다. 우리가 굳이 가르치지 않더라도 아이는 부모의 행동으로 배운다. 아이에게 공부하는 모습을 기대하고 싶으면 부모가 먼저 공부해야 한다. 마음이 너그러운 아이를 기대한다면 엄마, 아빠가 먼저 아량을 보여주어야 하는 것과 같은 이치이다.

김금남 씨는 중학생이던 첫째에게 공부가 생활과 밀접한 관련이 있다는 사실을 알려주기 위해 새롭게 일본어 공부를 시작했다. 물론 직장생활 중에 공부를 한다는 게 힘이 들었지만 저녁에는 일부러 거실에 상을 펴놓고 일본어를 소리 내어 읽었다. 아이들에게 말을 걸며 재미있게 공부하여 스스로도 흥미를 놓지 않으려고 노력했다. 뿐만 아니라 엄마가 일본어를 배워 무엇을 하겠다는 목표를 분명히 얘기해 주었고 이후 그대로 실행했다.

"공부하라는 100번의 말보다 부모가 공부하는 모습을 보여주는 것이 훨씬 설득력이 있어요. 부모는 책을 전혀 읽지 않거나 공부하는 모습을 보여주지 않으면서 아이들만 닦달한대서야 좋은 결과를 기대하기 힘들죠. 아이들은 부모가 말하는 대로 하는 것이 아니라 부모가 행동하는 대로 합니다." 그의 말을 부모들은 깊이 새겨들을 필요가 있다.

"애들 공부를 도와준 또 하나의 비결은 TV를 시청하지 않는 것이었어요. 우리 집에서는 아침에 잠깐을 빼고는 TV를 거의 보지 않아요. 이것은 매우 쉬우면서도 중요한 공부관리 비법이에요."

TV시청에 보내는 몇 시간을 다른 곳에 쓴다면 엄청난 결과를 가져온다고 믿고 실천하는 신지연 씨. 엄마는 TV를 보면서 아이가 공부에 집중하기를 바라는 것은 엄마가 아이에게 해주어야 할 도리가 아니란다.

엄마가 이렇게 하니 아이들 역시 거의 TV를 보지 않고 그 시간에

자기 할 일을 한다. 엄마는 아이들이 책을 보는 동안에 조용히 집안일을 하거나, 책을 보고, 요가 같은 체조를 한다. 전화 통화도 조용히 방에 들어가 한다. 물론 아이들은 때때로 친구들과 대화가 통하지 않는다고 말하기도 한다. 하지만 TV는 다음에라도 얼마든지 볼 수 있다면서 TV를 보지 않는 것이 아이들 성적 올리는 지름길이라는 게 그의 믿음이다.

신 씨의 경우 아이와 별다른 마찰 없이 큰 입시를 치러냈다. 사소한 문제들이 없었던 것은 아니었지만 이야기도 하고, 싸우기도 하고, 격려하면서 극복해 왔다.

"연예인을 지나치게 좋아하는 아이와 싸우면서 서로 상처를 주고받기도 했어요. 하지만 아이들은 부모가 사랑하고 있다는 사실을 알고 있기만 하면 별 문제없어요."

아이는 특목고 준비로 한 시간도 부족한 시기에 저녁 공연을 보러 아침부터 줄 서러 나가겠다고 했다. 좋아하는 가수의 TV출연 장면을 녹화하겠다며 공부에 집중을 못하고 방과 거실을 들락거렸다. 컴퓨터에 몇 시간씩 빠져 자기 일을 하지 않는 때도 있었다.

혼내기도 하고, 싸우기도 했다. 지나서 생각하니 여느 아이들과 같은 성장의 한 과정이라는 생각이 들기는 하지만 그 당시에는 나름대로 심각했다는 것이다.

신 씨는 "아이와 문제가 생겼을 때 비슷한 처지의 다른 엄마들과 대화를 나누어 보는 것이 도움이 된다"면서 그런 문제는 우리 아이에게만 일어나는 것이 아니라 또래 아이들 누구에게나 일어나는 평범한 문제라는 것을 깨닫게 되면 심각했던 마음이 사라진다고 했다.

"아이와 갈등을 느끼지 않는 부모는 거의 없어요. 다만 정도의 차이가 조금 있을 뿐이죠. 이때 중요한 것은 감정이 쌓이면 골이 깊어지므로 그때그때 풀어야 합니다. 엄마가 아이보다 더 넓은 마음으로 먼저 화해하고 풀어주면, 아이도 배우게 되어 나중에는 자신의 잘못을 먼저 인정하고 화해의 제스처를 취하게 됩니다."

아이보다 먼저 화해하기. 실로 멀리 내다보는 엄마만이 할 수 있는 일이다.

❖첫째와 둘째, 어떻게 다른가?

저출산이 사회적 이슈가 되고 있지만 아직까지는 대부분 가정은 두 아이를 두고 있다. 첫째와 둘째는 기질적으로 차이가 많다. 어떤 기질이 좋다는 정답은 있을 수 없지만 아이의 기질별로 관리방식이 다를 수밖에 없다. 물론 어떤 면에서는 관리방식 차이가 기질을 형성하는 데 일정 부분 기여한다는 점도 무시할 수 없다.

"둘째 아이는 초보 엄마로서 4년이 지날 즈음 엄마로서 경험도 어느 정도 생기고 가정도 안정돼 훨씬 여유로운 마음으로 품에 안을 수 있었어요. 첫아이 때는 솔직히 어찌할 바를 몰라 늘 곁에 품고 살았어요. 아이가 조금만 칭얼거려도 안고 달랬고, 우유 먹일 시간이 10분이라도 늦어지면 아이에게 큰일이라도 나는 줄 알고 정확히 지켰죠."

이미경 씨는 첫아이가 열이 조금이라도 오르면 급히 병원 응급실로 달려갈 정도로 정성을 다하여 키웠다. 아이가 필요하다고 하기 전에 알아서 챙겨주는 그런 초보엄마였다. 아이는 스스로 크는 것이라는 걸 깨닫지 못했다.

둘째 아이를 키울 때에는 달랐다. 아이가 필요하다고 할 때까지 기다릴 줄 아는 여유 만만한 엄마가 되었다. 백일이 되지 않아 아이를 따로 떼어 놓고 재웠다. 며칠 동안은 칭얼댔지만 저녁에 한번 잠자리에 들면 다음날 아침까지 돌보지 않았다. 아침에 아이 방에 가보면 혼자 일어나 놀다가 엄마를 보고 반갑다고 방긋 웃는 아이 얼굴이 얼마나 귀엽고 예쁘던지 지금도 그 얼굴이 눈에 선하다고 했다.

큰아이에게는 언제나 필요하다고 하기 이전에 부모가 먼저 알아서 해주었다. 6살 때인가 이제 겨우 세발자전거에서 내린 아이에게 자기 아들이 슈퍼맨이라도 되는 양

아이 키보다 큰 두발 자전거를 사 주었다. 이 자전거를 타기에는 2년을 더 기다려야 했다. 초등학교 2학년 때인가는 아이가 쓰지도 못하는 컴퓨터를 사 주어 한국의 빌 게이츠가 되기를 바라기도 했다. 이 컴퓨터를 정작 아이가 사용하게 되었을 때는 사 양이 노후해 새 컴퓨터를 사야만 했다. 초등학교 저학년 때는 중학생용 레고를 사온 뒤 보관하면서 후회하기도 했다.

하지만 둘째는 아이가 필요하다고 할 때까지 기다려 주는 지혜가 생겼다. 이런 점들 이 첫아이는 다소 수동적인 아이로, 둘째는 적극적인 아이로 자라게 하는 요인이 되 었을 것이라고 이 씨는 생각한다.

"큰아이와 작은아이는 좀 달랐어요. 큰아이는 꼼꼼하고 치밀하고 자신감이 있었 어요. 대충하는 게 없었죠. 늘 잘해 왔으니 당연히 잘할 거라 생각하고 또 그렇게 했 어요. 하지만 둘째는 새로 시작하는 것을 싫어했어요."

김순미 씨는 둘째가 조금씩 자기 능력을 발견해 가면서도 여전히 뭔가 시도하는 것 을 귀찮아하고 부담스러워 하자 자극이 필요하다고 생각했다. 하지만 그것이 효과가 있으려면 먼저 아이가 수긍하고 받아들일 수 있어야 한다고 판단했다. 그래서 때가 무르익기를 기다렸다.

김 씨는 "모든 엄마들이 느끼는 마음이지만, 큰아이에게는 거는 기대가 있고 관심 도 많고 간섭도 많이 하게 된다"면서 "그러나 둘째아이는 못해도 예쁘다"고 했다. 더 정확하게는 둘째는 못해도 큰아이 때처럼 심각해지지 않으며, 틀려도 좋다는 생각 을 하게 된다고 했다.

첫째와 둘째는 성격 면에서 차이가 날 뿐 아니라 독서경향에서도 차이가 나는 경우가 많다. 김현숙 씨의 큰아이는 소설이면 소설, 역사면 역사, 과학이면 과학, 사회면 사회 등 폭넓고 다양하게 책을 접했다. 반면 작은아이는 좋아하는 것만, 창작동화 중 흥미진진한 부분만 읽었다.

엄마가 책을 읽으라고 하면 둘째는 내용을 다 안다고 했다. 결국 고학년이 되어서는 독서량이 현저하게 떨어졌고 중학교 때까지 '중학생이 읽어야 할 고전이나 소설'도 읽지 않았다. 반면 큰아이는 끊임없이 책을 읽었다. 공부하라고 하면 책을 읽었을 정도였다.

조옥남 씨의 경우도 비슷하다. 큰애는 책을 한 권 다 보면 그 책을 되풀이해서 3번 정도는 읽었다. 그러나 둘째는 일단 책을 다 보면 다음 책으로 넘어갔다. 첫째는 두루 모든 것을 잘하는데, 둘째는 자신이 좋아하는 것에만 열중한다. 첫째는 약간 소심한 반면 둘째는 전투적이다.

한번은 남자 애들을 따라 유리창을 발로 차 깨뜨리고 온 적도 있다. 팔이 부러진 적도 몇 번 있었다. 집에서는 장남 소리를 듣기도 한다. 언니가 엄마, 아빠로부터 받고 있는 사랑을 빼앗아 오기 위해 본능적으로 형성된 기질이 아닌가 하고 엄마는 생각한다.

4. 멀리 내다보는 공부가 진짜 공부다—공부 터 잡기

스스로 공부하는 아이 만들기

스스로 알아서 공부하는 아이. 모든 엄마들이 바라는 이상적인 모습이지만 현실은 그렇지 않다. 공부 잘 시킨 엄마들을 대상으로 "공부관리에 잔소리가 필요하냐?"고 물었더니 "필요하다"고 답한 엄마들이 절반가량47% 됐다. 이에 비해 "필요 없다"는 24%. 공부

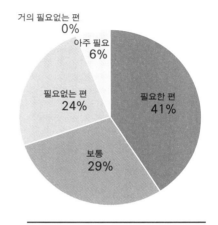

거의 필요없는 편
0%

아주 필요
6%

필요없는 편
24%

필요한 편
41%

보통
29%

공부관리에 잔소리가 필요하다고 생각하나요?

잘하는 아이 셋 중 둘은 엄마의 잔소리를 들으며 공부를 하는 셈이니 명문대 진학은 잔소리의 힘이라 해도 과언이 아닌 형국이다. 알아서 공부하게 한다는 게 얼마나 어려운지 알려주는 대목이다.

스스로 공부하는 아이 만들기의 첫걸음은 동기부여이다. 왜 스스로 공부를 해야 하는지를 알게 된다면 벌써 절반의 성공이다. 이들 엄마들에게 "보통 엄마들이 자녀 공부관리에서 부족한 점"을 물었더니 61%가 "동기부여 부족"을 꼽았다. 다음은 "체계적인 관리 부

족"33%. 결국 공부관리 실패의 주범은 이 두 가지로 압축됐다.

명문대 보내는 공부 시작 시기

자식농사에 성공한 엄마들에게 "명문대에 보내려면 공부관리는 언제부터 시작해야 하느냐?"고 물은 결과, "초등학교 때부터"라는 응답이 절반 이상58%이었다. 놀라운 점은 "초등학교 입학 전부터"로 꼽은 엄마들이 24%에 달했다는 것이다.

이에 비해 "중학교 때부터 해도 충분하다"는 12%, "고등학교 때부터 해도 늦지 않다"는 6%로 나타났다. 종합하면 명문대에 아이를 보내려면 초등학교 졸업 전에 준비를 끝내야 한다는 게 대세였다. 반면 중학교~고등학교 때 준비해도 된다는 낙관론은 18%로 소수였다.

두 아들을 서울대 법대와 치대에 보낸 정병희 씨는 "초등학교 때부터 항상 상위권을 유지해야 하고, 늦어도 중학교 2학년 때부터는 특목고를 준비하면서 계속 공부에 열중하도록 해야 한다"는 처방전을 제시했다. 첫째를 고려대 경영대에 보낸 박석희 씨는 "공부를 기초부터 다져서 차근차근 가려면 초등학교 4학년 말에는 서서히 시작해야

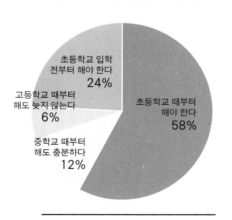

초등학교 입학
전부터 해야 한다
24%

고등학교 때부터
해도 늦지 않는다
6%

중학교 때부터
해도 충분하다
12%

초등학교 때부터
해야 한다
58%

명문대에 보내려면 자녀 공부 관리는 언제부터 시작해야 한다고 생각하나요?

한다"고 말했다.

신지연 씨는 아이가 초등학교에 입학하
자 학교에서 실시하는 모든 활동을 적극적
으로 도와주었다. 그 당시에는
1학년 때부터 지필 시험을 보
았는데, 그 시험도 사소하게
보지 않고 열심히 준비를
시켰다. 매일 저녁을 먹고 잠시 쉰 후에 일정 시간 집중해서 공부하
는 습관을 들여 지금까지 계속하고 있다.

"공부는 step by step이라고 하잖아요. 초등학교 때 못했던 아이가
중·고등학교에 입학해서 갑자기 잘하기는 어렵죠. 그래서 초등학교
들어가면서부터 공부습관을 들이는 데 많은 관심을 기울였어요."

물론 집안 분위기의 안정이 선행되어야 한다고 그는 말했다. 아이
둘 다 자리에 앉은 조용한 분위기에서 그날 해야 할 것들을 체크해
주었다. 처음 어려서 잘 안 될 때에는 엄마가 옆에 같이 앉아서 할 일
을 도와주고, 집중할 수 있도록 분위기를 유도해 주었다. 공부하지
않으면 할 일이 없도록 분위기를 만들어 주면 아이가 공부하지 않을
수 없다고 생각했다.

"놀고 싶어하는 아이를 무조건 책상 앞에 앉혀 놓는다고 공부가
되지는 않습니다. 공부하기 전에 아이가 하고 싶어하는 것을 하게 해
주거나, 공부하고 난 뒤에 할 수 있게 해주는 등으로 아이의 욕구를

어느 정도 충족시켜 주어야 효과가 있어요."

신 씨는 아이가 보고 싶은 만화책을 사줘 보게 하고, 게임도 하게 한 다음 공부를 시켜야 효과가 있다고 했다. 이때 중요한 것은 아이의 요구를 100% 다 수용하는 것이 아니라 아이와 타협해서 시간을 정하고, 그 시간을 꼭 지키도록 약속하는 것이라고 강조했다. 그는 아이가 약속을 어겼을 때는 야단도 치고 다음 요구 조건을 들어주지 않는 방법도 써보았다.

아이들은 엄마의 생각에 크게 반항하지 않고 잘 따라 주었다. 아이들이 잘 따라 오도록 하려면 엄마에 대한 신뢰와 믿음이 아이에게 있어야 하며, 아이들이 엄마가 자신을 사랑하고 있다는 것을 알아야 한다고 그는 말했다.

7살에 초등학교에 보내야 할 아들을 "학교 가면 놀 시간 없다"며 여덟 살에 보냈던 이현숙 씨. 아들을 책상에 눌러 앉힌 비법도 색다르다. 책상 앞에 무조건 두 시간 앉아있기다.

"초등학교 2학년 때쯤이었어요. 워낙 많이 놀았던 아이라 공부에 관심이 없으면 어떡하나 조금 고민이 됐었는데, 무엇이든 열심히 하려는 게 서서히 보이기 시작했어요."

대신 책상 앞에서 무엇을 하든지 상관하지 않았다. '놀이터 체질'인 아이는 처음 한동안은 힘들어했다. 자기가 하고 싶은 것을 하더라도 조그만 아이가 2시간이나 꼼짝없이 앉아 있는 게 어디 쉬운 일이던가? 시작이 있으면 끝도 있는 법. 2, 3개월이 지나자 드디어 아이가 '책상 체질'로 바뀌었다. 아이는 공부할 시간이 되면 스스로 책상으로 갔다. 이렇게 책상에 붙어 공부하는 자세는 과학고에서도 계속됐다.

"책상에서 공부하는 모습을 보면 '모름지기 공부는 저렇게 하는 거다!'라는 소리가 절로 납니다. 습관이란 것은 정말 중요해요."

반면 "고등학교 때 준비해도 늦지 않다"는 '소수의견'을 제시한 김금남 씨의 공부시기론도 곰곰이 생각해볼 필요가 있다. 그의 첫째는 고등학교 2학년 겨울방학 때부터 공부에 집중해 고려대 법대에 들어갔다.

"크게 잘하지 않아도 학년별 학습 진도만 대충 따라가 준다면 스스로 필요성을 깨닫는 날, 언제든 잘할 수 있을 것이라는 절대적인 신뢰를 가지고 있었어요."

김 씨는 "아이가 공부를 못하는 것에 대해 비교적 태평스러울 수 있었던 것은 아이가 학교에서 수업을 이해하지 못하거나 진도를 못 따라가는 것이 아니었기 때문"이라면서 그랬다면 관리방식이 달라졌을 것이라고 했다.

"지금 대부분의 학부모들이 걱정하고 있는 것은 아이가 100점이 안 된다는 것이죠. 비록 점수는 95점이나 90점, 혹은 90점조차 못되는 80점이라 할지라도 학교에서 배우는 내용의 기본은 알지만 응용력이 약간 부족해서 한두 문제 틀린다면 별 문제가 없어요. 부모들은 100점을 받아내기 위해 아이를 힘들게 합니다."

김 씨는 "아이가 80점이든 90점이든 기본 학습 진도를 따라가 주고, 자신이 공부해야겠다고 절실히 깨닫는 순간부터라도 열심히 한다면 6개월 혹은 1년 정도 공부로도 충분히 따라갈 수 있다고 생각했기에 태평할 수 있었다"고 밝혔다. 공부 시기는 결국 아이가 미래에 대한 밑그림을 가지고 공부해야겠다고 스스로 판단하고 느끼는 때라면서 이 시기는 중학교 때가 될 수도 있고 고등학교 1학년 때가 될 수도 있다는 것이다.

아이가 서울 강북에 있는 중학교에서 반에서 1등을 하지 못해도 크게 걱정하지 않았던 것은 아이가 기본적인 것은 알고 있고, 나머지는 자신이 자각하면 단시간에 극복할 수 있다고 생각했기 때문이었다. 물론 그게 끝까지 간다면 문제가 되겠지만, 아이가 책읽기를 좋아하고 사고의 깊이가 있다는 점을 믿었다. 그 점은 당장은 성적에 드러나지 않아도 평생 도움이 된다고 생각했다. 어릴 때부터의 책읽기는 대학입시에서 자기소개서, 논술 작성 등에 큰 도움이 되었다.

그는 아이가 진도를 못 따라가고 기본을 못 이해하는 아이였다면 이런 처방은 불가능하고, 문제는 완전히 달라졌을 것이라고 했다. 고등학교 때도 명문대 진학이 가능하다는 배경에는 기본이 되어 있어야 한다는 점을 엄마들은 감안해야 한다.

동기 부여로 스스로를 자극케 하라

"과학고에서 운영하는 영재반에 선발된 아이는 수업을 재미있어했어요. 난생 처음 자기 이름이 새겨진 하얀 실험가운을 입고 이론 수업과 실험을 병행한 수업을 하면서 아이는 과학고 진학을 목표로 하게 되었죠." 김순미 씨가 강조하는 동기부여의 중요성이다.

"고1, 2학년 때에는 학교 공부를 열심히 하지 않고 수동적으로 따라가는 편이었어요. 그러다 1년 선배가 수능시험을 치던 날, 응원을 나갔다가 돌아온 아이는 스스로 컴퓨터 게임을 지웠어요. '아, 이젠 내 차례구나' 하는 걸 절실하게 깨달은 듯했어요. 그 직후 아이는 갑자기 부족한 과목에 대해 학원을 다니겠다고 했죠. 학원 하나 다니기도 힘들어하던 아이가 아침부터 저녁까지 3~4 과목을 공부했어요." 첫째를 고려대 법대에 보낸 김금남 씨의 말이다.

스스로 공부하는 아이의 특징은 대개 꿈과 목표가 있다. 이 꿈과 목표를 향해 달려가도록 하는 에너지가 필요하다.

"아이에게 민족사관고 진학을 권유한 적이 있었어요. 아이는 확실하게 와 닿는 것이 없는지 전혀 흥미를 느끼지 않았어요. 이후 가족여행 때 민사고를 한 번 방문했는데, 진작 학교를 직접 보여주고 좀 더 설명해 주었더라면 하는 생각이 들었어요."

김금남 씨는 "아이가 다니던 일반 고등학교의 열악한 학교 환경에 비해 대자연 속에 있는 민사고는 환경부터가 너무나 탐났다"며 "미리 학교를 살필 수 있었다면 일찍 목표를 설정할 수 있었을지도 몰랐을 것"이라고 했다. 당시까지도 그는 이런 학교 입학을 목표로 특별반을 운영하는 학원이 있다는 사실을 몰랐단다.

2006년 연세대 공대에 입학한 조옥남 씨의 둘째는 우연히 장래 진로를 결정했다. 유치원 시절, 인왕산에 올랐던 아이는 돔 지붕의 독특한 건물이 눈에 들어오자 "엄마, 저게 뭐야?"라고 물었다. 엄마가 "과학고"라는 말과 함께 과학고가 어떤 곳인지 자세히 알려주자 아이는 "나, 저 학교 갈 거야"라고 말했고, 과학고 진학이 목표가 되었다.

아이가 진학하길 희망하는 학교를 엄마가 함께 방문해 꿈을 갖게 하는 일은 많은 엄마들이 해오고 있는 일반적인 방법이다. 과학자를 꿈꾸는 아이라면 과학고와 서울대, 연세대 등에서 운영하는 영재반에 미리 다니면서 꿈을 다지게 하는 것도 좋은 방법이다. 일단 공부할 동기만 부여되면 그 다음은 쉽다. 엄마들은 그 어딘가에 있을 공부 에너지원을 찾아 주어야 한다.

전국정보경시대회에 참가한 아이들이 속속 교실 밖으로 나오는데도 아들이 보이지 않자 이현숙 씨는 무슨 일이라도 벌어졌나 하고 의아해했다. 초조해하던 엄마 앞에 아이가 울면서 나타나 시험을 망쳤다고 했다. 정보경시 시험은 문제들이 쭉 연관되어 있기 때문에 첫 문제를 잘못 풀면 대책이 없다. 다 풀더라도 시간이 경과되면 점수 인정이 안 된다. 아이가 그렇게 된 것이었다. 그날 시험에서 아이는 장려상은커녕 100점 만점에 9점을 맞았다.

아이를 데리고 집으로 돌아오는 길에 엄마는 할 말이 없었다. 심란해 하던 엄마에게 아이가 침묵을 깨고 말을 붙였다. "나 한 번 더 도전해보고 싶은데, 엄마가 허락해 주지 않을까봐 걱정이야. 허락해 줄 거지?" 아이의 그 말에 엄마도 오기가 생겼다. "좋아, 한 번 더 해 보자. 까짓것 죽기 아니면 까무러치기지."

이날부터 아이는 엄마가 봐도 불쌍할 정도로 책상에 붙어 앉았다. 초등학교까지는 전국 정보경시대회에 곧잘 상을 타던 아이가 중학교에 진학한 뒤에는 맥을 못 춰 아이와 엄마가 함께 충격에 휩싸여 있던 즈음이었다.

엄마 입에서 '이왕이면 머리 좋게 나아줄 걸' 하는 넋두리가 절로 나올 정도로 아이는 공부에 매달렸다. 엄마가 자꾸 자라고 하는 말이 듣기 싫어 스탠드를 켜고 몰래 공부하기도 했다. 결국 아이는 전국경시대회 대상으로 과학고에 입학했다. 이처럼 스스로 자극이 되어 하는 공부는 무섭다.

"엄마, 나 학교 가기 싫어." "엄마, 나 공부하기 싫어." 엄마들이 아이들을 키우면서 가장 많이 듣는 말일 것이다. 경시대회 입상을 목표로 공부하던 이현숙 씨의 아이도 가끔씩 "왜 이런 공부를 해야 되는 건지 모르겠다"고 했다. 엄마는 "나도 어릴 때 공부하기 싫었다"면서 하지만 지금 돌이켜보면 다 거쳐야 하는 과정이었다고 말해 주었다.

당장 동기부여가 되지 않는 아이에게는 공부라는 게 하기 싫더라도 꼭 해야 한다는 사실을 알려주는 일이 중요하다.

김금남 씨는 학교 가기 싫다는 초등학교 저학년 아이에게 "학교 다니기 싫으면 다니지 않아도 돼. 선생님께 자퇴하겠다고 말씀드리면 되니까 다시 한번 잘 생각해 봐"라고 매정할 정도의 냉정한 답변을 해주었다. 아이는 자퇴라는 것이 자기가 속해 있는 세계에서 낙오된다는 걸 알기 때문에 학교는 가기 싫어도 가야 하는 곳이라는 걸 인식하게 됐다. 김 씨는 아이가 싫어도 참고 해야 하는 일은 스스로 해결해야 한다는 것을 알려주기 위해 이렇게 진지하게 답해 주었다. 학원 다니는 것도 마찬 가지였다. 엄마는 영어가 앞으로 얼마나 중요해지며 따라서 어릴 때의 영어교육이 얼마나 중요한지를 말해 주었다.

"공부는 왜 잘해야 하나요?"라는 아이의 질문에도 엄마는 "공부를 못해도 된다"고 주저하지 않고 말했다. 덧붙여 공부를 잘하고 못하고의 차이를 설명해 주었다. "공부를 못하면 미래에 공부 안 하고 머리 안 쓰는 단순 노무직을 택하면 돼. 그런 직업은 공부 안 해도 되는 직업이야. 하지만 다음에 커서 원하는 직업을 가지려면 공부를 해야 해."

공부의 필요성을 어릴 때부터 일깨워 준다면 아이는 언젠가는 공부의 중요성을 느끼게 되고, 스스로 공부에 눈을 돌리게 된다는 그의 말이다.

역할모델을 가까이 있게 하라

아이들이 역할모델을 만날 수 있다면 이보다 큰 축복은 별로 없을 것이다. 미국 USA투데이가 지난 20년간 최우수고교생으로 선정된 학생들을 대상으로 성공요인을 조사한 결과 공부 잘하는 아이 옆에는 반드시 '그 누군가'가 있었다. 다양한 환경에서 자랐지만 공통적으로 삶의 등대와도 같은 교양 있고 헌신적인 부모, 훌륭한 교사와 멘터가 아이의 에너지원이 되어주었다. 이들은 끊임없는 자극으로 아이들이 삶의 목표를 확인하며 자신의 길을 갈고닦을 수 있게 하는 자극제였다.

'그 누군가' 중에서도 가장 좋은 모델은 바로 부모였다. 박물관을 데리고 다니면서 아이들의 질문에 어른들과의 대화 같은 진지함으로 아이를 일깨워준 아버지, 간호사 일을 하루 16시간씩 하면서 고된 노동의 가치를 일깨워준 어머니는 아이를 공부 우등생뿐 아니라 명품인생으로 만들었다.

우리 부모는 일차적으로 '그 누군가'가 되기 위해 노력해야 한다. 가능하다면 아이가 좋은 선생님이나 멘터를 만날 수 있도록 기회를 제공해 주어야 한다.

김금남 씨의 첫째에게는 교회학교 유년부 시절에 만난 임장희 선생님이 좋은 모델이 되었다. 서울대 출신인 그는 부지런할 뿐만 아니라 아이에 대한 사랑과 관심이 넘쳐 나는 사람이었다. 아이의 장점을 발견하고 격려와 칭찬을 아끼지 않았으며, 아이의 꿈이 이루어지길 기도했다. 아이도 은연중에 선생님처럼 되고 싶다는 생각을 하게 됐다. 서울대를 졸업한 노력과 막내 삼촌도 좋은 모델이었다. 집에서 늘 영어책을 읽었고, 회화를 연습했으며, 공부하는 것 자체를 아주 좋아한 삼촌이었다.

김현숙 씨의 첫째가 과학고를 가게 된 데는 KAIST에 다니던 외사촌 오빠들의 영향이 컸다. 오빠들이 틈나는 대로 동생들에게 희망을 불어넣었다. 언니가 과학고에 다니자 외국어고 진학을 희망하던 동생도 "엄마, 나도 과학고에 갈래. 너무 재미있어 보여. 게다가 기숙사 생활까지"라면서 진로를 과학고로 바꾸었다.

김순미 씨는 '가지나무에 가지 달리고 수박나무에 수박 달린다'는 말로 아이들에게 영향을 끼칠 수 있는 환경의 중요성을 이야기한다. 아이들 주변에 법관이 있다면 그 아이는 성장기에 알게 모르게 법관에 대해 생각하게 되어 남들보다 그 길로 나아갈 기회가 더 많을 수 있다는 식이다. 실제로 서울대 생명과학부에 들어간 첫째의 대학 친구들 중 아버지 직업이 교수, 연구원 등 대부분 이공계 계통인 아이들이 많았다며 여기에는 아마도 직업의 모델화 영향이 어느 정도 작용했을 것이라고 했다.

제대로 공부습관을 들여라

조옥남 씨는 둘째가 영어단어를 찾는 모습을 보고 깜짝 놀랐다. 고등학생이라면 두꺼운 영어사전을 뒤적거려야 할 텐데, 노트북으로 너무 쉽게 찾는 게 아닌가? 발음을 들어보기 위해서라면 모르겠지만 단어와 뜻을 제대로 기억하려면 1회성 빨리찾기로는 한계가 있다고 생각했다.

손은 가만히 두고 눈으로만 공부하려는 아이들이 있다. 제대로 된 공부습관이 아니다. 우리가 단어를 외울 때 입으로는 단어를 중얼거리고 손으로는 철자를 썼던 방식을 기억해보자. 눈만큼 빨리 받아들이고 빨리 잊는 것도 없을 것이다. 손은 그 느린 만큼 오래 기억하게 한다.

조 씨의 첫째는 어릴 때부터 궁금한 것이 있으면 브리태니커백과사전을 이용했다. 사전을 뒤적이다 보면 당장 필요한 것 외에도 주변 것이나 다른 것들을 보게 된다. 시간이 다소 더 걸리더라도 이런 게 쌓여 힘이 된다. 첫째는 학교에서 '걸어 다니는 백과사전', '모르는 게 없는 아이'로 통했다.

문제지를 풀 때도 마찬가지이다. 선생님이 설명할 때나 혼자 눈으로 문제를 풀 때는 다 알 것 같지만 막상 손으로 시작하려면 막막했던 경험은 누구에게나 있을 것이다. 다소 느리게 보이고, 힘들더라도 손이 눈보다 백 배 정직하고 효과적임을 아이들에게 가르쳐주어야 한다는 게 조 씨의 생각이다.

공부습관은 하루아침에 형성되는 게 아니다. 부모의 지속적인 관심과 지도가 필요하다. 매일 시간을 정해 공부하되 학습계획에 맞춰 스스로 공부하도록 하는 게 포인트이다. 어릴 때부터 무리하게 습관을 들이려 하면 오히려 역효과가 날 수도 있다.

매일 하는 공부가 무섭다

"첫째는 학원에 보내거나 개인 과외를 시킬 형편이 안 되기도 하였지만 아이를 사교육에 맡겨 둘 수가 없어 직접 공부를 봐 주기로 하고 방법을 고민하던 중 문제집을 소개받았어요."

이미경 씨는 전 과목 문제집을 처음 보고는 걱정이 되었다. 내용이 어렵고, 반복도 많은 데다 엄청 두꺼워 어른도 부담스러울 정도였다. 그때는 초등학교에 매학기 정기고사가 있어 아이나 부모가 시험 스트레스를 겪던 때였다. 고민 끝에 학습지 하는 셈 치고 매일 한 페이지씩 국어, 수학, 사회, 자연 과목을 복습했다.

시험 기간이면 종합으로 묶여진 한 권의 논술식주관식 문제에만 집중했다. 단순 객관식이 아닌 상당한 난이도의 총 결산용으로 시험에 대비했던 것이다. 매일 꾸준히 하기는 어려웠지만 아이는 곧 익숙해졌다.

책상을 사이에 두고 얼굴을 마주보며 가르치면서 버럭 야단을 치기도 하고, 칭찬도 해가면서 쉬지 않고 진도를 나갔다. 무척 힘들었지만 해냈다. 그 결과 아이는 동네에서 비교적 평판이 좋은 중학교에 1등으로 들어가면서 신입생 대표 선서를 했다. 엄마는 세상에 아무것도 부럽지 않았다. 매일 꾸준히 하는 공부의 위력이었다. 이렇게 한 공부는 아이가 중학생이 된 뒤 방황할 때 큰 힘이 되었음은 물론이다.

"초등학교 1학년 때부터 공부시간을 늘려갔어요. 공부는 거의 하루도 빠짐없이 계속되었죠. 명절 때 서울에 다니러 와서도 공부는 이어졌고, 심지어는 스키를 타러 가거나 휴가를 가서도 계속되었어요."

신지연 씨가 초등학생이던 아이에게 중점적으로 실시한 선행학습은 수학과 영어. 수학은 학교 진도에 맞춘 학교시험 대비용과, 학교시험과는 무관하게 응용력을 요구하는 심화학습 공부로 나눠 시켰다.

집중시간이 짧은 초등학교 때에는 어려운 문제가 한 번에 많이 주어지면 흥미를 잃을 수 있기 때문에 하루에 10문제 이내에서 어려운 응용수학문제 풀기를 매일 시켰다. 틀린 것은 설명해 주고 다시 풀게 했다.

꾸준히 하는 것처럼 저력 있고 무서운 공부 방법은 없다. 매일 하는 공부는 공부 잘하는 아이들의 공통점이다. 정연덕 씨의 경우 수학문제는 매일 5문제 이상 꾸준히 풀게 했고, 영어는 매일 일기 쓰기를 시켰다.

시간관리 습관을 들이고 집중력을 키워주라

시간관리를 1%만 더 잘해도 인생이 바뀐다는 말이 있다. 시간관리의 중요성을 일깨우는 말이다. 시간관리는 목표를 설정하고, 계획을 세워, 우선순위에 따라 목표를 효율적으로 이뤄나가는 과정이다. 처음부터 아이들이 해내기는 힘들기 때문에 엄마들이 참여해 도와주면서 차츰 혼자 관리하는 능력을 키워가도록 해야 한다.

"공부를 열심히 해야 한다는 생각이 박혀 있는 데다 시간 관리를 잘했어요. 애들에게는 좀 미안하지만 푹 놀지를 못했어요. 계획을 잘 세우고, 계획대로 예습복습을 잘했어요."

박석희 씨는 아이들이 공부 잘한 비결로 시간관리를 꼽았다. 1일, 주간, 월간 단위로 나눠 아이와 엄마가 같이 공부 계획을 세웠다. 단

능력에 맞춰 욕심을 부리지 않았다. 주말을 이용해서는 부족했던 부분을 보충했다.

첫째는 주중 꼭 하루를 푹 쉬려고 했는데, 그래야 능률이 오른다고 했다. 잘 쉬는 것도 공부인 셈이다. 아이는 계획을 세워 하는 공부와 적당히 감으로 하는 공부에는 큰 차이가 난다면서 계획이 있으면 본인이 어느 정도 공부를 하고 있는지 바로 체크가 된다고 했다. 특히 장단기 계획의 교차점인 주간 계획이 가장 중요하다고 했다.

시간 관리에 익숙한 아이는 예정된 시간을 넘겨 TV를 보다가도 엄마가 "어, 지금 몇 시지?"라고 에둘러 말하면 금방 알아차리고 제 자리로 돌아갔다. 아이 때부터 잘 들여진 시간관리 습관이 성인이 되어서도 이어진다면 이 또한 엄마가 주는 큰 선물이 아닐 수 없다.

아이가 책상 앞에 앉아 있다고 다 공부하는 것이 아니다. 누구에게나 꼭 같이 주어진 시간을 늘려 쓰는 아이가 있는가 하면 그 시간도 제대로 못쓰는 아이가 있다. 집중력의 차이이다.

"집중력을 축구에 비유해 자주 설명해 주었어요. 축구는 90분간 시합이지만 승패는 골문 앞의 단 몇 분에 결정되잖아요. 짧은 시간에 공부하더라도 얼마나 효과적으로 책에 집중하느냐가 중요하다는 것이죠."

김금남 씨는 "아이가 책상 앞에 그냥 앉아있는 것은 낭비이고 소모전"이라고 단언한다. 아이가 집중하기 힘들어할 때는 "거꾸로 해보라"는 충고를 주기도 했다. 해야 할 것을 하는 방법도 있지만, 하지 말아야 할 것을 하지 않는 것도 한 가지 방법이라는 생각에서였다.

그는 집중할 것 이외의 일을 줄이는 것이 집중력 향상에 도움이 된다면서 특히 책상 위에 이것저것 잡다한 것을 놓지 말라고 했다.

김순미 씨의 둘째는 무언가에 한번 빠지면 정신을 못 차렸다. 책도 자기가 좋아하는 것이면 책이 닳을 정도로 보고 또 봤다. 어릴 때 좋아하던 〈수학귀신〉이라는 책은 모서리가 다 헤어졌고 이문열 〈삼국지〉는 10번도 넘게 봐 등장인물들을 인용하며 이야기하기를 좋아했다. 베르나르 베르베르의 소설도 무척이나 즐겨 보았다. 어릴 때는 투자게임에 너무 빠져 엄마가 게임 도구들을 몽땅 갖다버렸더니 며칠 만에 그 도구들을 손수 다 만들 정도로 몰두하기도 했다.

엄마는 "그 집중력을 공부에다 쏟으면 얼마나 좋을까?"하고 늘 고민했는데, 아이에게 꿈을 심어주면서 그 집중력을 공부로 돌리는 데 성공했다.

"큰아이가 4살 때 동화책 시리즈를 사 주었어요. 그런데 아이가 5시간 정도 꼬박 앉아서 그 책을 전부 보고 일어나는 것이었어요. 아이들은 자신이 흥미 있어 하는 것에는 엄청난 집중력을 발휘한다는 것을 느꼈죠. 그때부터 아이가 무엇인가에 집중하고 있을 때는 절대로 건드리지도, 부르지도 않았어요."

신지연 씨는 아이가 책을 읽을 때 의식적으로 기울인 노력은 흐름을 끊지 않으려는 점이었다. TV를 보고 있거나 숙제를 할 때도 마찬가지로 아이를 방해하지 않았다. 아이가 스스로 흥미를 잃고 중단할 때까지 기다렸다가 해결했다.

엄마들이 흔히 하기 쉬운 실수는 아이가 뭔가에 집중하고 있을 때 말을 거는 것이다. 책 잘 보고 있다고 칭찬하면서, 뭔가 이야기를 걸고 싶어서 건드린다. 엄마 중심으로 생각하기 때문이다. 아이가 집중할 때는 말을 붙여도 좋을 때까지 기다린다는 신 씨의 생각을 엄마들은 지금 바로 받아들여야 한다.

멀리 보고 준비하라

과학고 조기졸업으로 2006년 KAIST에 입학한 C군이 중학교 때 학원에서 반 편성 시험을 치렀을 때의 일이다. 학원에서는 시험 결과에 따라 C군 엄마에게 적합한 반을 추천했다. 그런데 엄마는 굳이 한 단계 낮은 반으로 보내달라는 것이 아닌가? 보통 엄마들이라면 생각하기 어려운 일이었다.

"우리 아이는 기초부터 다져야 해요. 터를 파지도 않고 집을 지을 수는 없어요. 튼튼한 집을 지으려면 튼튼한 기초가 필요해요." 결국 C군은 실력보다 한 단계 낮은 반에서 출발, 과학고를 거쳐

KAIST에 진학했다. 기본에 충실해야 한다는 엄마의 현명한 선택이었다. 아들이 더 우수한 반에 편성되는 것을 싫어했을까마는 멀리 내다봤던 것이다. 우리가 진실로 멀리 내다본다면 중요한 것과 사소한 것은 쉽게 구분된다.

"어려운 문제를 많이 풀어봐야 공부를 잘하는 것은 아니라 생각해요. 그보다는 오히려 기초가 중요하죠. 수학으로 치면 간단한 공식이나 그 공식이 도출된 원리가 기초가 되겠죠." '태평농법' 김금남 씨의 말이다. 기본이 받쳐 주지 않으면 결정적인 순간에도 어떻게 해볼 방안이 없게 된다. 우리의 삶도 그렇다. 기다렸던 시간이 찾아왔어도 준비가 되지 않아 어쩔 수 없이 보내야 했던 것들이 또 얼마나 많던가?

한 과목 정도는 미리 확실하게 다지게 하라

'햇볕이 났을 때 풀을 말리라'는 서양 격언이 있다. 학년이 높아질수록 아이들의 가용시간이 줄어든다. 특히 고3쯤 되면 잠자는 시간까지 줄여야 할 정도로 시간이 부족하다. 이럴 때에 미리 한 과목 정도를 끝내 놓은 아이라면 그 시간을 다른 과목으로 돌릴 수 있어 부담을 덜 수 있다.

"중학교 때는 고등학교 때보다 시간이 많으므로, 이 시기를 잘 보내야 아이의 미래가 밝습니다. 아이의 능력이 된다면 수학, 과학, 영어 중 한 과목 정도는 경시를 준비하는 수준으로 심화학습을 해두는 게 좋다고 생각해요."

아이를 연대 의대와 서울대 공대에 보낸 신지연 씨는 "성적이 만족할 정도가 아닌데, 특목고 준비를 해야 하느냐?"는 질문을 많이 받는데, 그때마다 "무조건 준비를 시키라"고 한다. 특목고에 불합격하더라도 그 공부는 고스란히 고등학교 공부의 밑거름이 된다고 믿기 때문이다.

"공부는 해 놓으면 언제든지 그 힘을 발휘하죠. 중학교 때 국어, 영어, 수학, 과학 외의 과목에는 시간을 쏟지 않아 두각을 내지 않던 아이가 주요 과목 기초가 튼튼히 다져져 고등학교에 들어가 두각을 나타내는 경우를 종종 보았어요. '그 아이가 그 대학에 갔어? 중학교 때는 이름도 못 들어 봤는데'하는 경우가 바로 이런 경우겠죠."

큰아이가 고등학교 1학년이 끝나갈 무렵 학교 선생님으로부터 경시대회 준비 권유를 받고 학원을 찾았다가 너무 늦었다고 스스로 포기했던 김순미 씨는 중1이 된 둘째에게는 깊이 있는 공부를 제안했다.

"큰아이를 키우면서 고등학교 때에는 시간이 부족하다는 느낌을 받았어요. 과목이 많은 데다 끊임없이 시험을 쳐야 하고…. 성적과 입시에 대한 스트레스로 자기가 좋아하는 과목에 깊이 들어가 공부해 볼 여유가 없다는 생각이 들었죠."

김 씨는 그래서 다니는 학원 하나 없이 게임을 하며 여유를 즐기는 작은아이에게 시간이 많을 때 한 과목이라도 깊이 있게 공부해 보자고 한 것이었다. 영어와 수학, 그리고 과학 중에서 선택하라고 했더니 아이는 과학을 선택했다. 이유는 영어, 수학은 1주일에 두 번씩 학원에 가는데 과학은 한 번이라서 선택했단다. 엄마는 내심 수학이나 영어를 선택해 주기를 바랐지만 이미 아이의 선택을 존중해 주겠다고 약속했으니 그대로 따르기로 했다. 아이는 마지못해 간 학원이었지만 별 말없이 다녔다. 재미있냐고 물어보면 "그런대로요" 하면서 가지 않겠다는 소리는 하지 않았다. 얼마 뒤, 학원 선생님으로부터 아이에게 경시를 시켰으면 하는 전화가 왔다. 아이는 경시 특별전형으로 과학고에 진학했다.

결정적일 때 힘을 발휘하는 공부를 시켜라

김순미 씨의 큰아이는 2학기 수시에서 서울대 생명과학부에 원서를 냈다. 아이는 중학교 때부터 생명과학자가 꿈이었다. 1차 합격자 발표에 이어 2차 구술면접 요강이 발표되었는데 날벼락이 떨어졌다. 구술면접에 대비해 물리를 공부했는데 생물이 필수과목이 된 것이다. 생물Ⅱ는 제대로 공부한 적이 없었다.

학교에서 부랴부랴 추천한 C논술학원에 등록을 했는데, 이틀 만에 아이가 수강료를 환불받아 왔다. 문제는 고등학생 수준에서 출제될 터인데 강의는 마치 대학 강의 같다는 것이었다. 아이는 혼자 하겠다면서 H참고서를 가지고 10일 동안 찬찬히 공부했다.

"다행스럽게도 아이에게 내신점수만을 올리는 공부를 시키지 않았다는 것이었어요. 지금도 비슷하지만 그때도 학교 내신점수는 교과서와 프린트 몇 장이면 충분했어요. 평생 공부가 되려면 정말 실력을 쌓는 공부를 하라고 늘 강조했었죠."

엄마의 조언대로 아이는 공통과학을 공부할 때에도 내용이 많고 일반 문제집보다 약간 어려운 참고서를 가지고 꼼꼼히 공부해 왔는데, 이것이 결정적인 도움이 되었다.

김 씨는 아이들에게 "공부할 때는 좀 미련하게 하라"고 권한다. 나올 부분에만 치중하지 말고, 중요한 부분이라고 찍지 말라고 했다. 지식은 어느 때 어떤 모양으로 쓰일지 모른다는 게 그의 지론. 그래서 요령을 부리지 말고 공부하라고 늘 강조했다.

이에 비해 서울대 의대를 목표로 공부해 온 K씨의 아이는 2006학년도 수능시험에서 고전했다. 심화학습이나 선행학습을 깊게 하지 않았는데, 예상했던 수준보다 어렵게 나와 버린 것이었다. 그동안 이과 최상위층을 가르는 변수는 주로 언어영역이었는데, 수학이 변수가 되어 버리면서 아이에게는 최악의 시험이 되었다. K씨는 해마다 수능시험 난이도에 따라 변수가 생기는데, 어떤 변수에도 흔들리지 않는 깊이 있는 공부가 필요하다고 말했다. 뿌리 깊은 나무는 웬만한 바람에도 흔들리지 않는 것과 같은 이치이다.

과학고를 목표로 공부하던 첫째 아이가 입시제도 변경으로 목표를 상실하고 PC게임과 판타지소설에 빠지는 바람에 고생했던 이미경 씨도 저력 있는 공부의 위력을 실감했던 경우이다.

아이의 방황에 1년간의 생활전선을 접고 돌아온 엄마는 떨어진 공부를 만회하기 위해 아이와 초심으로 다시 시작했다. 가야 할 길을 찾고, 구체적인 계획을 함께 세웠다. 많은 어려움이 있었지만 장단기 계획을 착착 실행했다. 성적이 되돌아와 엄마의 공백기와 아이의 목표상실로 인한 위기는 어느 정도 극복할 수 있었다.

"다행인지 불행인지 그래도 초등학교 때 공부했던 기초가 중학교 때까지 연결이 되어 있었던 모양이에요. 아주 최소한의 공부만으로도 성적은 상위권을 유지했기 때문이었어요."

이 씨는 돌이켜 보면 공부를 아주 못해 성적이 확 떨어졌다면 벌써 포기 했을 것이라면서 초등학교 때 심었던 저력의 나무가 생각지도 않게 큰 버팀목이 되었다고 했다. 공부 저력은 언젠가는 빛을 본다. 저력이 있으면 다소간 위기는 문제없다

다양한 활동으로 풍부한 자양분을 만들어 주라

눈앞의 성과만 본다면 시험문제 하나 더 맞추는 게 중요할 수 있다. 그러나 현명한 엄마라면 더 멀리 내다보아야 한다. 자녀공부에 성공한 엄마들의 역할 중 하나는 아이들에게 다양한 세계를 보여주고 경험토록 했다는 점이다.

"취미 활동이 아이에게 어떤 자긍심을 심어 주었어요. '공부는 하지 않아도 잘하니까' 하면서 초등학교 내내 강요하다시피 시킨 것은 피아노였어요. 미술도 별도로 배웠어요. 감정을 그릴 줄 알고, 사물을 관찰할 수 있게 되었어요. 그 덕으로 기대하지도 않았는데 중학교 미술 수업에 큰 도움이 되었어요." 김현숙 씨의 경험이다.

김 씨는 태권도를 하고 싶다는 큰아이에게는 "혼자 스스로 챙겨 다닌다"는 조건으로 승낙했다. 덕택에 아이는 스스로 하는 버릇이 생겼다. 단전호흡도 시키고, 뇌호흡도 시켜보았다. 이런 것들이 딱히 보이지는 않지만 공부에 작은 밑거름이 되었을 거라고 그는 생각한다.

기본적인 것만 유지하고 있으면 크게 염려할 필요가 없는데도 엄마들은 대개 눈앞의 100점에만 연연한다는 김금남 씨. 그는 지나고 보면 초등학교 때의 받아쓰기 점수 같은 것은 크게 차이가 없다는 것을 금방 알게 된다고 했다. 점수에 연연해하지 말고 아이가 앞으로 자랄 자양분을 마련해 주는 것이 중요하다는 이야기이다. 그는 그 자양분은 책과 다양한 활동에서 마련된다고 했다.

신지연 씨는 "장기 레이스를 해야 할 아이들이 초등학교에서 탈진해 버리면 어떻게 레이스를 펼칠 수 있겠느냐?"면서 엄마들이 정말 명심해야 할 것은 멀리 보고 모든 것을 추진해 나가야 한다는 점이라고 강조했다.

실제로 우리 주변에서 너무 많은 과제로 산만해지고 학습 의욕을 잃어가는 아이들을 종종 볼 수 있다. 당장 눈앞에 나타나는 결과보다는 멀리 보고 천천히 결과를 기다려야 한다. 순간순간 불안하지만 길게 보고 일관성 있게 나간다면 문제는 없다. 그 불안은 아침 해가 떠오르면 사라지는 새벽안개 같은 것이다.

아이에게서 눈을 떼지 말라

"애들이 힘들어하는 걸 보면 정말 안쓰럽죠. 그렇지 않은 엄마들이 없을 거예요. 그래도 결코 한 번도 끈을 놓치지 않은 것 같아요. 어떤 방법을 쓰더라도 진도를 나갔어요."

박석희 씨는 절대로 아이를 놓치지 않았다고 했다. 한 번 물러서면 두 번 물러서게 되고 결국은 완전히 물러서게 된다는 게 그의 지론이다. 대신 강압적이지 않고, 지치지 않도록 하면서 질기게 끌고 갔다.

"이때 중요한 포인트는 아이들에게 군림하는 자세가 아니라 아이의 눈높이에 맞춰야 한다는 거예요. 이야기를 나누고, 살살 꼬드기고, 간지럼도 태우면서 아이의 마음을 얻어야 합니다."

신지연 씨는 "아이들에게 좌절감을 순간적으로 느낀 적도 있었으나, 내가 끈을 놓아 버리면 아이는 끝이라는 생각에 끊임없이 희망과 용기를 주었다"고 했다.

"아이는 엄마의 꿈과 희망을 먹고 사는지, 역시 오뚝이처럼 계속 일어나 앞으로 나아갔어요. 절대로 어떤 경우에도 포기하거나 끈을 놓아버려서는 안 돼요. 이것은 우리 부모들이 아이에게 해줄 수 있는 중요한 선물 중의 하나랍니다."

아이의 성적이 기대에 못 미쳤을 때는 좌절을 느끼겠지만 다시 한 번 해보자는 희망을 갖고 절대 포기하지 말라는 것이다.

엄마가 공부과정을 아는 게 중요하다

아이들이 중학교 다닐 때까지 공부의 상당 부분을 직접 가르쳤다는 신지연 씨는 이 세상에서 엄마보다 더 정성으로 가르칠 수 있는 선생님은 없다며 엄마가 가장 좋은 선생님이라고 했다.

그는 아이들이 학교에 가고 없는 낮 시간이면 아이들이 어려워하는 부분을 어떻게 쉽게 이해시킬 수 있을까 하고 혼자 궁리했다. 요사이 엄마들은 초등학교 고학년 교과과정만 되어도 손을 대지 못하겠다며 학원으로 돌리는 것 같은데, 그런 엄마들에게 아이들 교과과정을 이해하려고 노력했는지 묻고 싶다고 했다. 아이들에게 공부 안 한다고 닦달하고 야단만 치지, 옆집 아주머니와 수다 떨기를 멈추고 아이들 공부를 위해 아이들의 공부과정을, 그들의 어려움을 자세히 들여다 본 적은 있는가 하는 쓴 충고이다.

신씨는 뛰어난 아이들, 자기관리를 철저하게 잘하는 성숙한 아이들에게는 엄마가 필요 없을지 모르겠지만 대다수의 아이들은 엄마의 노력으로 훨씬 더 좋은 상태로 나아갈 수 있다고 말한다. 엄마들은 어떻게 하면 아이를 특목고, 속칭 일류대인 SKY대학, 요사이 많이 선호하는 의대, 약대, 교대에 보낼 수 있을까만 고민하지 정작 그들이 어떤 노력을 해야 하는지에 대해서는 고민하지 않는다고 진단했다. 돈으로 유명한 강사가 있는 학원을 찾아 보낼 정보를 캐는 데에만 모든 촉각을 세우고 있다는 것이다.

"우리가 하기 싫은 공부, 아이들은 재미있을까요? 엄마들이 공부

한다면 아이들을 이해하는 데도 도움이 됩니다. 우리 엄마들도 공부를 다시 하면 중학교 과정까지는 충분히 도와줄 수 있어요. 중학교까지 공부가 다져진다면 특목고, SKY대학 보내는 것은 훨씬 수월해질 거예요."

엄마는 책 한 권 보지 않고, 아이들만 닦달하는 것은 절대 설득력이 없다는 그의 논리는 백번 들어도 타당하다. 아이들이 풀어놓은 문제집을 직접 채점해 보면서 아이가 이해 못하고 있는 대목을 꼼꼼하게 살펴 막힌 부분을 뚫어 준다면 엄마는 그 어떤 강사보다도 훌륭한 개인 과외 선생님이 된다는 것이다.

"엄마들은 할 수 있어요. 해보지도 않고 포기하고, 아이들을 고생시키지 말아야 해요. 엄마가 알고 있다면 아이들도 공부하는 그 순간의 답답함을 바로 해결할 수 있어 크게 도움이 될 거예요." 그의 말이다.

김금남 씨는 아이가 시험을 치고 나면 아이와 함께 머리를 맞대고 결과를 점검했다. 어떤 과목이 약한지, 어떤 단원에서 보충이 필요한지 아이와 함께 하나하나 짚어나가며 대책을 세웠다. 부부는 자신들의 경험과 방법을 자주 제시해 주었다. 수학은 문제집을 사서 풀도록 하고 아빠가 채점, 설명하는 방법으로 하였으나 매일 시간을 정해놓고 하지는 못했다. 정연덕 씨는 중학교 때까지 엄마가 문제집 채점을 해주었다.

숙제관리는 반드시 해주고 공부 분위기를 만들어주라

"너, 중학교 때도 공부 잘했니?"

조옥남 씨 셋째가 일반 고등학교에 입학하고 치른 첫 수능모의고사에서 전교 700여 명 중 10등 안에 들자 반 아이들이 물었다. 특히 수학은 전국 최상위권이었다. 지금까지 공부 잘한다는 소리를 들은 적이 없던 아이는 "아니, 못했어" 하면서 스스로도 무척 놀랐던 모양이다. 잘 나가는 언니들 때문에 자신감 없던 아이가 용기를 얻었음은 물론이다.

"중학교 3학년 때 수학학원을 10개월간 보냈는데, 그때 아이가 숙제를 정말 열심히 했어요. 숙제를 성실히 빠뜨리지 않았던 게 주효했던 것 같아요." 조 씨는 아이의 성적이 숙제관리 덕에 올랐다고 믿는다.

"숙제를 해 갈 수 있는 범위 내에서 학원에 보냈어요." 2006년 두 아이를 서울대 의대와 외국어고에 보낸 C씨가 공부관리 비법을 묻는 엄마들에게 털어 놓은 핵심 포인트이다. 학교건 학원이건 숙제를 성실히 관리해 주어야 한다는 것은 비단 C씨만의 방식은 아니다. 공부 잘 시킨 엄마들의 공통점이다.

조옥남 씨는 둘째가 원하는 목표에 도달하지 못한 것은 숙제를 제대로 하지 않았기 때문이라고 생각한다. 수학 과외를 잠시 붙여준 적이 있었는데, 바쁘다는 핑계로 숙제를 하지 않으니 실력이 다져질 리가 없었다. 너무 답답해 과외 선생님한테 "숙제 좀 하게 구슬려 달라"고 부탁도 했지만 "아무리 이야기해도 본인이 하지 않는데, 어쩌겠느냐?"는 이야기를 들을 정도였다. 아이는 이것저것 바쁘다고 하면서 정작 꼭 해야 할 숙제는 하지 않았다.

숙제를 제대로 하지 않으면 다음 진도를 나가기가 어렵다. 나가더라도 이전 것을 다 알지 못하고 지나치는 셈이 되니 성취가 있을 수 없다. 어떤 숙제건 마찬가지이다. 엄마들은 숙제관리에서 눈을 떼지 말아야 한다.

맹모가 세 번이나 이사하게 된 동기는 바로 공부환경이었다. 대치동으로 대표되는 강남 8학군 선호현상도 따지고 보면 공부환경과 무관하지 않다. 엄마들은 열심히 공부하라고 주문하기 전에 최선의 공부 분위기를 위해 노력하고 있는지 자문해 봐야 한다.

의자, 책상, 조명 등 공부방을 쾌적하게 만들어 공부 효율성과 집중력을 높이는 일은 기본적으로 해주어야 하는 것들이다. 공부하는 아이의 마음이 다른 데 가 있지나 않은지, 주변에 집중력을 떨어뜨리는 것들은 없는지 등을 수시로 체크해 보아야 한다. 집안이 산만하면 공부는 제대로 될 수가 없다.

노는 것에 대한 배려도 공부 분위기 조성에 몫을 한다. 놀이동산 1년치 자유이용권을 구입해 수시로 아이들을 데리고 다녔다는 신지연 씨는 "공부에 대한 보상은 반드시 공부를 더 촉진하는 효과가 있다"고 말했다. 그는 시험 등으로 아이가 긴장한 뒤에는 반드시 휴식 시간을 갖게 해주었다. 집에서도 일정시간 공부 한 후에는 쉬는 시간을 적절하게 분배해 주어 공부에 집중하고 효율을 높일 수 있도록 신경을 써 주었다. 절대로 무조건적인 공부를 강요하지 않았다.

정병희 씨와 박석희 씨 등도 놀이시설 자유이용권을 끊어 분위기를 띄웠다. 정연덕 씨는 큰아이가 초등학교 다닐 때 엄마, 아빠와 일주일에 한 번 책에 대해 이야기하는 시간을 마련하고, 독서감상문을 쓰도록 권유했다. 아이가 독서카드를 만들면 용돈을 주는 것으로 분위기를 잡았다. 용돈 받는 재미를 마다하는 아이가 있던가?

늘 팽팽한 활시위는 오래 사용하지 못한다. 적당한 이완은 새로운 긴장을 위한 적절한 도구이다.

학교에 답이 있다

공부 잘한 아이들의 공통점 하나는 학교생활에 충실했다는 점이었다. 가까운 길을 두고 먼 길을 갈 필요가 없는 것과 마찬가지의 자명한 이치이다. 성장기 아이들에게 미치는 선생님의 영향력은 크다. 뿐만 아니라 내신관리 열쇠도 학교에 달려 있다. 입시에 관한 정보도 1차적으로는 학교가 가장 정확하다. 학교를 무시하면 절대 성공할 수 없다.

"우리 아이는 거의 학원에 다닌 적도 없고 고액 과외를 한 적도 없어요. 대신 학교생활이 늘 즐거웠고 친구들과도 잘 어울렸죠. 고등학교 2학년 때까지 우리 아이가 한 것은 학교에서 시키는 프로그램을 충실히 따라간 것뿐이었어요. 잠깐 가정교사의 지도를 받은 적도 있고, 학원에 다닌 적도 있지만 기간은 길지 않았어요."

김금남 씨는 "고등학교 2학년 겨울방학이 돼서야 취약과목인 수학을 보충하기 위하여 학원에 다녔는데, 학원에 몇 년씩 다녀도 별 효과가 없는 아이들에 비해 짧은 기간에도 비교적 뚜렷한 효과를 거둘 수 있었던 것은 평소에 학원을 다니지 않았던 때문"이라고 말했다. 학원을 습관적으로 다니는 것은 별 효과가 없는 것 같았고, 오히려 학교생활을 즐겁게 하는 것이 중요했다는 것이다. 키가 큰 아이는 특히 농구하기를 좋아했으며 학생회 임원으로 활동하면서는 공부에 차질이 염려될 정도로 활발하게 움직였다.

선생님을 긍정적으로 보게 하라

"가장 힘들었던 건 작은아이가 예민하고 비판적이던 중1 때 영어교과 담임선생님과 사이가 좋지 않았을 때였어요. 아이가 선생님과 맞지 않으니까 나름대로 열심히 해도 선생님이 미워했어요. 전학까지도 생각할 정도로 심각했어요. 버티긴 했지만 득보다는 실이 더 많았죠."

2006학년에 치의예과에 들어간 둘째가 중학교 때 선생님 눈에 벗어나면서 인격형성에까지 부정적인 영향을 받았다는 정병희 씨의 말이다. 아이가 선생님에게 비판적이다 보니 눈 밖에 났던 것이다.

조옥남 씨의 첫째도 중학교 때 선생님이 실력 없다고 무시하다 교무실까지 불려가 체벌을 받았다. 아이는 그 선생님 수업시간이면 고개를 처박거나 먼 산만 쳐다봤다. 조 씨는 그때 막내를 낳는 바람에 학교생활을 돌보지 못했다.

중학생 때 고생했던 정병희 씨 둘째는 고2 때 담임선생님이 믿고 격려해 준 덕분에 크게 고무돼 고3 때까지 큰 힘을 받았다. 김현숙 씨의 경우 중2 때 과학 선생님이 큰아이를 시간이 나는 토, 일요일과 공휴일에 자신이 다녔던 대학교 도서관까지 데리고 다니면서 과학 책들을 단계별로 선정, 읽게 해주었는데 아이에게 큰 힘이자 용기가 되었음은 물론이다.

선생님과의 관계에 따라 아이는 학교생활이 즐거울 수도, 괴로울 수도 있다. 선생님의 영향력은 가장 직접적이다. 엄마가 선생님과 가까우면 그만큼 아이의 정보를 쉽게 얻을 수 있다. 매 신학기가 시작되면 아이와 잘 맞는 선생님을 만나기를 기도만 하지 말고 아이가 선생님을 긍정적으로 받아들일 수 있도록 엄마가 신경을 써야 한다.

"아이가 중학교 때 선생님과 사이가 좋지 않아 고생했다는 말을 뒤에 들었어요. 특히 실력이 없다고 느껴지는 선생님을 무시하는 경향은 공부 좀 한다는 아이들의 특징일 수도 있어요. 선생님의 긍정적으로 바라볼 수 있도록 미리 이야기를 해두었어야 했는데, 그런 생각을 못했어요."

조옥남 씨는 그 후 아이에게 "이 세상에 완벽한 사람은 없다. 선생님도 마찬가지다. 산에는 잘생긴 키 큰 나무가 있는가 하면 볼품없는 작은 나무도 있다. 한쪽 나무만으로 숲을 이룰 수 없다. 사회에 나와서도 마찬가지다. 내 마음에 드는 사람들만 있는 게 아니다"는 말을 종종 들려주었다. 그 말을 아이가 얼마나 제대로 이해하고 받아들였는지 모르겠지만 선생님이 설사 마음에 들지 않더라도 조금이라도 이해할 수 있도록 거들어 주는 게 부모의 역할이라고 조 씨는 말했다.

아이가 선생님과 맞지 않더라도 선생님을 이해하도록 하는 것 빼고는 해결책이 없다. 엄마들은 아이들 앞에서 선생님을 흉보는 일은 절대로 피해야 한다. 어떤 형태로든 아이에게 나쁜 영향을 미치기 때문이다.

가능하면 아이가 임원이 되게 하라

아이가 임원이 되면 좋은 점이 많다. 작은 조직이지만 리더의 역할을 배울 수 있다. 리더가 된다는 것은 한 단계 더 넓은 세상으로 나아감을 의미한다. 대학에서 리더십전형이란 이름으로 신입생을 뽑는 이유이다.

아이가 임원이 되면 엄마 입장에서도 좋다. 엄마들이 임원 엄마를 중심으로 모이기 때문에 절로 엄마들 사이에 중심이 된다. 다른 엄마들이 내 시간에 맞추어 움직이게 된다. 학교와도 자연스럽게 가까워질 수 있다.

조옥남 씨 첫째는 고등학교 1학년 때 회장에 출마하지 않겠다고 뺐지만 아빠가 "떨어져도 좋으니 출마하라"고 강권하는 바람에 회장이 되었다. 2, 3학년 때도 회장을 맡았다. 시험 때면 예상문제를 찍어주기도 하고 기출문제를 프린트해서 돌리기도 했다. 그 반은 학년에서 가장 단결이 잘되고 성적이 좋은 반이 되었다. 아이도 자신 있게 많은 사람 앞에 설 수 있었다.

아이 덕분에 학부모 모임을 이끌게 된 엄마는 아이의 학교생활을 한눈에 볼 수 있게 되었다. 조 씨는 아이가 중학교 때는 학부모회에 들지 않았다. 그 바람에 아이의 학교생활 정보를 입수하지 못해 때늦은 후회를 했다. 그래서 고등학교 때는 학교 일에 더 적극적으로 참석했고 결과는 대만족이었다.

물론 아이가 고교에서 학생회 간부여서 다른 엄마들을 만나게 되었지만 별 도움이 되지 않았다는 엄마도 있다. 김금남 씨는 아이는 학교생활을 활동적으로 했지만 엄마들 모임에서 들은 정보는 본인이 아는 것과 큰 차이가 없었고, 오히려 이런저런 쓸데없는 정보 때문에 전전긍긍하는 것이 아이를 더 불안하게 한다는 생각이 들었다고 했다. 평소에 생각하던 대로 아이에게 신뢰감과 자신감을 갖도록 격려하는 일이 더 중요하다고 했다.

❖ "아이들 먹을 것 사 주는 엄마가 제일 좋아요"

현직 교사가 말하는 인기 엄마 정병희

학부모들은 누구나 자신의 아이에 관심이 있겠지만 교사 입장에서는 학교 일에 지나치게 간섭하지 않고 열심히 후원해 주는 엄마를 최고로 칠 수 있다. 한 번씩 학급 아이들에게 먹을 걸 사 주는 게 가장 좋다. 아이들은 뭐니뭐니해도 간식 시간을 제일 좋아한다.

학부모라면 담임 선생님은 한 번쯤은 찾아가는 게 기본적인 예의라고 생각한다. 부모라면 당연히 자신의 아이를 어떤 선생님이 가르치는지 알아야 하기 때문이다.

학교 방문 시기는 학년 초에 있는 학부모총회 때가 좋다. 이때 선생님이 이러저러한 이야기를 많이 해주기 마련이다. 다만 학부모총회는 어머니들의 모임이기 때문에 한 번쯤 더 짬을 내서 개인적으로 찾아가는 것이 좋다고 생각한다.

선생님을 찾을 때는 작더라도 무엇인가 사가는 것도 나쁘지 않다고 생각한다. 굳이 학교 방문이 어려우면 편지나 메일을 이용해도 무방하다.

독서가 인생을 결정한다

책읽기의 중요성은 아무리 강조해도 지나치지 않다. 명문대에 합격한 아이들의 가장 뚜렷한 특징은 책을 많이 읽었다는 점이다. 기질은 서로 달랐지만 공통점은 책벌레였다.

중앙대 의대에 다니는 이미경 씨의 첫째는 초등학교 6학년 때 자전거를 타면서 책을 보다가 전봇대에 부딪힐 뻔했다. 화장실에서도 한 시간씩 책을 보는 아이였다. 한번 무슨 일에 집중하면 나머지는 생각 못할 정도였다.

김현숙 씨의 경우 초등학교 2학년 아이에게 하는 아침인사가 "학교 잘 다녀와"가 아니라 "수업시간에 책 읽지 마라"였다. 1학기 학부모 모임에서 담임선생님이 "아이가 책읽기를 좋아한다"며 기특하고 예쁘다고 말하자, 아이는 그것이 최고인 줄 알고 수업시간에도 계속 책을 보았던 것이다.

엄마는 2학기 모임에서 그 사실을 선생님으로부터 듣고는 얼굴을 들 수가 없었다고 했다. 그리고 아이가 학교에 다녀오면 "수업시간에 책 봤니?"가 인사가 되었다.

조옥남 씨의 경우 아이들에게 "책 그만 보고 밖에 가서 놀라"고 채근하는 게 일이었다. 친구 집에 놀러가서도 아이는 방에 틀어박혀 책을 읽곤 했다.

책 읽기는 모든 공부의 기초다

"기본적으로 책 읽는 습관이 중요하다고 생각했어요. 아주 어릴 때 읽은 책들이 평생을 좌우한다고 말하기는 어렵겠지만, 아이에게 많은 글을 접하도록 했어요."

김금남 씨는 "아이가 어릴 때 무릎 위에 앉히고 동화를 들려주었는데, 이것이 아이의 독서습관 형성에 거름이 되었다"고 했다. 잠자리에 들 때는 동화 테이프를 들려주곤 했는데 이 또한 아이에게 좋은 경험이 되었다. 이런 경험이 바탕이 되어 아이는 다행히 어릴 때부터 책 읽는 것을 아주 좋아했다.

초등학교 때는 동화를 많이 읽었고 중학교 때부터는 시오노 나나미와 베르베르의 책을 즐겨 읽을 정도였다. 큰아이가 학원을 다니지 않았는데도 논술을 어느 정도 한 것은 애가 어릴 때부터 책을 많이 읽었기 때문이라고 엄마는 생각한다.

정연덕 씨의 경우도 "어릴 때부터 아이가 감수성이 뛰어났고 책을 좋아했다"면서 "집에 책이 많았던 것도 아이가 책을 좋아하게 한 요인이었던 것 같다"고 말했다. 정 씨는 독서관련 단체 등에서 추천하는 연령별 선정도서를 많이 읽혔다. "주위의 경우를 보면 부모가 아이에게 책을 읽는 모습을 보여주는 것이 중요한 것 같다"고 정씨는 말했다.

신지연 씨 아이들은 엄마가 책 읽어주는 것을 훨씬 좋아한 경우이다. 아이가 책 읽어주기를 원할 때는 밥을 하다가도 읽어 줄 정도로 시간과 장소에 제약을 받지 않고 열심히 읽어 주었다. 이런 에피소

드도 있었다. 어떤 모임에 간 적이 있었는데 큰아이가 책을 읽어 달라고 하자 엄마가 그 시끄럽고 아이들이 싸우는 북새통 속에서도 아이를 귀퉁이로 데리고 가서 책을 읽어 주었다는 것이다. 이 이야기는 그 집 엄마로부터 "그때 참 얄미웠다"는 말과 함께 나중에 들었다. 본인이 기억하지 못했을 정도로 책 읽어주는 데 엄마는 익숙해져 있었던 것이다.

"아이들에게 어떤 단계에서건 많은 책을 제공해 주는 것은 필수라고 봐요. 주의해야 할 점은 과학, 논리, 철학, 문학, 역사, 위인전 등 다양한 분야의 책을 주어야 한다는 것이죠. 필요하다면, 그리고 아이들이 원한다면 만화로 된 것도 제공해 주었죠."

신 씨는 아이가 읽어야 할 책을 직접 보고 골라 주었다. 남의 집을 방문했을 때도 아이는 책에 먼저 관심을 보였고 그때 아이가 어떤 책에 관심을 보이는지 잘 관찰해 두었다가 참고하기도 했다. 항상 관심을 가지고 있었기에 서점에 갔을 때, 남의 집을 방문했을 때, 또는 신문이나 책 등에서 나온 기사나 광고 등도 관심 있게 읽고 기억해 두었다가 책을 구입할 때 참고하였다. 비싼 교구를 사 주는 것이 엄마의 의무를 다한 것이라고는 생각하지 않고 효율성에 관심을 더 쏟았다.

책과 어디서나 가까이 있게 하라
김현숙 씨는 책 읽는 습관을 들이려고 신생아 때부터 소리 내어 이야기를 들려주었다. 돌이 지날 무렵에는 집에 있는 것이라고는 책밖에 없을 정도였다. 아이들 책은 현관의 가장 손쉬운 곳에 진열해 놓았다. 그러면 아이들은 일어나서 책꽂이 앞에 앉았다. 아이들은 책을 한 권씩 쳐다보고 옆에 놓고, 그림만 쳐다보고 옆에 놓곤 했다. 책을 다 끄집어내어 산더미처럼 쌓아놓은 뒤 아침을 먹고 다시 책을 펼쳐봤다.

조금 더 크면서는 아무 곳이나 앉으면 책이 손에 닿게 군데군데 책을 놓았다. 아이들은 하루 종일 책을 봤다. 책 속에서 나오는 놀이도 함께 했다. 엄마가 읽을 책을 정해준 것이 아니라 아이들이 어렸을 때부터 꾸준히 보았다.

초등학교 저학년을 벗어나면서 유치원 다닐 때에 읽었던 책 중 글이 적은 책들은 모두 없앴다. 책을 보라고 하면 유치원생이나 읽는 것들을 계속 봤기 때문이다. 때가 지난 책은 그때그때 상황에 따라 없애 주고 새로 보충해 주었다.

아이들은 책을 끊임없이 보는 게 아니라 주기를 탔고, 그럴 때마다 도서관으로, 서점으로, 조카들이 책을 많이 보는 언니 집으로 다녔다. 가끔씩 양념으로 만화책도 구해 주었다.

서점 나들이도 책과 가까워지는 좋은 길이다. 아이들에게 다양한 책을 통해 지적 포만감을 느끼게 할 뿐 아니라, 스스로 책을 고르는 힘을 키워주는 장점이 있다. 아이들은 직접 고른 책에 애착을 더 갖게 마련이다. 나들이 자체가 즐거움이기도 하다. 서점 나들이는 요즘 엄마들이 자주 이용하는 인터넷서점의 결정적인 약점이기도 하다.

이미경 씨는 호기심이 많고 어려서부터 책읽기를 좋아한 큰아이를 큰 서점에 자주 데려갔다. 방학이면 아빠와 함께 출근하여 아빠 사무실 근처 큰 서점으로 갈 정도였다. 아이는 서점에서 점심을 간단하게 햄버거 등으로 때우고 아빠 퇴근 시간까지 서점 구석에 앉아 책을 읽느라 시간 가는 줄도 몰랐다.

김금남 씨의 경우 특별히 독서 프로그램이 있었던 것은 아니지만 서점에 같이 가서 책을 고르는 경우가 많았다. 전집을 보고 괜찮다 싶으면 사 주는 경우도 간혹 있었지만 대개는 아이를 데리고 서점을 찾았다. 아이들은 몇 시간이든 서점 바닥에 주저앉아 책을 읽었고, 집에 가기 전에 원하는 책을 몇 권 골라 사 주었다.

조옥남 씨도 아이를 데리고 서점에 자주 들렀는데, 아이가 골라오는 책은 별 말없이 받아 주었다. 처음에는 아이 수준에 맞지 않는다고 생각되는 책은 사 주지 않았으나, 언젠가는 아이가 시시한 책을 샀다고 스스로 생각하게 되면 좀더 성숙해질 거라고 생각하면서부터 군소리 없이 사 주었다.

정병희씨 아이들은 어릴 때부터 책을 많이 읽었는데, 특히 만화책을 좋아했다. 많은 엄마들이 만화책은 아이들의 사고 폭을 제한한다는 이유로 만화책을 꺼려하는데, 만화책만 보면 안되겠지만 그밖에도 다양한 방면의 책을 많이 읽는다면 문제가 없다는 게 정 씨의 생각이다.

❖맹모들의 독서 관리

엄마, 아빠가 독서 모범을 보여라 김금남

아이가 공부를 잘하길 원한다면 무엇보다 책읽기를 좋아하도록 버릇을 들여야 한다. 동화든 만화든 어릴 때는 무조건 많이 읽어야 한다. 무엇을 읽느냐 보다도 일단 읽는 습관을 들이는 게 중요하다. 한글을 깨치기 전에는 아이를 무릎에 앉혀 놓고 함께 동화책을 읽는 것이 좋다. 그런 아이는 한글을 깨친 후 스스로 책읽기에 탐닉한다. 어릴 때는 상상력을 키워주기 위해 그림이 많은 책을 읽혔다.

엄마, 아빠가 독서 모범을 보이면 아이는 따라오게 되어 있다. 아이들이 엄마가 읽어주는 책을 너무나도 좋아해서 엄마, 아빠의 책 읽는 폼까지 따라했다. 부부가 모두 책을 읽고 글 쓰는 것을 좋아한 점이 아이들에게 큰 영향을 미쳤을 것이다. 아이에게 좋은 자극이 되었고, 공부가 생활의 일부로 자연스럽게 느껴졌을 것으로 믿는다. 지금도 여행갈 때 가족들은 각자 자기들 책을 챙기느라 바쁘다.

흥미 잃을까봐 독후활동을 시키지 않다 이미경

대부분 엄마들은 독후활동을 시킨다. 독후감은 책을 읽고 난 뒤의 정리활동으로 필요하다. 그러나 나는 책을 읽은 뒤 독후감을 쓰라고 하거나 느낌을 물어보는 질문은 의도적으로 하지 않았다.

흥미롭게 읽고 난 뒤의 감상을 어른 잣대로 파악하는 행위로 말미암아 아이가 흥미를 잃게 될까 봐 저어되었기 때문이다. 아이가 흥미를 가지고 읽으면 그것으로 만족했다. 지금 생각해 보면 이것이 중요했던 것 같다.

둘째는 초등학교 시절 만화로 된 위인전, 세계사 같은 것을 재미있게 읽었다. 어릴 때부터 사람을 좋아해서인지 책을 형보다 많이 읽지는 않았다. 상당히 편협된 독서를 했다.

삼국지, 수호지, 장길산 등의 소설을 좋아해서 책이 너덜너덜할 때까지 읽곤 했다. 둘째는 재수를 하면서도 그런 부류의 책을 많이 읽었다. 이런 종류의 독서도 아이의 논술에 많이 도움이 된 것 같다. 서울대 논리논술경시대회 입상에도 도움이 되었음은 물론이다.

적절한 사교육을 선택하라

공부 잘 시킨 엄마들은 명문대 진학에 사교육이 얼마나 필요하다고 생각할까? 사교육이 "필요하다"는 의견은 초등학교와 중학교 때는 각각 65%, 고등학교 때는 70%로 올랐다. 이에 비해 "그다지 필요 없다"거나 "거의 필요 없다"는 6% 이하로 나타났다. 결론적으로 사교육 불가피론이다.

특히 외국어고나 과학고에 아이를 보낸 엄마들은 거의 다 사교육의 도움을 받았다. 그렇다면 문제는 어떻게 효율적으로 사교육을 이용할 것인가이다.

학교 진도만 따라가서는 심도 있는 학습이 어렵다

"학교는 학생들이 많고, 수준도 천차만별이라 선생님이 아이에게 꼭 맞는 맞춤교육을 실시하기 힘듭니다. 학교에서 좋은 성적을 거두려면 집에서 부족한 부분을 메워 와야지만 가능합니다."

정병희 씨는 학교진도만 따라가는 것으로는 심도 있는 학습이 어렵다며 심화학습을 위해서는 사교육이 꼭 필요하다고 말했다. 고교에서 3학년 학급 담임을 2년 연속 맡았던 그가 전하는 '현장의 소리'는 의미심장하다. 정 씨는 "이리저리 사교육을 시켰기 때문에 아이들이 좋은 성적을 거둘 수 있었다"면서 사교육은 필수적이라고 생각한다고 말했다.

그는 아이가 고등학교 때 수학이 힘들다고 했을 때 적절하게 학원에 보내고 과외를 시킨 게 주효했다면서 학교성적 1, 2등을 계속 유지하는 데는 학원 힘이 컸다고 솔직하게 말했다. 학원 정보는 친구나 아이 친구 엄마한테 물어 보거나 아이가 직접 친구들한테 물었다고 했다.

고등학교 입학 후 과학이나 수학, 논술과 같은 전문적 지식이 필요한 부분은 그룹 또는 학원의 도움을 받는 게 아무래도 좋다는 게 정연덕 씨의 조언이다.

자신의 공부 경험으로 "공부는 스스로 하는 것"이라며 아이들이 학원 다니는 것을 못마땅하게 생각했던 P씨는 특목고에 진학한 아이가 선행학습을 해온 아이들과의 경쟁에서 밀려 결국은 원하던 대학에 진학하지 못하자 생각을 바꾸지 않을 수 없었다. 1인당 국민소득 1천 달러 시대의 30년 전 공부환경과 현재의 환경이 같을 수는 없음을 인정하지 않을 수 없었다. 그는 자신의 고집을 접고 필요하다면 빚을 내어서라도 학원에 보내라고 주위 사람들에게 이야기하고 있다.

아이 수준과 성향에 맞는 선생님이 가장 좋은 선생님

첫아이가 고등학교 1학년을 마무리할 무렵, 김순미 씨한테 과외를 같이 하자고 엄마들이 연락을 해왔다. 수학을 어떻게 하나 망망하던 차에 '아주 실력 있는 선생님'이라는 말에 쉽게 응했다.

그런데 며칠 지나지 않아 아이가 가지 않겠다고 했다. 이유는 선생님이 내뿜는 담배 연기 때문에 머리가 아프고, 가르치는 것도 잘 맞지 않으며, 문제풀이는 아직 할 단계가 아니라는 것이었다. 아이가 하는 공부니 아이의 말을 따르기로 했다. 그 뒤 그 엄마들은 만날 때마다 "학원 선생님이 자기 아이들은 지금 수능을 치르러도 만점을 받을 거라고 한다"면서 선생님 자랑에 바빴다. 이 소리를 들을 때마다 '지금 내가 잘하고 있는 건가?' 하고 걱정도 되었지만 아이를 믿기로 하였다. 아이는 〈정석〉과 〈개념원리〉를 가지고 혼자서 스스로 진도를 나갔다. 아이는 나중에 "중학교 때부터 해답지를 보지 않고 풀던 힘이 동력이 되었다"며 엄마를 인정하여 주었다.

아이는 그렇게 공부하다가 고2 여름방학을 앞두고 수학학원을 알아봐 달라고 했다. 시중에 나와 있는 문제보다 좀 더 어려운 문제를 해줄 수 있는 곳을 원해 수학학원을 수소문해 주었다. 다행히 외국어고 아이들이 다니는 학원에 자리가 비어 있었다. 아이는 1주일에 한 번씩 가는 학원이지만 차를 두 번씩 갈아타고 왕복 3시간이 걸리는 거리를 아이는 싫은 소리 없이 다녔다. 어떤 때는 가보면 연락도 없이 선생님이 오시지 않아 허탕을 칠 때가 종종 있었다. 마음대로 결강하는 불성실한 선생님에게 화가 나 엄마가 그만두라고 해도 아이는 가르치는 게 마음에 든다며 계속 다녔다.

이 선생님은 모르면 모른다고 정직하게 말하고, 아이들과 머리를 짜내어 문제를 풀었다. 언젠가 창문 너머로 공부하는 모습을 봤더니 선생님이 아이들이 가르쳐주는 대로 문제를 풀면서 묻고 있었다. 풀다가 모르면 다음 시간에 준비해 왔단다.

아이는 이 선생님과 공부하면서 실력이 많이 늘었다. 하지만 이 선생님도 실력 있는 아이들에게는 인정을 받았지만 아직 자기 공부가 되지 않은 아이들은 매우 어려워하고 힘들어해 별로 효과적이지 않았다고 한다.

그런데 그전 학원 엄마에게서 연락이 왔다. 진도를 많이 나가고 수능문제도 많이 풀었는데 아이들 성적이 좋지 않다는 것이었다. 선생님은 "아이들 실력이 좋다"고 하는데 엄마들은 어찌된 영문인지 모르겠다고 걱정들이었다.

김 씨는 "지나와서 보니 당시 그 학원에 다녔던 아이들의 입시 성적이 별로였다"면서 명성이 자자하다고 반드시 모든 학생에게 효과적인 것은 아니라고 했다. 오히려 실력 이외의 것으로 아이들에게 다가 갔던 선생님도 많았다고 했다.

두 아이를 서울대에 보낸 김 씨에게 엄마들이 어느 학원이 좋고, 어느 선생님이 잘 가르치느냐고 곧잘 물어오지만 딱히 할 말이 없다고 했다. 모든 아이에게 좋은 선생님은 별로 없기 때문이라는 것이다. 결국 아이의 수준과 성향에 맞는 선생님이 가장 좋은 선생님이라는 게 그의 생각이다.

김 씨는 같은 수학 선생님이라도 〈정석〉을 가지고 개념 정리할 때 적합한 선생님이 있고, 어려운 고난이도의 문제를 다룰 때 마음이 통하는 선생님이 있다고 했다. 김씨는 이런 사실은 아이들이 더 잘 알고 있다면서 중요한 것은 아이들이 목표를 가질 수 있도록, 또 열정을 가지고 할 수 있는 좋아하는 것들을 발견하고 경험할 수 있도록 자극을 주는 선생님이라고 했다.

김현숙 씨는 학습지 선생님도 어린 아이들의 공부에 영향을 미치기에 신경을 써서 구했다. 당시 그는 가가호호 방문해서 다니는 학습지 선생님을 눈여겨보았다가 성실하고 하나라도 더 해주려는 선생님을 입소문으로 골랐다. 그 선생님은 김 씨가 셋째를 낳아 삼칠일 동안 방문객을 차단했을 때도 초등학교 3학년인 큰아이를 복도 계단에 앉히고 수업했을 정도로 열성이었다. 선생님이 열성을 보여주니 아이들도 열심히 그날그날 분량들을 소화해 냈다. 그러던 중 이사를 하면서 학습지를 그만두었다. 무엇보다 바뀐 선생님이 성의가 없으니 아이도 덩달아 태만해졌다. 학습지 선생님까지도 면밀히 살펴보고 선택한 열정을 누가 지나치다 할까?

❖선행학습은 어느 정도 필요한가?

선행학습을 어디까지 시켜야 하나 고민하는 엄마들이 많다. 공부 잘 시킨 엄마들은 주요 과목의 선행학습은 필요하다는 데는 대체로 일치하는 의견을 보였다. 하지만 선행학습의 정도에 대해서는 조금씩 차이를 보였다.

수학의 경우 정병희 씨는 "초등학교 때 방학이 되면 다음 학기 수학문제집으로 선행학습을 했는데, 효과가 좋았다"고 말했다. 신지연 씨는 "중학교 때 수학 선행학습은 적어도 1년 정도, 능력이 되면 1년 반 정도도 괜찮다"는 의견을 내어놓았다.

신 씨가 초등학교 때 중점적으로 실시한 선행학습은 수학과 영어였는데, 그 덕에 아이들은 전국에서 특목고를 제일 많이 보내기로 유명한 중학교에서 무리 없이 교과과정을 잘 소화해 냈다. 선행학습한 수학과 영어는 시험 때 특별한 공부 없이도 잘 해냈다.

영어 선행학습과 관련, 외국어고 진학을 목표로 한 박석희 씨의 경우 중2 때쯤에는 수능영어를 다 맞을 정도의 수준이 됐다고 했다. 중3 때쯤 되어서는 더 볼 영어책이 없을 정도였다. 정덕희 씨는 초등학교 4학년 때 기초영문법을 다 끝내는 게 서울 강남의 보편적인 과정이라면서 문법 같은 경우는 늦어도 6학년 때까지 끝내고, 중2 정도면 〈종합영어〉를 마스터한다고 했다. 국어는 책읽기로 선행학습이 된다고 했다.

수학, 영어 선행학습은 선택이 아닌 필수인 셈이다. 물론 선행학습은 엄마의 욕심이 기준이 아니라 아이의 능력과 의욕이 기준이 되어야 한다는 게 엄마들의 공통적인 생각이다. 정병희 씨는 본인이 이해하지 못하는 선행학습은 필요 없다고 말했다.

5. 아이들에게 부모는 전 우주이다―취학 전 자녀관리

취학 전 유아들에게 부모는 전 우주이다. 아빠는 세상에서 힘이 가장 세고, 엄마는 못하는 게 없는 존재이다. 아이들은 왕성한 호기심으로 끊임없이 "왜?"라는 질문을 던지는 시기이기도 하다. 부모의 가치관과 세계관이 아이에게 고스란히 옮겨지는 시기도 이때이다. 엄마, 아빠의 역할이 어느 때보다 중요하다.

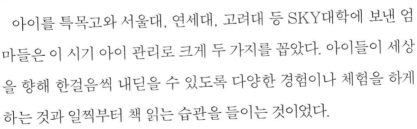

아이를 특목고와 서울대, 연세대, 고려대 등 SKY대학에 보낸 엄마들은 이 시기 아이 관리로 크게 두 가지를 꼽았다. 아이들이 세상을 향해 한걸음씩 내딛을 수 있도록 다양한 경험이나 체험을 하게 하는 것과 일찍부터 책 읽는 습관을 들이는 것이었다.

첫째가 고려대 법대에 다니는 김금남 씨는 이 시기를 '무릎학교'라고 표현했다. 유아교육을 전공한 그는 "무릎학교야 말로 아이가 세상을 보는 최초의 문"이라면서 "직장 다니느라 시간이 없어도 저녁에는 꼭 아이를 무릎에 앉히고 책을 읽어주었다"고 했다. 김 씨는 아이와 한 공간에서 숨쉰다는 것만으로도 정서적 교감을 할 수 있었다면서 사람이 정서적인 기반을 잃으면 평생 치유되기 어렵기 때문에 무릎학교에서 특히 정서적 기반을 쌓아야 한다고 했다.

다양한 세상을 경험하게 하라

첫째가 한양대 의대, 둘째가 고려대 법대에 다니는 정연덕 씨는 취학 전에는 많은 지식을 주입하기보다는 음악 감상 및 악기 다루기, 간단한 원리를 이용한 실험과 만들기 등의 과학과 미술 등의 체험교육이 가장 중요하다고 강조했다.

그는 "인간의 뇌는 부모로부터 타고나지만, 끊임없는 자극이 주어지면 기대 이상의 발달을 가져온다"면서 "태어나면서부터 유아기까지의 외부 자극과 경험은 아이들의 지적, 정서적 부분에 커다란 변화를 가져다준다"고 말했다. '될 성싶은 떡잎'을 만드는 게 엄마들의 역할이자 의무라는 이야기다.

지식보다는 정서를 키워주는 활동이 중요하다

"야, 바다다!" 고속도로를 달리던 승용차 안에서 조옥남 씨 막내가 소리를 쳤다. 창 밖은 무논이었다. 모를 내기 위해 물을 받아놓은 논을 보고 다섯 살짜리 아이는 바다라고 했다. 아빠가 사업한답시고 누나들과는 달리 바다 구경을 한 번도 시켜준 적이 없었다. 바쁘다는 이유로 한반도 삼 면에 펼쳐진 바다 구경도 시켜주지 못했던 엄마, 아빠의 낯이 화끈거렸다.

누나들은 동생을 "바보"라고 놀렸다. 서울대 경제학과와 연세대 공대에 다니는 누나들은 어릴 때부터 세계적인 발레단의 내한공연을 자주 보고, 여행도 많이 다녔다. 엄마, 아빠는 형편이 되지 않는다는 이유로 제대로 챙겨주지 못한 막내에게 늘 미안하다. 집안에만 갇히어 있던 아이가 행여 못난 아이가 되지나 않을까 걱정했다. 다행히 아이는 씩씩하다.

어릴 때의 다양한 경험이나 체험은 아무리 강조해도 지나치지 않다. 그것들은 몸에 축적돼 언젠가는 빛을 발하게 된다.

조옥남 씨는 유치원에 다니던 첫째가 저녁에 TV만화영화만 끝나면 배가 아프다고 해서 애를 먹었다. 아프다고 심하게 칭얼거릴 때는 아이를 데리고 응급실로 달려간 적도 몇 차례 있었다. 병원에서는 아무 이상이 없었다. 아이들이 유치원에 가기 싫을 때 흔히 나타나는 증상이었다.

조 씨는 두 달된 둘째를 잠깐 친정에 맡겨놓고 가방을 챙겼다. 목적지는 안동 하회마을. 서울에서 기차를 타고 안동에 내려 다시 버스를 이용했다. 유치원 대신 엄마, 아빠와 함께 나선 단출한 나들이를 아이는 즐거워했다. 하회마을의 유래나 건축에 대한 설명을 아이가 알아들었을까마는 낯선 곳에서 버스가 올 때까지 기다리고, 비포장 도로를 걷고 하면서 엄마, 아빠의 사랑을 느꼈을 것이다. 여행에서

돌아온 다음부터 아이는 배 아프다는 소리를 하지 않았다. 그는 시골 본가에 갈 때도 가능하면 중간에 가고 싶은 곳 한 군데 정도 들러 구경을 시켰다. 그리하여 전국을 한 바퀴 순회했다.

여행이 아니더라도 이 시기 아이들에게는 다양한 세상을 경험하게 해주어야 한다. 첫째가 고려대 경영대에, 둘째가 외국어고에 다니는 박석희 씨는 취학 전 일찍부터 아이에게 이것저것 많이 시켰다. 첫애는 네 살 때 미술학원, 다섯 살 때 피아노학원에 보냈다. 피아노는 아이가 워낙 열심이어서 잘한다는 선생님을 수소문해 개인 레슨으로 바꿔주었다. 수학을 열심히 가르치고 글씨도 가르쳤다. 첫아이라서 엄마가 열심히 해주었고, 애도 적극적이었다. 대신 엄마는 관리를 철저하게 했다. 학원에서 내준 숙제는 그 이상으로 챙겨주었다. 덕분에 아이는 유치원부터 자신감과 자긍심을 가졌다. 그래서인지 쾌활하고 적극적이다.

정연덕 씨는 첫째의 경우 네 살 때부터 시킨 피아노 교육이 두뇌의 고른 발달에 큰 영향을 주었다고 생각한다. 손끝 자극을 통한 뇌신경 발달은 초중고를 거치는 동안 지속적으로 지적 정보를 받아들이면서 지친 뇌의 균형을 정서적으로 바로잡아 주는 데 견인차 역할을 했다면서 체험교육의 중요성을 강조한다.

어릴 때부터 책 읽는 아이로 키워라

세살 버릇 여든까지 간다는 말이 있다. 현명한 엄마라면 어릴 적부터 책 읽는 습관을 들이는 데 신경을 쓰게 마련이다. 특히 엄마와 함께 책 읽는 시간은 아이에게 이 세상에서 가장 행복한 시간이다. 이 시기는 기본적으로 읽는 습관을 들이는 게 중요하다.

김금남 씨는 첫째가 어릴 때 무릎 위에 앉히고 동화를 들려준 게 아이의 독서습관 형성에 밑거름이 되었다고 했다. 그는 상상력을 키워주는 책읽기를 위해 아이들에게 한글을 늦게 깨우쳐 주었다. 일부러 글자 없는 동화책을 많이 읽도록 한 것은 글씨를 빨리 알게 되면 아이들이 글씨에 집착하고, 그림을 보고 상상하는 능력이 줄어들게 된다고 생각했기 때문이다.

이런 영향으로 아이는 다행히 어릴 때부터 책 읽는 것을 아주 좋아했다. 한글을 하루라도 빨리 깨치게 하려는 엄마들과 정반대 수순을 밟은 셈이다. 아이는 한글을 초등학교 입학하기 전에 알았다. 특별히 한글을 가르치지 않았지만 같은 글을 자꾸 보면서 외우게 되고, 그 글씨를 다른 곳에서 보면서 한글을 깨우쳤다.

책 읽기에는 엄마가 반드시 참여하라

"요사이는 우리 아이들을 길렀을 때에 비하면 엄청난 양의 책과 교재, 교구들이 나와 있어요. 물론 효과에 대해서는 미지수라 생각하지만……. 아이들이 아주 어렸을 때는 많은 양의 책을 한꺼번에 사 주기보다는 몇 권씩 아이의 소화 속도를 보면서 구입했어요. 테이프가 들어있는 책을 사기도 했죠. 아이가 점점 성장하면서 소화 속도가 빨라지자 많은 양의 책을 한꺼번에 구입해 주었어요.”

과학고를 거쳐 첫째가 연세대 의대, 둘째가 서울대 공대에 재학 중인 신지연 씨는 “책은 많은데 아이들이 책을 읽지 않아 새 책으로 그대로 방치되어 있는 집을 본 적이 있다”면서 “많은 양의 책을 사 주기보다는 흥미를 이끌어 낼 수 있도록 원하는 양만큼 적당량을 구입해 주는 것이 아이가 책에 관심을 보이고 흥미를 느낄 수 있게 해주는 방법”이라고 말했다.

조옥남 씨의 경우 테이프가 달린 동화책을 통해 한글을 쉽게 깨쳤다. 테이프를 워낙 자주 듣다보니 글자를 몰라도 책을 펴놓고 읽을 수 있었다. 한번은 이런 일이 있었다. 큰애가 4살 때 먼 친척이 놀러 와서 아이가 책을 유창하게 읽는 것을 보고는 놀라워했다. 글자를 알아서 읽은 게 아니라 외워서 읽는다고 했더니 고개를 끄덕거렸다. 책을 뒤집어 들고 읽을 때도 있었다. 같이 책을 읽었고 그림카드도 이용했다.

아이가 글을 모를 때는 엄마가 다 읽어 주었고, 아이가 글을 깨친 뒤부터는 아이 한 줄 엄마 한 줄 이렇게 읽었고, 나중에는 한 페이지씩 교대로 읽었다. 교대로 책을 읽으면 아이도 같이 참여했다는 데 큰 기쁨을 느끼면서 책읽기가 유창하게 된다는 게 조씨의 설명이다.

이런 책읽기 방법의 중요성은 미국의 유명한 교육학자 버니스 컬리년 박사의 〈독서왕이 성공한다〉는 책에도 상세히 나와 있다.

신지연 씨는 학습지 대신 집 식구의 이름 쓰기부터 글자에 친밀감을 가질 수 있도록 유도하여 한글을 깨우쳤다. 한글 깨치기는 수월하다. 문제는 한글을 깨친 다음 어떻게 책을 좋아하는 아이로 만들어 가느냐다.

영어는 테이프를 많이 보여주고 들려주라

영어유치원이 성황을 이룰 정도로 영어에 대한 엄마들의 관심이 뜨겁다. 덩달아 영어를 시작하는 연령대가 낮아지고 있다. 현재 대학생인 아이들이 유아일 때와는 분위기가 완전히 다르다. 그 시절 대부분 엄마들은 영어에 크게 신경 쓰지 않았다. 특별한 영어교육을 시켰다기보다는 영어가 뭔지 알게 하는 선에서 간단한 맛보기 정도에 그쳤다. 영어교육에 대한 중압감이 현재처럼 크지 않았던 때였다.

신지연 씨는 유치부 영어수업을 직접 본 뒤 효율이 떨어진다고 판단해 영어를 너무 빨리 시작하지 않기로 했다. 수업시간 중에 아이는 선생님의 끊임없는 영어를 듣기는 했지만 이해하지 못하는 것 같았고, 단어 몇 개 외우기로 수업은 끝났다는 게 그의 참관 평이다.

엄마들은 이 시기에 듣는 것이 쌓이면 나중에 도움이 된다고 생각들 하지만 초등학교 1~2학년 때 1시간에 익힐 영어 단어를 유치원 때는 며칠에 걸쳐 이해하고 익힌다면 어떤 게 더 효율적이겠느냐고 반문했다. 딸기를 색칠하면서 'strawberry'라고 익히는 것도 좋지만 효율적인 면에서 본다면 초등학교에 입학한 후 과일 단어 10개를 한 시간에 한꺼번에 익힌다면 후자가 더 효율적이라는 논리이다. 그는 초등학교 2학년 때 아이를 전문 영어학원에 보내 본격적으로 영어를 시작했다.

정연덕 씨는 아이들이 말 배울 때부터 영어를 접하게 했다. 아이가 못 알아들어도 비디오를 보여주었고, 카드 등을 이용해 재미있게 단어를 익힐 수 있도록 도와주었다. 조옥남 씨도 영어비디오를 많이 보여준 게 영어 공부에 도움이 되었다고 했다.

엄마들이 크게 신경 쓰지 않아도 되었던 취학 전 영어 관리방식이 2008년 이후에는 달라지지 않을 수 없게 되었다. 현재 초등학교 3학년부터 편성된 정규 영어시간이 2008학년부터 1학년으로 앞당겨지는 방안이 검토되고 있기 때문이다. 정부는 조기영어교육 연구학교를 2008년 상반기까지 운영한 후 전면 실시 여부를 결정한다는 방침이다. 글로벌시대 영어의 중요성을 반영한 결과이다. 결국 취학 전 아이들에게도 조기영어는 불가피해진다는 게 대세가 되는 셈이다. 한글을 떼고 학교에 가는 것처럼 영어도 일정 수준 실력을 갖춰 보내야 할 것으로 예상된다.

조기 영어교육과 관련, 언어는 어릴수록 흡수가 빠르다고 주장하는 사람들이 있는가 하면 영어를 배우기에 앞서 우리말을 제대로 습득하는 것이 중요하다는 사람들도 있다. 문제는 언제 배우느냐가 아니라 어떻게 배우느냐의 문제이다.

수 개념은 생활 주변 소재로 심어주라

신지연 씨는 아이가 7살이 되어서야 수학공부를 시켰다. 이해가 중요하다고 생각해 수 개념을 확실히 심어준 후에 계산 방법을 가르친 것이다. 학습지를 통한 끊임없는 반복은 시키지 않았다.

어릴 때의 수 개념은 실물을 가지고 심어주었다. 장난감을 가지고 엄마에게 몇 개 달라고 해보기도 하고, 먹을 때도 과자를 가지고 해보는 등 실생활 속에서 재미있게 수를 깨치려고 노력했다. 스티커를 이용해 몇 개 붙여 보라고 하기도 하고, 원을 몇 개 그려보라고도 했다. 이때 중요한 포인트는 아이가 맞추었을 때는 호들갑스러울 정도로 칭찬을 아껴서는 안 된다고 했다.

그는 수학에서 중요한 것은 계산이 아니라 논리적인 사고, 응용력이라고 굳게 믿고 계산 반복을 시키지 않았다. 산수 계산 능력과 수학 응용능력을 혼동하지 않은 것은 지금 생각해도 정말 잘한 일이라고 그는 생각한다.

조옥남 씨도 아이에게 수 개념을 가르칠 때는 생활 주변 소재를 이용했다. 가령 계단이 있으면 반드시 하나, 둘 세면서 오르내리는 식이다. 그는 수학 학습지를 일찍 시작했는데, 아이들의 계산력을 키우는 데 크게 도움이 됐다고 했다. 큰아이는 5살 때 유치원 선생님의 권유로 수학 학습지를 시작, 15살까지 꼬박 10년을 시켰다. 둘째는 언니가 쓰는 학습지를 빼앗아 하려는 바람에 3살부터 시작했다. 그래서인지 둘째는 이 집에서 수학을 제일 잘한다. 중학교 때는 수학

천재라고 선생님들이 추켜세웠을 정도였다.

조씨는 한 우물을 오랫동안 판 결과, 아이들의 계산력은 혀를 내두를 정도로 향상되었다며 계산력이 수학의 전부는 아니지만 계산이 늦어 문제를 다 못 풀거나 계산 과정을 틀리는 경우를 피할 수 있었다고 했다.

취학 전 아이관리 이렇게 했어요 신지연

아이가 조금 자라 눈을 맞추고, 옹알이를 시작할 때 기회를 놓치지 않고 끊임없이 반응을 보여주었다. 뒤집고, 기어 다니기 시작하면서부터는 발달 단계에 맞는 장난감을 제공해 주었다. 앉고, 붙잡고, 서면서부터 아이는 집안에 있는 모든 것에 호기심을 갖기 시작하였다. 이때 아이들이 좋아하는 서랍, 싱크대, 주방기구 등을 위험하지 않은 범위에서 모두 허용해 주었다.

아이는 장난감보다는 서랍 속에 있는 잡동사니들에 관심이 훨씬 더 많았다. 서랍을 열어 주면 아이는 고맙다는 표시인양 나를 향해 눈을 찡긋하며 웃어주기도 했다. 좀 더 커서는 싱크대 문도 열어주었다. 냄비, 그릇 등 주방기구들을 잘 가지고 놀았다. 이때 주의해야 할 점은 위험한 것은 치우고 가능하면 옆에 같이 있어 주는 것이다.

아이가 좋아하는 놀이를 할 수 있도록 배려하다

3살이 되면서부터는 설거지를 하고 싶어했다. 비닐 옷을 입혀 의

자에 올려놓고 수돗물을 튀기지 않을 정도로 틀어주고 깨지지 않는 그릇을 주면 아이는 정말 행복해하면서 시간을 보냈다. 막기보다는 위험하지 않은 상태에서 아이가 하고 싶어하는 것을 할 수 있도록 기회를 제공하는 것에 신경을 많이 쏟았다.

요사이 엄마들은 아이가 귀찮다는 이유로 어린 나이에 유아원이나 놀이방에 보내는 경우가 많은데 이보다는 아이가 좋아하는 놀이를 할 수 있도록 배려해 주는 것도 괜찮지 않을까 생각한다.

여름이 되면 욕조에 물을 받아놓고 언제든지 들어가 물놀이를 할 수 있도록 물놀이 장난감을 넣어주면 아이는 행복한 시간을 보낼 수 있다. 이때 펌프가 작동하는 것이 다 보여 물이 어떻게 올라오는지를 알 수 있는 투명 펌프, 커다란 플라스틱 주사위, 스펀지 등을 물놀이 장난감으로 제공해 주면 아이는 스스로 다양한 놀이를 했다. 아이들은 어른들이 생각하지도 못하는 놀이를 스스로 만들어 내 놀라기도 한다.

한때는 아이가 아파트 현관에 내려가 노는 것에 관심을 보였다. 이때도 더러우니 내려가지 말라고 말리지 않고 신발을 모두 치우고 비닐 자리를 깔아주었더니 아이 나름대로는 새로운 공간이라고 생각했는지 한동안 잘 놀았다.

아이에게 생각을 표현할 기회를 주어라
장난감을 사줄 때도 항상 염두에 두는 몇 가지 사항이 있었다.

첫째는 가능하면 완제품보다는 블록과 같은 다양한 무엇인가를 만들어 낼 수 있는 것을 사 주었다.

둘째는 남녀 성별을 가리지 않고 장난감을 사 주었다. 딸만 둘을 낳은 나는, 여자가 남자보다 어떤 면이 뒤떨어지느니 하는 그런 이야기를 듣는 것이 제일 싫었다. 태어날 때부터 가지고 나오는 차이는 어쩔 수 없지만 후천적으로 생기게 되는 차이는 없애고 싶었다. 그래서 일반적으로 남아들의 장난감이라고 생각하는 변신 로봇, 자동차, 칼 등의 장난감을 틀을 깨고 다양하게 사 주었다.

또한 아이들에게 많은 백지를 주었고, 색종이, 풀, 가위 등은 항상 곁에 놔두었다. 벽에 커다란 흰 전지를 붙여주기도 하였다.

그리고 싶은 것, 표현하고 싶은 것을 마음껏 표출할 수 있도록 한 것이다. 아이들은 색종이, 가위, 풀로 다양한 것을 창조해 내어 우리를 즐겁게 해주었다. 4살 때쯤에는 색종이로 그럴싸한 사람을 표현해 가지고 와서 놀래기도 했고, 어느 날은 왕관을 만들어 이마에 붙이고 칼을 차고 나타나 우리를 웃기기도 했다.

아이들은 기발한 상상을 가지고 다양한 재료로 그들의 생각을 표현한다고 믿는다. 어지럽혀지는 게 싫기는 했지만 아이에게 자신을 표현할 수 있는 기회를 끊임없이 제공해 주었다. 밀가루 반죽을 할 때면 밀가루 반죽을 떼어주고, 만두나 송편을 만든다고 하면 같이 만들고, 빨래를 갤 때 양말 짝 맞추기도 아이에게는 공부가 될 수 있다. 우리 생활 속에서 아이가 할 수 있는 놀이, 공부는 무궁무진하다고 생각한다.

❖ "이런 유치원이 좋아요"

엄마가 특별히 고른 유치원 신지연

유치원은 6살 때 보냈다. 한글이나 수학을 가르치는 유치원이 아닌 다양한 체험 활동을 제공하는 유치원을 찾았다. 서울에 있었다면 대학 부속 유치원으로 보냈을 것이다. 대학을 다니면서 견학을 자주 가곤 했는데, 그때마다 나중에 아이를 낳으면 부속 유치원을 보내야지 하고 생각했었다.

유치원을 직접 방문하여 원장 선생님을 만나 상담을 하고, 유치원도 둘러봤다. 이 중 가장 적합하다고 생각되는 유치원을 골라 멀지만 보냈다. 영역별 활동을 할 수 있는 공간들이 갖추어져 있는 유치원, 놀이터가 안전하게 꾸며져 있는 유치원, 장난감과 교구와 교재가 노후하지 않고 풍부한 유치원, 일정기간에 한 번씩 교구나 교재를 바꾸어 줄 수 있을 정도의 교육적인 유치원을 찾은 것이다.

한글이나 수학을 완성시켜 주는 주입식 교육을 지향하는 유치원, 공간이 좁은 유치원, 주변 환경이 좋지 않은 유치원은 피했다. 창의성과 다양한 사고를 키워주면서 활동을 제공해 줄 수 있는 유치원을 원했다.

유치원 선정에 공을 들인 것은 아이가 초등학교에 들어가면서부터 주입식 교육을 받게 될 텐데 유치원 때부터 그러한 교육을 받게 하고 싶지 않았기 때문이다.

유치원에서와 같은 창의적이고 다양한 활동이 연계성을 가지고 초중고까지 계속될 수 있으면 하는 게 지금까지의 바램이다.

6. 초등학교 때는 그래도 시간이 있다—초등학교 공부관리

이 시기는 아이들이 처음으로 학교 교육 이라는 틀 안에 놓이는 때이다. 사회생활 의 질서를 익히고, 처음 시험을 치르 기도 한다. 고학년이 되면 벌써부 터 사춘기 티가 나타난다. 교과과 정은 3학년 때부터 지식공부가 시 작되고 4학년 때부터는 사고력을 요 구하면서 어려워진다. 종전에는 사지선다형 문제였으나 2005년부터 서술형 문제가 도입돼 해마다 서술, 논술형 문제 비율이 높아지고 있다. 여기서부터 엄마들의 고민이 시작된다.

하지만 초등학교 때는 초중고 중 가장 시간이 많이 나는 때이기도 하다. 이때 아이들에게 다양한 경험을 쌓게 하는 등 멀리 내다보는 관리를 시작해야 한다고 특목고, 명문대에 보낸 엄마들은 강조한다.

아이를 서울대 법대와 치의예과에 보낸 정병희 씨는 "무엇보다 아 이의 학교생활을 즐겁게 해 주는 일이 가장 중요하다"고 했고, 김금 남 씨는 "다양한 체험활동으로 아이가 무엇을 좋아하는지, 무엇을 할 수 있는지 탐색해야 한다"고 했다. 두 아이를 한양대 의대와 고려대 법대에 보낸 정연덕 씨는 "폭넓은 독서를 통해 전인교육의 바탕을 습득하도록 해야 한다"고 강조했고, 박석희 씨는 "초등학교 4학년부터는 교과과정이 어려워지기 때문에 공부관리가 필요하다"고 했다.

초등학교 공부와 명문대 진학의 상관관계

특목고와 SKY대학에 아이를 보낸 엄마들을 대상으로 명문대 진학에서 초등학교 때 공부의 중요성을 물었다. 결과는 "중요하다"와 "그다지 중요하지 않다"는 의견이 각각 35%로 같게 나타났다. "보통"이라는 응답은 30%였다.

이들 엄마들의 경험칙상 초등학교 때 공부가 명문대 진학에 중요할 수도 있고, 중요하지 않을 수도 있다는 의미로 해석된다. 그렇다면 어떤 의견에 한 표를 던질 것인가? 선택은 엄마의 몫이다.

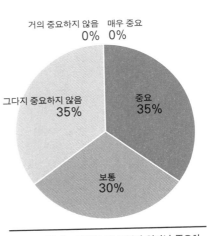

명문대 진학에 초등학교 때 공부가 얼마나 중요하다고 생각하나요?

점수보다는 스스로 해결하는 바탕을 만들어주라

정병희 씨는 초등학생을 둔 엄마 역할로 "아이가 학교를 즐거워하도

록, 친구를 좋아하도록 해야 하고, 자신감을 키워주어야 한다"고 강조
했다. 성적은 항상 상위권을 유지하도록 관리하고 시간이 많은 만큼
많이 데리고 다니면서 견문을 넓혀주고, 예체능을 미리 시키라고 제
안했다. 어렸을 때 해본 것들은 나중에도 잘한다는 게 그의 지론이다.

그는 중학교 교사 시절을 되돌아보면, 초등학교 때 잘하던 아이들
이 중학교에 올라와서 갈수록 못하는 경향이 있다면서 초등학교 때
는 점수에 신경 쓰지 말고 자기 능력으로 학교생활을 해 나가도록 관
리해 주어야 중학교에서 자립심이 생긴다고 했다.

첫째를 고려대 법대에 보낸 김금남 씨는 이 시기에는 당장 100점이
냐, 아니냐가 중요한 것이 아니라 스스로 문제를 해결해 나갈 바탕을
형성하는 일이 더 중요하다고 말했다. 점수보다는 아이가 엄마나 다
른 것에 의존하지 않도록 애를 썼다. 예를 들면 문제집도 스스로 사 달
라고 할 때에만 사 주었고, 월간 학습지를 제대로 하지 못했을 때는 그
다음 달 것을 사 주지 않았다. 이 때문에 아이는 오히려 다음부터는
잘해볼 테니 사 달라고 조르기까지 했다. 공부란 부모나 다른 사람이
원해서 하는 것이 아니라 스스로 해야 하는 것임을 가르친 셈이다.

김 씨는 또 아이들을 교과목 보충을 위한 학원에 보내지 않았다.
아이들이 아직은 놀아야 할 시기라고 판단하여 학교공부를 반복하
는 학원에 보내지 않았던 것이다. 무엇보다 공부가 강박이 되어서는
안 된다는 게 그의 생각이다. 주변에서 많은 아이들이 학원에 다녔
지만 그 아이들이 모두 공부를 잘하는 것은 아니기 때문에 학원 수

업에 크게 의미를 부여하지 않았다.

공부 외에 해줄 수 있는 것은 모두 시켜라

김금남 씨는 아이들을 데리고 서점에 자주 갔을 뿐 아니라 음악회
나 전시회 혹은 발레를 보러 가기도 했다. 특히 책에 나오는 내용들이
자연스럽게 익혀지도록 그와 관련된 정보나 장소를 자주 찾곤 했다.

방학 때는 논리교실, 과학실험, 천체관측 프로그램에 참여시켰다.
아이가 천체에 특별한 관심을 보여 여름방학과 겨울방학에는 꼭 별
자리캠프를 보냈다. 관측 외에도 여러 가지 프로그램이 짜여 있어
아이가 즐거워하였다. 어린이회관에서 방학특강으로 하는 논리교
실도 아이가 좋아한 프로그램이었다. 특강이 끝나자 담당 강사는 아
이에게 좀 더 심화된 공부를 권하였지만 엄마는 당시 어디에서 그런
계통의 공부를 할 수 있는지 알지 못해 체계적으로 공부할 수 있는
기회를 놓친 적도 있었다.

"우리는 기본적으로 아이가 스스로를 '재능 있는 아이'보다는 '행
복한 아이'로 느끼기를 바랐어요. 그래서 아이가 무엇에 관심을 보
이는지 주목했어요."

박물관이나 미술관에서 아이는 책에서 본 것들을 직접 대하면서
신기해하곤 하였는데, 이때도 다리가 아프거나 너무 어려워서 지루
하다고 하면 억지로 계속 보게 하지 않았다. 중요한 것은 부모 스스
로가 흥미를 느껴야 아이에게도 흥미가 느껴진다는 사실이라고 했

다. 예를 들면 "어, 저 칼은 책에서 본 이순신 장군의 칼이네. 생각보다 큰 것 같지? 무거워서 어떻게 차고 다녔을까? 그럼 이순신 장군은 거인이었을까?" 등으로 함께 대화를 나눔으로써 아이가 박물관을 어렵게 느끼지 않도록 하였다.

첫째가 서울대 경제과에 다니는 조옥남 씨는 볼쇼이 등 세계적인 공연단의 내한 공연에 종종 데리고 다녔다. 간혹은 후미진 곳에 앉아 관람할 수밖에 없어 미안하기도 했지만 아이는 지금도 그때의 추억을 잊지 못한다. 조금 부담은 되었지만 주중에도 체험학습 프로그램에 참여시켰다. 특히 대덕연구단지 탐방은 수업을 빼먹고 몇 차례 갔을 만큼 아이가 대단한 흥미와 호기심을 보인 프로그램이었다. 둘째는 그런 것들에 고무돼 과학고에 진학했다.

악기를 꾸준히 만지게 하라! 초등학교 때 해둔 예체능 활동은 언젠가 크게 써먹는다. 공부 잘 시킨 엄마들의 공통점 중 하나다. 박석희 씨는 첫째가 유아 때부터 피아노를 시작해 초등학교 때도 계속 이어나갔다. 아이는 피아노를 잘 치니까 학교에서 돋보였고 자신감이 생겨 반에서 회장 등의 직책을 맡았다.

신지연 씨는 연세대 의대에 다니는 큰아이에게는 피아노를, 서울대 공대에 다니는 작은아이에게는 바이올린을 매일 시켰다. 중간에 미국에 잠깐 갔던 때를 빼고는 중학교 갈 때까지 계속 시켰다. 큰아이는 본인이 원해 중학교에 가서도 계속하였다.

"음악을 하는 사람들이 영어를 잘한다는 말을 들은 적이 있어요.

우리 아이들도 악기를 꾸준히 한 것이 도움이 되지 않았을까 생각한 적이 있었어요. 아이들이 영어 듣기를 유난히 잘해요. 두 아이가 토익시험을 봤는데 듣기 점수가 매우 높게 나왔어요. 특히 큰아이의 경우 만점에 가까운 점수가 나와 대학 입학에 큰 도움을 받았죠. 특별히 듣기 훈련을 따로 시키지는 않았어요."

신씨는 "공부는 서로 다른 과목과도 연계성을 가지고 영향을 미친다"면서 "아이들이 다 큰 지금 와서 생각해 보면 책읽기, 내신, 경시, 수능 등 모든 공부가 다 따로따로 진행되는 것이 아니라 서로서로 도움을 주면서 지식이라는 그물을 촘촘히 엮어가는 것이 아닌가 하는 생각이 든다"고 말했다.

첫째가 KAIST, 둘째가 서울대에 다니는 김현숙 씨는 두 아이가 초등학교를 졸업할 때까지는 교과목 학원에는 보내지 않는 대신 피아노, 미술, 태권도, 바둑, 서예 등을 시켰다. 정적인 둘째에게는 서예, 바둑 등을 시켰는데 이것들이 집중력을 키우는 데 좋았다고 했다. 특히 피아노는 "악보라도 보라"며 싫다는 것을 우겨서 6년간 시켰는데, 중학교에 가서 악기 다루는 것이 가창에는 도움이 되지 않아도 내신에 크게 도움이 되었다고 했다.

조옥남 씨는 아이들에게 피아노는 기본으로 시키고 과외로 단소를 배우게 했다. 구청 문화회관에서 1주일에 1번 운영하는 단소교실이었지만 1~2년 동안 꾸준히 하다보니 궁중아악까지 배울 정도가 되었다. 아이들은 중·고등학교 시절 단소로 좋은 점수를 받았다. 특히 첫째의 실력에는 고등학교 음악선생님조차도 감탄을 금치 못했다. 활동적인 둘째는 사물놀이를 시켰다. 공부로 쌓이는 스트레스를 해소하는 데 많은 도움이 된 것 같다고 했다.

초등학교 공부 기초 다지기

초등학교 때 잘하던 아이들이 중학교 들어가서 시험 칠 때마다 성적이 떨어지는 경우가 더러 있다. 이런 경우는 엄마가 답을 가르쳐주어 왔던 교육방식에 기인한다는 게 중학교에서 아이들을 가르쳤던 정병희 씨의 경험담이다. 물고기 잡는 방법을 가르쳐주지 않고 물고기를 준 경우인 셈이다.

"엄마가 근시안적인 관점으로 당장의 결과에 치중한 나머지 답을 가르쳐주는 경우가 있어요. 그런 아이들은 중학교 때부터 성적이 크게 떨어지고 기가 죽는 것을 많이 봤어요."

정 씨는 살아남으려면 본인이 노력하도록 관리해야 한다고 강조했다. 아니면 엄마가 계속 시험 때마다 끼고 가르쳐야 하는데, 학습과정이 어려워지면 엄마의 능력에도 한계가 있게 마련이라는 것이다.

초등학교 3학년 때부터 관리가 필요해진다

초등학교 2학년 때까지는 아이들이 학교에 즐겁게 다니면서 공부에 맛을 들이는 시기라고 할 수 있다. 그저 가방만 메고 신나게 재잘

대면서 학교에 오가면 된다. 교과활동도 국어, 수학과 바른생활, 슬기로운생활, 즐거운생활로 되어 있다.

그러나 3학년 때부터는 지식공부가 시작된다. 교과활동이 세분화 되면서 바른생활, 슬기로운생활, 즐거운생활이 각각 도덕, 사회, 과학, 음악, 영어, 미술, 체육 등으로 나뉘고 영어가 추가된다. 엄마들이 달라진 교과 과목을 주의 깊게 살펴보아야 할 때이다.

4학년이 되면 조금 더 어려워진다. 단순한 암기만으로는 힘들고 사고력이 필요해진다. 3학년 때까지 별다른 준비 없이 교과과정을 따라왔던 아이들이라면 당황하게 된다. 엄마의 관리가 필요해지는 시기이다. 이미 학교에서는 서술, 논술형 문제들이 출제되고 있다. 서술, 논술형 문제비율이 50%를 넘어선 학교도 있다. 서술, 논술형 문제 비율은 날로 확대 추세이다.

"저학년 때는 학교에서 보는 시험 같은 것으로 애들한테 스트레스를 주면 안 된다고 생각하고 신경을 안 썼죠. 그래서 초등학교 3학년 까지는 피아노, 미술, 운동 중심으로 시키고 책을 읽게 하면서 자유롭게 놔두었어요."

첫째가 2006년 고려대에 입학한 박석희 씨는 저학년 때는 기본적인 것만 하면 된다 싶어 영어, 수학, 책읽기를 주로 했다며 영어는 학습지, 수학은 2학년 때부터 문제집을 사서 아이와 같이 풀었다.

그러던 박 씨는 4학년부터 본격적인 관리에 나섰다. 영어, 수학을 중심으로 학원에 다니게 하는 한편 공부습관 들이기, 부모와 친해지기, 신앙심 갖게 도와주기, 올바른 가치관 심어주기 등을 중점적으로 해 나갔다. 공부할 과목과 학원을 선택해서 보내고, 숙제를 확인해 주고, 학습 수준을 체크해 조절해 주었다.

꾸준한 공부가 저력 있는 공부의 힘이다

김현숙 씨의 경우 연년생인 아이들에게 문제집을 골라 사 주면 본인들이 계획해서 하루 공부량을 소화해 내게 했다. 그런 모습을 보면서 엄마는 학습에 대한 가능성을 믿게 되었다. 물론 당시에는 학교에서 평가시험이 없었던 관계로 객관적인 테스트가 이뤄지지 않아 엄마는 마음속으로 늘 부족하게 느꼈다. 아이들은 꾸준히 문제집을 풀면서 나름대로 공부방식을 터득해 갔다.

이미경 씨는 중앙대 의대에 다니는 첫째의 경우 선행학습이나 사교육을 무시하고 엄마랑 같이 어려운 문제집을 매일 풀어 저력을 다졌고, 신지연 씨 아이들은 휴가를 갈 때도 공부거리를 가져갔다. 꾸준히 하는 공부의 위력을 알고 있는 엄마들의 노하우이다.

이들 엄마들은 방학을 요긴하게 활용했다. 특히 수학은 다음 학기 공부를 미리 해두면 효험이 있다는 게 공통된 의견이다.

정병희 씨 집에서는 아빠가 수련장으로 선행학습을 시키다 어린 애한테 미리 가르치는 게 소용이 없다며 포기한 다음부터는 방학 때 다음 학기 내용을 확실히 가르쳤다. 조옥남 씨는 방학이면 다음 학기 수학문제집 기본편을 사서 먼저 공부시킨 뒤 그 다음 단계 문제집으로 2권 정도 풀게 했다.

김현숙 씨는 3학년부터 학기 중에 국어, 과학, 사회, 한자 문제집 한 권씩을 풀게 하면서 수학은 조금 쉬운 것과 그보다 어려운 A급 등 2권을 풀게 했다. 수학은 방학이 되면 지난 학기 〈총정리〉를 사다가 찢어가면서 풀게 했다. 아이들은 나름대로 복습을 완벽하게 해내고 다음 학기를 준비했다.

일기, 독후감은 부모가 관리해주라

논리적인 사고, 글쓰기와 정확한 표현 등 넓은 의미의 국어 관리는 무엇보다도 부모들의 몫이다. 아이들과 가장 가까운 거리에 있고, 누구보다도 잘 알기 때문에 쉽게 관리할 수 있다.

"아이들이 써놓은 일기나 독후감은 꼭 읽어보았어요. 틀린 철자법이 있으면 고쳐주고, 잘못된 표현이나 어색한 문장은 아이에게 어떠한 이야기를 표현하고자 한 것인지 설명하게 한 뒤 다시 고쳐 쓰게 했지요."

신지연 씨는 초등학교에서 실시하는 독후감, 일기 쓰기 등을 열심히 도와주고 지도한 것은 학교 교육을 소중하게 여겼기 때문이라고 했다.

이 중에서도 일기 쓰기는 논리적인 사고와 글쓰기에 직결된다. 뿐만 아니라 아이의 성장과 주변 환경을 이해하는 좋은 자료이기 때문에 엄마들이 놓쳐서는 안 된다. 정연덕 씨는 취학 후 아이의 두뇌발달을 위해 부모가 집에서 도움을 줄 수 있는 방법은 여러 가지가 있겠지만 무엇보다 일기 쓰기 지도를 권했다.

대학입시가 아이의 인생을 결정하게 되는 현실에서 일기는 자신의 생각을 논리적으로 표현하는 글쓰기의 기초로 꾸준히 그 양을 늘려 쓰다 보면 에세이, 토론, 논술의 확실한 기본훈련이 된다는 것이다. 하지만 강제적인 방법은 피하고 부모도 독서, 글쓰기의 모습을 같이 보여주는 동참 자세가 필요하다는 게 그의 해법이다.

SKY대학에 아이를 합격시킨 엄마들은 대부분 아이들 일기 쓰기를 직접 돌봐주었다. 정병희 씨의 경우는 엄마보다는 아빠가 많이 돌봐주었다. 아빠가 아이들이 쓴 일기를 찬찬히 살펴본 뒤 부족한 부분은 구체적으로 지적해 주고 다시 써 오라고 했다. 어릴 때 교육은 주로 아빠가 맡아서 했다.

김금남 씨는 어릴 때부터 일기를 꼼꼼하게 봐주었는데, 아이의 항의로 방식을 바꾸었다. 엄마가 맞춤법 등을 지도해 주던 어느 날 아이가 이런 지적이 싫었던지 "그럼, 일기장 보지 마"라고 했다. 그 뒤부터는 그런 사소한 부분을 고쳐주는 게 아니라 크게 내용을 지도했다. 일기 관리를 해주면 아이가 무슨 생각을 하는지 알 수 있어 큰 도움이 되었다고 김씨는 말했다.

조옥남 씨는 일기 쓰기를 처음 지도할 때는 아이의 생각을 이끌어내서 정리하여 불러주었다. 느낌도 단순히 좋았다, 기뻤다는 말 대신 그 당시 아이의 감정에 꼭 들어맞을 만한 단어를 열거해 줘서 아이가 고르게 했다. 조 씨는 그렇게 1학기 동안 지도하고 나면 2학기부터는 혼자서도 일기를 곧잘 쓰게 된다고 말했다.

초등학교 때 사교육은 어느 정도 필요한가

특목고나 SKY대학에 아이를 보낸 엄마들에게 명문대 진학에 초등학교 때 사교육이 어느 정도 필요한지 물었다. "필요하다"는 의견이 65%, "보통" 35%였다. "필요하지 않다"고 응답한 사람은 아무도 없었다. 명문대 진학에 초등학교 공부가 중요하지 않다는 의견을 보였던 엄마들조차도 사교육의 필요성을 부인하지 않으니 초등학교 때부터 사교육은 불가피한 선택이 되는 셈이다.

그렇다면 이들 엄마들은 초등학교 때 사교육이 반드시 필요한 과목으로 무엇을 꼽았을까? "영어"라는 응답이 64%로 단연 많았다. 다음이 "수학"으로 32%, "국어"는 4%였다. 사교육이 필요하다는 공통점에도 불구하고 시기나 방법에서는 엄마들 간에는 생각이 달랐다.

박석희 씨의 경우 초등학교 2학년 때부터 아이와 수학 문제집을 같이 풀었으나 5학년 초 한계를 느껴 전문학원에 보냈다. 고학년이 되자 쉬운 문제집은 괜찮은데, 어려운 문제집은 아이가 알아듣게끔

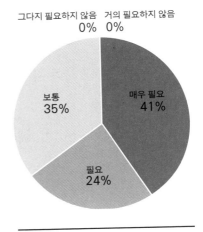

명문대 진학에 초등학교 때 사교육이 얼마나 필요하다고 생각하나요?

설명하지 못할 정도가 돼 학원에 보내지 않을 수 없었다는 것이다.

"학원에 보내니까 확실히 문제 푸는 능력이 늘었어요. 원장선생님을 잘 만나서 수학에 많은 자신감을 가지게 되었어요. 중1 때까지 한 2년 다녔는데 효과를 톡톡히 본 셈이죠."

국어는 시험 걱정 말고 책을 많이 읽혀라

조옥남 씨는 아이들이 책을 많이 읽으면 특별히 국어 시험 걱정은 하지 않아도 된다면서 그래도 시험 준비가 필요하다면 아이들에게 학교에서 배운 내용을 복습토록 하는 한편 참고서를 많이 보게 하라고 권했다. 참고서에는 학교에서 배우지 않는 내용까지 자세하게 나와 있어 참고 도서로 적극 활용하라는 것이었다.

"아이가 꼭 국어 100점을 받기를 원한다면 출판사가 서로 다른 참고서를 두 권 준비하세요. 아이가 두 권을 다 소화하기 힘들면 엄마가 두 권을 비교해 가며 서로 빠진 내용을 한 권에 보충하여 주면 많은 도움이 됩니다."

조 씨는 아이가 "이것도 해야 되느냐?"고 짜증을 부리면 컵에 물을 채우는 비유로 답해 주었다. "컵에 물을 가득 채우려면 그 컵에 들어갈 양보다 더 많은 양의 물을 준비하여야지, 똑 같은 양의 물을 준비하면 가득 채우지 못할 수도 있다."

고학년 때는 본격적인 독후활동을 시작해도 좋다

"독서활동은 아이들의 사고를 깊게 해주는 자양분이라 할 수 있어요. 중학생만 되어도 책 읽을 시간이 줄어듭니다. 특히 대학입시에서 논술 비중이 확대되면서 초등학교 때부터 체계적인 독서활동의 토대가 마련돼야 하는 현실이 되었어요."

큰아이가 초등학교 다닐 때 독서카드를 만들게 하고 엄마, 아빠와 일주일에 한 번씩 책에 대해 이야기하는 시간을 마련했다는 정연덕 씨는 고학년 때부터 중학교 때까지 관심 있는 엄마들과 팀을 짜 읽고 쓰기 그룹을 만들어 주었다.

초등학교 3~4학년부터는 일기 쓰기, 위인전 읽기 등을 가정에서 본격적으로 도와주고 5~6학년이 되면 그룹으로 또는 학원에서 독서, 토론, 논술의 기초를 익히는 게 좋다는 해법이다.

그가 고학년 때부터 시작해야 한다고 강조하는 독후활동은 아이가 책을 읽고 자신의 생각을 글과 말로 표현할 수 있도록 하는 활동이다. 팀을 이뤄 시켰는데 수학도 그 팀 아이들과 같이 했다. 정 씨는 그 팀 아이들이 입시에서 좋은 성적을 거둔 것을 보면 수업시간에 그 내용을 다 흡수하고, 질문을 많이 했던 기억이 난다고 했다.

박석희 씨도 첫째가 초등학생일 때 논술공부를 시켰다. 미리 준비해 두는 게 좋겠다는 생각에 다른 엄마들을 설득해서 그룹 과외를 시작했다.

조옥남 씨는 아이들의 독서지도와 독후활동을 위해 아예 독서지도사 자격증을 취득했다. 원고지 쓰는 법, 제목 다는 법, 내용과 느낌 정리하기, 문장 깔끔하게 쓰기 등 아이가 쓴 독후감에 항상 관심을 보이며 직접 지도하였다.

독후활동으로 가족신문 만들기, 가족문집 만들기, 친구와 그룹으로 문집 만들기를 하면서 아이들에게 글짓기 지도뿐만 아니라 성취의욕도 고취시켰다. 별도의 논술공부가 어렵다면 책읽기와 깊이 있는 대화로도 웬만큼은 커버할 수 있다는 게 그의 생각이다.

수학은 학습 성취욕에 가장 큰 영향을 끼친다

정연덕 씨는 초등학교 수학의 기본은 논리적 사고력 발달이라면서 흥미를 잃지 않고 답을 구하는 지구력과 인내력을 동시에 길러 주어야 한다고 말했다. 학교에서 배운 부분을 완전히 이해하고, 원리를 응용하는 능력을 길러 주어야 한다는 것이다.

그런데 전공이 아닌 엄마가 아이들에게 문제집만 강제적으로 풀게 할 경우 오히려 수학에 흥미를 잃게 하는 어리석음을 범할 수 있기에 소수 그룹 지도형태의 사교육이 바람직하다는 게 그의 생각이다.

전문가와의 상담을 통해 아이가 수학 쪽에 관심과 능력을 보일 경우 지속적 지도와 상담을 구하면서 늘 하루 1~5문제 풀기 등의 목표를 정하고 성취욕을 유도하는 것이 중요하다고 강조했다.

그는 작은아이가 4학년 때 강남에서 공부 많이 시키기로 유명한 수학경시대회 전문학원에 보냈다가 아이가 그런 분위기를 못 견뎌해 1년 정도 후에 그만두기도 했다.

학습지건 문제집이건 엄마가 관리해 주라

SKY대학에 아이를 합격시킨 엄마들은 대개 아이들과 함께 수학 문제집을 풀었다. 심화된 공부를 원하거나 아이의 적성을 발견해 보려는 엄마들은 수학 전문학원에 보내기도 했다.

아이와 함께 문제집을 푼 엄마들은 대개 2종류의 문제집을 준비했다. 하나는 쉬운 것, 다른 하나는 다소 어려운 문제집이었다. 교과학습과 심화학습의 두 마리 토끼를 잡는 방식이다. 물론 엄마의 관리가 없으면 문제집이 아무리 많아도 소용없음은 자명하다. 어릴 때부터 수학에 흥미를 가지게 하는 것도 엄마의 몫이다.

신지연 씨는 아이가 수학 문제집을 풀 때 문제집 귀퉁이나 연습장에 풀게 하지 않고 스프링이 달린 두꺼운 공책을 준비시켰다. 공책을 반 접어 모든 문제를 학교 수업시간에 필기하는 정도로 깨끗하게 풀게 했다. 아이가 풀어 놓으면 엄마가 직접 채점해 나가면서 빨간 볼펜으로 틀린 부분은 체크해 놓았다.

다음 단원을 풀기 전에 전날 풀어 놓은 것 중에 틀린 것을 설명해 주고 다시 풀게 한 후, 다음 단원을 나가게 했다. 아이들은 한 번 틀리거나, 잘못 이해되었던 부분에서 다시 틀리는 경우가 많았으므로 시험보기 전에는 시험범위에서 틀린 문제만 다시 풀게 했다. 많은 문제집보다는 2~3권 정도를 확실하게 소화하도록 했다.

수학 문제집의 경우 수준별로 나와 있어 처음 개념을 가르칠 때는 개념 설명이 많고 비교적 쉬운 문제집을 골라 기본 개념을 확실하게 다지게 했다. 그런 다음 수준이 높은 단계의 문제집을 순차적으로 풀게 하고, 시험 보기 전에는 쉬운 문제집은 다시 풀지 않고 다음 단계의 문제집에서 틀린 것만 다시 풀어 시험에 대비시켰다.

조옥남 씨는 응용력이나 창의력을 키워주기 위해 다양한 문제집을 선택해서 풀게 하였다. 이때 중요한 건 아이에게만 맡겨두어서는 안 되고 반드시 엄마의 확인이 필요하다고 강조했다. 다 푼 문제를 채점하여 틀린 것은 아이에게 다시 풀 기회를 주고, 그래도 틀리는 문제는 엄마가 가르쳐 주었다. 이런 과정이 쌓이면서 아이의 수학실력은 늘어났다.

"엄마가 직접 가르치는 건 결코 쉬운 일이 아니에요. 감정이 먼저 앞서 소리를 지르거나 손이 올라가기 쉽죠. 또 학년이 올라갈수록 실력이 달리게 되고요."

그는 아이가 학교에 간 사이에 문제를 채점하고 모르는 문제는 참고서를 봐가며 연구했다. 해답을 봐서도 모르는 문제는 출판사에 전화로 풀이과정을 물어보았다가 아이에게 가르쳤다.

그는 보통 초등학교 4학년 때 수학을 포기하는 아이들이 나온다면서 이는 전적으로 부모 잘못이라고 했다. 부모가 집에서 조금만 관심을 가지고 아이와 함께 수학문제를 풀어본다면 이런 현상은 생기지 않는다는 것이다.

수학은 학습의 가장 기본적인 분야이고 두고두고 아이들의 학습 성취욕에 영향을 주는 과목이므로 결코 소홀히 하면 안 된다고 했다. 그는 아이들에게 항상 "수학은 네 자존심이다"고 말했다.

글로벌시대 영어를 목표로 준비시켜라

교육인적자원부는 글로벌시대를 맞아 조기 영어 교육의 필요성이 커짐에 따라 현재 초등학교 3학년부터 하고 있는 영어교육을 2008년부터 1학년으로 앞당기는 방안을 추진한다고 발표했다. 조기영어교육 연구학교를 2008년 상반기까지 운영한 후 그 결과와 국민의견 수렴을 통해 초등 1, 2학년 영어교육의 전면 실시 여부를 결정한다는 방침이다.

초등학교 영어로 전국이 후끈하다. 초등학교 원어민 영어교실이 시군 단위까지 크게 늘었다. 각 지방자치단체가 영어 체험마을을 앞다투어 만들고 있다. 영어 열기는 도를 더해 가고 있다. 영어는 초등학생을 둔 엄마들이 사교육이 필요한 과목 1순위로 압도적으로 꼽았을 정도로 가장 고민하고 있는 과목이다.

길게 내다보고 흥미를 놓치지 않게 하라

SKY대학에 아이를 합격시킨 엄마들의 초등학교 때 영어 관리방식은 편차가 컸다. 별다른 관리를 하지 않은 경우에서 전문학원에 보낸 경우까지 다양했다. 이처럼 차이가 많이 나는 것은 지금처럼 영어에 목매달지는 않았던 시절이었기 때문이다.

엄마들이 공통적으로 해온 가장 기초적인 관리는 비디오테이프 보여주기, 테이프 열심히 따라하기, 스토리 북 읽히기, 영어 학습지 정도였다. 비법이라고 하기에는 보통 엄마들이 대부분 해오는 것들이다. 이런 것들이라 하더라도 엄마 혼자 체계적으로 공부를 시키기는 어렵다. 전문학원을 찾는 이유다. 분명한 것은 학습지를 시키든, 아니면 학원에 보내든 끈질기게 영어를 붙들어야 성공할 수 있었다는 사실이다.

신지연 씨는 아이가 초등학교 2학년 때 영어회화만을 목적으로 외국인이 가르치는 전문학원에 보냈다. 그는 유치부 영어수업을 직접 보고 너무 어릴 때 영어는 잘 흡수되지 않는다고 결론을 내렸다. 모국어에 대한 어휘가 어느 정도 형성된 뒤에 영어를 시작하는 게 효율적이라고 판단했다. 하루 종일 두 개의 언어를 접할 수 있는 환경이 아닌 상태에서 학원 다니는 것으로만 영어교육이 끝난다면 좋은 효과를 보기 어렵다고 본 것이다.

그는 아무것도 모르는 아이를 학원에 보내 놓고는 학원 복도에서 수업내용을 적은 다음 집에 돌아와 반복학습을 시켰다. 예습과 복습을 철저히 챙기고 과제물 준비도 소홀히 하지 않은 결과 아이는 쉽게 더 높은 단계로 올라갔다. 초등학교 2학년부터 영어회화와 주니어토플에 주력한 그의 공부법은 틀리지 않아 첫째가 영어대회 수상 등의 경력으로 연세대 의대에 합격했다.

정연덕 씨가 전해주는 서울 강남의 영어교육 현장은 지나치다고 할 만큼 빠르게 움직이고 있다. 이곳에서 영어는 초등학교 기본과목처럼 되어 있으며 취학 전 아동까지도 외국어로 수업하는 유치원에서 체계적으로 진행하는 교육에 앞 다투어 참여하고 있을 정도로 영어 열기는 뜨겁다.

그는 강남에서는 늦어도 초등학교 4학년 때까지 기초영문법을, 초등학교 6학년 때까지 문법을 끝내고 있는데, 아이들의 지적 호기심 내지 수용력은 충분히 소화시키고도 남는다고 했다. 그런 아이들은 초등학교 시절에 영어를 원어민과 흡사하게 구사하는 예가 얼마든지 있으며, 외국어연수를 위해 해외로 나가지 않고서도 비디오테이프, 원어민 수업 등을 통해 충분히 영어교육이 가능하다는 것이다.

정 씨는 외국어 교육은 초등학교 시기에 개인차를 고려하여 시키는 게 바람직하다는 의견을 내놓았다. 영문학을 전공한 정연덕 씨는 아이들이 중학교 다닐 때까지 품앗이로 영어를 직접 가르친 과외선생님이기도 했다.

김현숙 씨의 경우 초등학교 2학년 때부터 영어학습지를 시작했다. 3학년부터 영어 수업이 시작되니까 알파벳 정도는 알고 가야 한다는 생각에서였다. 하나라도 더 알게 해주려는 선생님 밑에서 아이들은 즐겁게 열심히 영어공부를 했다. 그날그날 해야 할 분량을 정해 놓으면 아이들은 모두 다 소화해 내 실력이 크게 늘었다. 두 아이 모두 초등학교 때는 학습지가 전부였으나 영어가 부족하다고 느껴져 둘째는 초등학교 6학년 때 조금 잘 가르친다는 동네 영어 전문학원에 보냈다.

조옥남 씨는 막내를 초등학교 2학년 때부터 영어학원에 보냈다. 첫째가 영어학원 한 번 다니지 않고도 수능영어 시험에서 만점을 받았지만 수능영어 수준의 영어로는 글로벌시대에 부족하다는 것을 잘 알기 때문이다. 둘째와 셋째에게 초등학교 때 특별히 영어공부를 시키지 않았던 점도 늘 마음에 걸렸다.

막내가 처음 등록한 학원은 하루에 단어 20개씩을 외우게 하는 스파르타식 학원이었다. 아이는 고등학생도 모르는 단어를 외운다고 낑낑거릴 때도 있었다. 그 결과 아이는 단어 외우는 것을 너무 힘들어하면서 학원에 가는 것 자체를 두려워했다. 엄마는 아이가 지나치게 스트레스를 받자 집 근처 학원으로 바꿨다.

시간적 여유가 없다면 모르겠지만 아직 시간이 넉넉하고, 또한 무리한 학습으로 영어에 흥미를 잃으면 아무 소용이 없다고 판단했기 때문이다. 그 이후로 아이는 학원 갈 시간이 되면 군말 없이 챙겨 학원으로 간다. 학급 친구가 영어로 일기를 쓴다는 이야기를 듣고는 어설픈 시도를 하는 모습을 보면서 영어에 흥미를 잃지 않아 다행이라고 생각한다.

❖두 아이 외국어고 보낸 엄마의 초등학교 영어 공부관리

"초등학교 2학년 때부터 '맛보기 영어'로 학습지 영어를 시작했어요. 그러다 3학년 말부터 본격적으로 영어학원에 보냈죠. 같은 교회 엄마한테서 소개받았는데, 학원을 잘 선택했어요."

박석희 씨는 학원에 등록하기 전 미리 가서 이야기를 들어본 뒤 아이를 한두 번 정도 보내는 탐색과정을 거쳤다. 말만 들어서는 학원이 어떤지 모르므로 아이의 반응을 체크한 뒤 괜찮다고 판단이 서면 쭉 보내는 스타일이었다. 큰애는 학원에 처음 갔다 온 뒤 만족했다.

반면 작은애는 언니보다 한 해 빠른 2학년 때 같은 학원에 등록했으나 너무 힘들어해 2개월 만에 그만두었다. 그러다가 4학년 때 다시 등록했다. 첫째와는 달리 둘째는 자신감 있게 혼자 공부하는 성격이 아니어서 엄마가 따라붙었다.

"엄마도 많이 공부했어요. 영어를 열 번 들어야 한다면 열 번 듣게 하고, 복습을 꼭 시켰어요. 들으면서 영어를 해석하도록 시키고, 엄마가 우리말로 하면 아이가 영작을 하는 일도 반복했어요. 이렇게 하니 나중엔 책을 아주 통째로 외우더라고요."

박 씨는 이 방식으로 2년 조금 넘게 초등학교 6학년 때까지 공부하니까 영어 실력이 확 늘었다고 했다.

직접 해보는 과학실험처럼 잘 기억되는 것은 없다

과학 과목은 우선 학교에서 커리큘럼과 실험자재가 부족하기 때문에 아이들이 쉽게 익히기가 어렵고 집에서도 독자적으로 돌봐주기가 힘들어 엄마들이 대개 팽개쳐 놓기 쉽다. 과학 과목까지 신경 쓴 엄마들은 집에서 가능한 것은 직접 같이 연구하거나 과학 전문학원에 보내기도 했다.

머리 맞대고 연구하면 과학도 즐거운 추억

"직접 해보고, 길러 본 것에 대해서는 깊게 각인이 되어 있어서인지 시험에서도 문제없이 잘 해결했어요."

두 자매를 연세대 의대와 서울대 공대에 보낸 신지연 씨는 초등학교 교과과정에 나오는 실험 중 집에서 가능하고 아이들이 해보고 싶어하는 것들을 직접 해보게 했다. 특히 방학과제로 탐구생활에 나오는 실험들은 거의 다 아이들이 직접 했다. 직접 해보는 것만큼 잘 기억되는 것은 없다는 게 그의 지론이다.

개구리 알을 구해 와서 개구리로 키워 계곡에 놓아 준 적도 있고, 교과서에 나오는 검정말, 나사말 등을 구하러 계곡과 개천을 비 오는 날 뒤진 적도 있었다. 아이들은 그때의 기억을 매우 소중하게 잘 간직한다고 했다.

조옥남 씨는 큰아이 때 과학을 직접 가르쳤다. 아이가 어려워하는 부분은 엄마가 전과를 보고 이해한 다음 아이에게 가르쳐 주었다. 전과에는 교과서와 관련된 내용들이 상세하게 기술되어 있고, 과학 실험에 관한 것도 자세히 서술되어 있기 때문이었다. 관찰이나 실험도 집에서 할 수 있는 건 함께 하였다.

문제집을 채점하다가 틀린 부분은 엄마가 공부해서 가르쳐주기도 했지만, 바쁘거나 좀 더 긴 설명이 필요할 때는 참고서의 해당되는 부분에 밑줄을 그어놓고 틀린 문제 옆에 참고서의 몇 페이지를 꼭 읽어보라고 기록해 놓았다. 과학관에도 자주 데리고 다니면서 과학 기자재를 직접 조작하고 만져보고 느낄 수 있게 해주었고, 방학이면 과학캠프에 보내 아이가 다양한 활동을 체험토록 했다. 둘째가 천체 망원경을 사달라고 오랫동안 졸랐는데, 사주지 못한 것을 지금도 후회하고 있다.

김금남 씨는 아이의 과학적 호기심을 키워주려 주 1회 집으로 오는 가정방문 과학교사에게 배우도록 했다. 집에서 일일이 실험도구를 장만하기가 어려웠기 때문이었다. 그러나 저학년이 소화하기에는 분량과 과제가 너무 많아 과제가 조금씩 밀렸고 결국 아이가 부담을 느끼자 1년도 채우지 못 하고 아쉽게도 그만두었다.

정연덕 씨의 경우 강남에 있는 과학전문학원에 아이를 보냈다. 엄마들이 로드매니저처럼 붙어서 관리하는 학원이었다. 이들 학원에는 엄마들이 학교모임처럼 학원모임을 가질 정도로 열성이었다. 아이들을 통해 대리만족을 얻는 것처럼 보일 정도였다. 밤에 학원가에 가보면 아이들을 데려가기 위해 부모들이 몰고 온 차들로 도로변은 불야성을 이루기도 했다.

엄마들이 과학과목까지 신경을 쓰는 이유는 간단하다. 혼자 이해하기 어려운 교과내용을 실험을 통해 직접 파악하게 할 뿐 아니라 실험과 재미를 곁들인 체험활동으로 과학에 흥미를 갖게 하기 위해서이다. 물론 이런 과정에서 과학적 재능까지 발견할 수 있다면 금상첨화이다. 하지만 이런 것들도 아이가 흥미를 느끼도록 해줄 때 효과가 있는 것임은 두 말할 나위가 없다.

❖자동차는 달리는 학습놀이터이다

주 5일 수업과 주 5일 근무가 대세를 이루면서 자동차를 이용한 가족나들이 기회가 많아지고 있다. 자동차 안에서 보내는 시간에 친밀감을 키우고 지식을 넓히는 시간으로 알뜰하게 활용한 엄마들이 있었다.

정병희 씨는 아이들을 데리고 나들이할 때 차안에서 놀이와 게임하는 시간을 가졌다. 끝말잇기, 스무고개 등의 게임과 노래 가르치기 등으로 주로 아빠가 맡았다. 큰애가 초등학교 들어가기 전에 이사를 하면서도 어린이집을 바꾸지 않았는데, 이때도 엄마가 어린이집을 데리고 다니면서는 차안에서 노래를 많이 가르쳐 주고 얘기도 많이 나눴다.

조옥남 씨의 경우도 비슷하다. 차안에서 1에서 50까지 더하기, 규칙 찾기 등의 재미있는 수학문제 풀기와 역사 이야기, 고사성어 맞추기 등을 하면서 아이들과 즐겁게 놀았다. 달리는 차안에서 수학문제를 머리로 풀어내는 건 쉽지가 않지만 아이들은 경쟁이라도 하듯 문제에 빠져들었다. 물론 쉽게 풀지는 못하지만 그러한 과정들이 쌓이면서 아이들은 수학에 쉽게 다가갈 수 있었다.

아이들이 좀 지루해 하는 낌새가 들면 엉터리 황당 퀴즈놀이를 시작했다. 치밀하게 계산하거나 고민해야 하는 문제보다는 말도 되지 않는 엉터리 놀이를 아이들은 더 좋아했다.

큰아이는 나중에 "다른 집들도 차 안에서 전부 그런 이야기나 놀이를 하는 줄 알았는데 친구들한테 물어보니 그런 애들이 없었어"라고 했다. 이 집만의 독특한 퍼포먼스였다.

❖ 초등학교 공부관리 POINT

* 다양한 경험을 시킨다. 많이 데리고 다니고, 학원도 많이 보낸다. 어릴 때 조금이라도 건드려 본 것이 평생 도움이 된다.

* 초등학교 들어가면서 공부습관을 들이는 데 집중해 준다.

* 폭넓은 독서를 통해 전인교육의 바탕을 습득하도록 이끈다.

* 엄마나 아빠가 독후감, 일기 쓰기를 열심히 도와주고 지도한다. 글쓰기 기초가 되는 일기 쓰기를 늘려 가면 에세이, 논술, 토론의 기본훈련이 된다.

* 공부할 과목을 선정해 주고, 학원을 선택해서 보낸다. 숙제를 제대로 했는지 확인하고 학습수준을 체크해서 조절한다.

* 수학과 영어는 선행학습을 시킨다.

* 저학년 때는 집중력을 기르고 책에 대한 흥미를 가지도록 관리한다. 좋아하는 책을 직접 고르도록 하거나 책에 나오는 사물, 장소를 직접 보도록 한다.

* 초등학교 3~4학년 정도부터는 일기쓰기, 위인전 읽기 등을 집에서 본격적으로 도와준다. 고전읽기로 폭넓은 배경지식을 익히게 한다.

* 초등학교 3학년까지는 자유롭게 놔둔다. 책을 읽게 하고 피아노, 미술, 운동 중심의 활동을 시킨다. 공부를 기초부터 다져서 차근차근 가려면 초등학교 4학년 말부터 천천히 시작한다. 기초 다지기와 공부습관 붙이기다. 4학년 이상부터 영어, 수학 중심으로 학원에 보내고 관리에 들어간다.

* 영어에 흥미를 가지도록 영어책과 테이프를 사 주고 많이 보고 듣게 하라. 2학년 때쯤 학습지영어나 학원영어를 시작한다.

＊ 수학은 1일 1~5문제 풀기 등의 목표를 정해 성취욕을 유도하는 게 중요하다.

＊ 사회과목은 현장학습체험으로 흥미를 유도한다.

＊ 과학의 경우 실험을 통해 확인학습이 이뤄지게 한다.

＊ 고학년 때는 그룹 활동 또는 학원에서 독서, 토론, 논술의 기초를 익힌다.

＊ 고학년 때는 1주일에 한 번 정도 실험 위주의 공부를 하도록 한다.

＊ 방학 때는 다음 학기 수학문제집을 미리 푼다. 다른 과목은 책만 한 번 읽어도 된다.

7. 본격적인 공부를 준비한다—중학교 공부관리

중학교 때는 가장 힘든 시기인 사춘기의 시작이다. 특히 남자 아이들의 경우 호기심에서 음주, 흡연 등에 관심을 두기도 하고 나쁜 친구들과 어울리기도 한다. 이성에 눈을 떠 문제를 일으키기도 한다. 아이들에게 다가오는 변수만큼 엄마에게도 복병이 생기는 셈이다. 잠깐의 실수가 한두 차례로 끝나면 다행이지만 그렇지 않으면 고등학교 생활에까지 영향을 미치게 된다.

중학교 때 엄마 역할이 어느 때보다 중요하다

특목고와 SKY대학에 아이를 보낸 엄마들을 대상으로 중학교 단계에서의 엄마 역할의 중요성을 물은 결과 대부분94%이 중요하다고 응답했다. "매우 중요하다" 18%, "중요하다" 76%였다. 엄마 역할의 중요성은 초등학교나 고등학교 단계에서보다 높았다.

이 시기는 아이들이 본격적인

공부를 준비해야 하는 단계에 접어
든데다, 동시에 아이들이 엄마의 손
에서 빠져나가기 시작하는 시기이
기 때문이다.

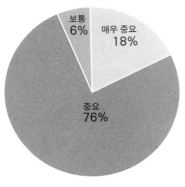

중학교 단계에서 엄마 역할은 어느 정도
중요하다고 생각하나요?

"중학교 때는 아이들의 고민이나
심리상태 수시체크, 학습 동기부여,
대화 및 상담, 학습계획 수립, 학원
선택 등 어느 것 하나 쉬운 게 없는
때라 할 수 있죠."

세 아이를 키우는 박석희 씨는 이 시기의 어려움을 이야기하면서
무엇보다 아이가 계획하여 공부하도록 유도하는 게 중요하다고 했
다. 엄마는 끊임없는 대화로 아이의 심리상태를 파악하고, 신뢰하고
공감하는 관계를 지속시켜 나가야 한다는 것이다.

신지연 씨는 "시간이 있을 때 한 과목 정도는 경시대회 수준의 심
화공부를 시켜야 한다"면서 "특목고를 목표로 한다면 목표로 하는
고등학교 입학에 필요한 과목을 철저히 관리해야겠지만, 일반고를
갈 경우에는 주요 과목 기초 다지기와 심화에 힘쓰고 전체 등수에
연연할 필요는 절대로 없다"고 조언했다. 주요 과목을 충실하게 해둔
다면 고등학교에 가서 빛을 발한다는 이야기다.

엄마는 아이의 행동에 세심하게 신경을 써야 한다. 교우관계, 학교
생활 등을 꼼꼼히 챙겨야 한다. 사춘기 아이가 다른 데 눈을 돌리지

않도록 해주어야 한다.

중학교에서 아이들을 가르쳤던 정병희 씨는 한 학기에 한 번 정도는 담임선생님을 찾아가 이야기를 들어보는 게 좋다고 권한다. 직접 만나기 어려우면 전화나 이메일로라도 인사를 하고 필요한 것들을 물어봐도 괜찮다고 했다.

직장에 다니는 관계로 틈을 내지 못했다는 김금남 씨는 중학교 때 선생님께 한번 엽서로 감사의 뜻을 전했더니 참 기뻐하셨던 기억이 난다며 적어도 학년이 끝날 때쯤에 꽃을 사서 담임선생님을 뵙는 센스 정도는 필요하다고 했다.

정병희 씨는 아이 친구들에게도 이런저런 이야기를 시켜보고 엄마들에게도 꼭 '안부'를 물어보는 게 필요하단다. 엄마가 모르고 있는 것들을 의외로 다른 엄마들이 아는 경우가 있기 때문이다.

중학교 때는 특목고 진학과 일반고 진학으로 나뉘어지는 갈림길이기 때문에 아이를 특목고로 보내기로 마음먹은 엄마라면 여기에 맞는 정보를 수집하고, 공부를 시켜야 한다. 특목고를 보내지 않더라도 한 과목 정도는 심화학습을 시켜 고등학교에서 배우는 부담을 줄여둘 필요가 있다.

이 시기 공부관리법으로는 엄마들은 "아이를 독립시켜 스스로 공부하는 방법을 터득케 하는 게 중요하다"고 했다. 엄마가 따라다니면서 이래라 저래라 하기에는 아이들의 머리가 커 버렸다는 것이다.

사교육의 중요성이 초등학교 때보다 훨씬 커지기 때문에 필요한 것들은 사교육을 통해서라 과감하게 해결하고 넘어가야 한다. 고등학

202

교 들어가서 공부를 시작하기는 보통 아이들에게 다소 늦은 감이 있기 때문이다. 길게 보고 넓게 터를 잡아야 하는 시기이다.

중학교 첫 시험이 중요하다

초등학교 때 선행학습을 했으니 잘하겠지 하는 막연한 기대는 금물이다. 상대적으로 선행학습을 하지 않은 학생이 드물기 때문이다. 정연덕 씨는 "초등학교 때 위인전, 역사책, 과학책, 영어스토리북 등 많은 독서를 시켰다고 자만해서는 안 된다"고 했다. 국어, 영어, 수학은 꾸준히 관리해 주어야 하는데 특히 국어과목의 경우 배경지식 교육에 신경을 써야 한다고 강조했다.

그는 "지능지수가 높고 학업 성취도가 높은 학생의 경우 대부분 전 과목이 고루 우수하다"면서 이런 학생이 미술, 음악, 체육 등 예체능 분야에서 취약하다면 단기간 개인지도를 통해서라도 기본기를 익히게 하는 것이 강남의 추세라고 귀띔했다.

언제나 그렇지만 처음 치르는 시험이 무척 중요하다. 특히 요즘 아이들은 뭐든지 쉽게 포기하는 경향이 있어 처음 1등이 대개 끝까지 1등이 되기 쉽다. 1등이 되지 못한 아이들이 1등이 되기를 스스로 포기해 버리기 때문이다.

"초등학교 때는 성적이 안 나오다가 중학교부터 등수가 나오기 때문에 1학기 중간고사가 굉장히 중요해요. 그 성적이 앞으로 고3 때까지 성적을 좌우한다고 해도 과언이 아니에요." 고교교사인 정병희 씨의 경험담이다.

　그는 그냥 혼자 시험을 보게 해서 반에서 2등 정도가 되면 아이 스스로 시행착오를 통해 공부방법을 깨우칠 수 있도록 멀리서 지켜봐도 되지만 첫 시험에서 성적이 제대로 나오지 않으면 문제는 달라진다고 했다. 아이를 엄마가 끼고서 가르치든지 사교육을 시키든지 대책을 마련해야 한다는 조언이다.

공부 습관화와 학습동기 유발에 고민하라

　고등학교에 들어가면 부모가 해줄 수 있는 것들이 많이 제한되어 버린다. 우선 끼고 가르칠 능력이 안 된다. 가르치기는커녕 어떤 내용들을 배우는지조차 알기 어렵다. 아이들도 다 자랐다는 생각에 부모를 그다지 필요로 하지 않는다. 시위를 떠난 화살처럼 모든 것은 아이에게 달려있다.

　그러므로 고등학교 들어가기 전까지 공부 방법, 습관 형성 등 많은 부분들을 마무리 지어야 한다. 중학교 때까지는 공부습관을 반드시 들여야 한다는 데는 모든 엄마들이 공감한다. 어쩌면 공부습관을 들일 수 있는 마지막 시기일 수도 있다.

　정병희 씨는 아이가 중학생이 되자 공부습관을 붙이라며 일요일이면 점심값을 준 뒤 도서관으로 쫓아 보냈다. 박석희 씨는 중학교 때 공부가 습관화돼야 고등학교 때 발 뻗고 잘 수 있다고 단언했다.

　이 시기 엄마들은 공부 습관화와 함께 학습동기 유발에 고민해야 한다. 중학생이 된 아이들은 한 번쯤 '공부는 왜 하는가?' 혹은 '꼭 잘해야 할 필요가 있는가?'하는 회의에 사로잡히게 마련이다. 이때는 학업에 대한 흥미가 없어지고 성적도 별반 오르지 않는다.

김금남 씨의 경우 고려대 법대에 다니는 큰아이가 중학교 때 공부에 회의를 느껴 걱정을 했다. 아이는 아예 책상 앞에 앉아 있지를 않았다. 스스로 공부하지 않을 뿐더러 학원에도 가지 않으려 해 엄마는 불안했다. 친구들이 대개 방과 후 학원에 가거나 과외공부에 매달리니 중학교 2학년 무렵에는 함께 농구할 친구가 없을 정도였다.

그래서 학원을 권유해 종합학원에 등록하였지만 오래가지 않아 그만두었다. 아이가 산만한 분위기와 학교생활의 반복과 같은 시스템을 싫어하였기 때문이었다. 엄마는 걱정을 하면서도 아이가 싫어하는 일이라면 강요하지 않았다. 직장에서 돌아온 엄마가 막 지어준 저녁을 먹을 권리를 아이가 빼앗기는 것도 내심 마음이 아팠다고 했다.

엄마는 어떻게 학습동기를 유발시킬까 하고 고민했지만 결국 스스로 찾아야 하는 길이므로 다그치지 않았다. 대신 교회 학생부 활동에 열심이어서 그저 지켜봤다. 교회 활동으로 밤늦게 들어오는 것을 많이 염려하였지만 거리에서 떠돌지 아니하고 이왕이면 교회에서 노는 것이 백배 낫다고 생각해 다소 안심이 되기도 하였다. 교회에는 많은 형, 누나, 동생들이 있으니 다양한 대인관계를 배울 수 있다고 기대도 했다.

엄마, 아빠는 대신 당장 공부를 열심히 하지는 않지만 언젠가는 반드시 잘할 거라는 믿음을 버리지 않고 다양한 이야기를 나눴다. 이

때 주로 나눈 대화는 어떤 학문이 어떤 직업과 연관이 있는지, 공부를 어느 정도 하여야 어떤 일을 할 수 있는지 등이었다. 그리고 빠뜨리지 않은 한마디, "너는 뭘 해도 잘할 수 있다"는 격려였다.

박석희 씨의 경우 외국어고에 다니는 둘째가 공부를 싫어해 고민을 많이 했다고 털어놓았다. 공부를 열심히 해서 엄마, 아빠한테 보답하고 싶다고 하면서도 공부하기를 싫어해 청소년 상담센터에서 상담도 받았다. 이곳에서 해주는 객관적인 말이 많은 도움이 되었고, 그 시기가 지나니까 괜찮아졌다고 했다.

자력으로 돌파하는 공부가 자신감의 바탕이 된다.

대부분 엄마들은 수학 선행학습이라 하면 학원을 떠올리기 마련이다. 수학문제를 혼자 풀기에는 아무래도 효율성이나 시간관리 면에서 어려움이 따르기 때문일 것이다. 이쯤에서 중학교 때 혼자 문제집을 풀면서 진도를 나간 김순미 씨 첫째의 공부과정을 눈여겨볼 필요가 있다. 아이는 일반고를 거쳐 서울대 생명과학부에 입학했다.

김 씨는 그동안 학원 한 번 보내지 않았던 아이를 2학년 겨울방학 때 특목고 진학으로 유명한 학원에 보냈다. 남들이 학원에 다 다닌다니까 은근히 걱정이 되어 등록을 시켰다. 딱딱한 나무의자에 앉아 하루에 4~5시간 수업을 받기가 고역이었던지 아이는 1주일도 되지 않아서 다니지 않겠다고 했다.

엄마는 걱정을 하다가 학원 수학 문제집을 보았는데 아이에게 사준 문제집과 문제 번호, 글자 한 자 틀리지 않고 그대로였다. 물론 엄마가 사 준 문제집은 일반서점에서 쉽게 볼 수 있는 종류는 아니었다. 순간 엄마는 학원 선생님들의 성의와 열의에 의심이 갔다. 그래서 아이의 생각대로 학원을 끊고 스스로 풀게 하였다.

김 씨는 아이들에게 문제집을 사줄 때 여러 권을 사 주기보다는 쉬운 문제에서 어려운 문제가 골고루 있는 것을 선택해 한 권을 사 주고 해답을 보지 않게 했다. 모르면 앞에 설명한 개념을 가지고 다시 공부를 하든지, 아니면 다른 유사한 문제로 돌아가 다시 한번 생각해 보는 방식이다. 이 방식은 처음에는 어려운 문제에 막혀 진도가 나가지 않으면 답답하거나 지루할 수 있지만 어느 정도 수준이 되면 속도가 붙게 되어 있다.

그 과정을 거치면서 실력이 쌓인다고 아이에게 누누이 강조했더니 그 묘미를 알게 되었고, 심지어는 아빠에게 질문하다가 떠오르는 게 있으면 다시 풀어보겠다며 설명을 그만해 달라고도 했다. 물론 아빠는 문제풀이를 바로 해주지 않고 일반적인 것으로 다시 설명하는 방식으로 길을 가르쳐 줄 뿐이었다. 이렇게 스스로 공부하는 습관이 붙은 아이는 수능을 앞두고 수학은 어떠한 문제가 나오더라도 자신 있다고 말할 수 있게 되었다.

중3 겨울방학을 허송하지 마라

고등학교에 올라가는 중학교 3학년 겨울방학이 중요하다. 대부분 학생들이 고등학생이 된다는 들뜬 마음에 이 시기를 허송하기 쉽다.

하지만 고등학교 들어가자마자 치르는 중간고사부터 내신이 대학 입시에 곧바로 반영된다는 사실을 현실로 받아들인다면 3개월여의 짧은 기간을 계획 없이 보낼 수는 없다.

김순미 씨는 아이가 과학고에 합격한 뒤 수학과 영어를 미리 해두기 위해 학원을 알아보았으나 아이와 진도를 맞출 수 있는 적당한 학원을 찾지 못했다. 대부분의 예비 과학고 아이들이 수학10-가와 수학10-나를 기본적으로 다 하고 그때부터는 문제풀이에 들어간 것이었다. 김 씨는 과외를 할 수밖에 없었다. 신입생 오리엔테이션을 다녀온 1월 중순부터 기숙사에 들어가기 전까지 1주일에 2번씩 과외를 받았는데 아이의 표현을 빌자면 각 단원의 제목만 읽어도 바쁠 지경이었다고 했다.

이미경 씨의 경우도 고등학교 입학 전 겨울방학 동안 수학과 영어에 시간을 집중 투자했다. 수학은 나간 진도에 맞춰 반복학습을 계속했고 영어는 단어 외우기에 집중했다. 그 결과 과학고에 들어가서도 수월하게 목표를 달성해 낼 수 있었다.

이에 비해 L씨의 경우 아이가 목표로 하던 특목고에 들어갔으니까 조금 쉬도록 했다. 특목고에 합격한 아이들이 겨울방학을 승부처처럼 여기고 입학 준비 때와 마찬가지로 열심히 공부한다는 정보가 없었다. 그 방심의 결과 L씨는 아이가 학교를 마칠 때까지 내내 힘든 시간을 보냈다. "공부는 한 번 밀리기 시작하면 여간해서는 다시 제자리로 돌아가기 어렵다. 특히 우수한 학생들 사이에서는 더욱 그렇다"는 게 그의 관리 실패담이다.

중3 겨울방학은 누구에게나 금쪽같은 시간이다. 이 시간을 어떻게 활용하느냐에 따라 고등학교 3년의 명암이 엇갈린다 해도 과언이 아니다. 주요 과목에 대한 선행학습이 안 되면 최소한 목차만이라도 확인해 고등학교 교과과정을 대비하겠다는 각오 정도는 있어야 한다.

언제, 어떤 학원을 보내야 하나

아이를 특목고나 SKY대학에 보낸 엄마들을 대상으로 명문대에 진학하는 데 중학교 때의 사교육이 얼마나 필요한지를 물었다. "필요하다"는 응답은 65%. 이에 비해 "필요하지 않다"는 응답은 6%였다.

사교육이 반드시 필요한 과목으로 각각 영어와 수학을 꼽은 엄마가 43%로 가장 많았다. 과학을 꼽은 사람은 11%, 국어라고 응답한 사람은 3%였다.

엄마들마다 사교육에 대한 접근법이 달랐다. 아이가 싫어한다는 이유로 학원에 보내지 않은 경우가 있는가 하면 1학년 때부터 전 과목 종합반에 보낸 엄마도 있었다. 학교에서 다루기 힘든 독서, 토론, 논술 등을 위해 소수정예로 운영하는 학원에 보

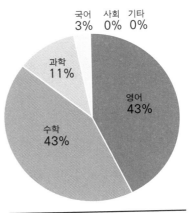

중학교 때 사교육이 반드시 필요하다고 보는 과목은?

낸 경우도 있었다.

아이를 언제 무슨 학원에 보내며, 어떻게 좋은 학원을 선정할 수 있는지 엄마들은 늘 고민한다. 학원마다 특성이 다르고, 아이마다 실력과 기질이 다르기 때문이다. 학원 선택 문제는 투자 대비 최고의 효율을 얻어내야 하는 과제이기 때문에 면밀하게 살피지 않다가는 돈과 시간을 버리기 십상이다.

정병희 씨는 "친구랑 같이 놀면서 슬슬 공부를 시작하라고 1학년 때 전과목반 학원에 보냈다"면서 전과목반이 중학교 때는 괜찮다고 했다. 조옥남 씨는 아이가 전 과목반 학원에 다닐 경우 시간이 없어 다른 프로그램을 짤 수 없는 단점이 있다는 정도는 감안해야 한다고 말했다. 그는 아이를 일반고로 보낼 계획이라면 이 시기에 수학, 영어만 밀도 있게 공부하고 남은 시간에는 책을 다양하게 많이 읽어 두도록 하는 것이 좋다고 했다.

특목고에 아이를 보낸 엄마들의 경우 1학년 말, 또는 2학년 때부터 수학이나 과학, 또는 특목고 전문학원에 보냈다. 2학년 때 전문학원을 찾았더니 이미 늦었다고 거절당한 경우도 있었다.

학원의 필요성은 무엇보다 아이들이 제일 잘 안다. 교과과목을 따라가기 어렵다고 느낄 때이다. 중학교 때까지 아이들 공부를 직접 관리한 신지연 씨는 "아이들 자신이 부족하다고 느낄 때, 엄마가 봐서 필요하다고 판단되는 경우에는 학원에 보내거나 과외 선생님을 붙여주었다"고 했다.

학원 선택과 관련, 현직 교사인 정병희 씨는 공부 잘하는 아이에게 물어보거나 주변 교사들에게 물어 학원을 결정했다. 이미경 씨는 "집에서 가깝고 성실하게 가르쳐 주는 곳이면 된다"고 했다. 박석희 씨는 "사전에 가서 살펴보고 시험 삼아 몇 번 들어 본다"고 했다. 여러 가지 시각이 있지만 결론은 아이와 호흡이 잘 맞는 학원이 좋은 학원이라는 것이다.

❖이런 학원이 적합한 학원이다──학원 선택 노하우

가깝고 성실하게 가르쳐 주는 곳이 좋다 이미경

과학고 진학을 목표로 하던 큰아이가 엄마가 직장에 다니는 동안 컴퓨터게임에 빠지면서 심각한 상황에 놓였다. 그때까지 과외나 학원을 이용하지 않았고 선행학습도 하지 않았다. 학교 수업 진도에 맞춰 문제집을 풀면서 복습하는 것만으로도 시험에 실수만 하지 않으면 성적은 상위권을 유지했다.

그러나 한 1년여 엄마가 관리하지 못하는 틈에 아이는 영어에 조금 자신감을 상실한 듯했다. 그래서 처음으로 영어학원에 보냈다.

선생님의 학력이나 실력을 알아보는 것은 무의미하게 생각해 조금은 스파르타식이고 열정을 가진 영어선생님이 있는 집 앞 학원을 선택했다. 소박한 학원이었지만 거의 3년을 꾸준히 보냈다.

그때쯤 수학을 알아보니 아이 친구들은 거의 선행반에 다니고 있었다. 큰 학원은 선행반 테스트와 함께 실력을 가늠하므로 아이가 흥미를 잃을까봐 학원에 보낼 수 없어 또래 친구와 단 둘이 과외방에 보내어 선행학습을 하게 했다.

이제 막 학원을 선택해야 하는 엄마들께 당부하고 싶은 말은 유명한 선생님, 유명한 학원보다는 집에서 가깝고 성실하게 가르쳐 주는 선생님이 좋다는 것이다. 혹 불만족스럽더라도 옮기지 말고 한 번의 진도를 끝낼 때까지 맡기는 편이 더 좋다. 그러면 끝냈다는 성취감을 아이가 가질 수 있고 선생님께서 아이의 장단점을 파악하여 보충해줄 수 있다. 무엇보다 중요한 것은 진도가 끊기지 않는다는 점이다.

중학생이던 큰아이가 하루는 집에 와서 영어 문법을 배워야겠다고 했다. 이유를 물으니 선생님이 수업시간에 동명사, 현재분사, 자동사, 타동사 등 문법을 가르치는데 못 알아듣겠다는 것이었다.

친구들은 대답을 하는데 자신에게는 용어 자체가 낯설고, 선생님도 알고 있다는 전제로 수업을 이끌어 간다는 것이었다. 아이는 초등학교 때 회화 전문학원에 다녔지만 문법학원은 다니지 않았다.

이러한 때 선생님을 소개해 주어 아이의 갈등을 해소시켜 주었다. 아이의 요구가 있을 때의 보충학습은 효과가 매우 크다고 본다.

작은아이는 큰아이를 길렀던 경험을 바탕으로 필요한 시기에 영어문법을 가르쳐 주었다. 아이들이 종종 어떤 과목은 학원을 다녔으면 좋겠다고 요구사항을 이야기하면 필요에 따라 선생님을 구해 주었다. 요구에 따라 필요한 선생님은 분명히 다르다.

단순히 개념을 가르치거나 〈정석〉을 풀어주는 경우에는 대학원생 또는 박사 과정의 학생을 이용했다. 대학에 전화를 걸어 학생 선생님을 쉽게 구할 수 있다. 경시나 내신의 경우에는 선생님이 다르기 때문에 필요한 분야에 맞는 선생님을 선배 엄마들의 조언을 종합하여 정했다.

경시, 내신, 수능 선생님은 분명히 다르다. 각각에 맞는 선생님을 구분해서 구해야 한다.

국어는 초등학교 때보다 한 단계 높은 독서가 필요하다

중학교 국어공부의 기본은 많이 읽고, 생각하고, 써보는 것이다. 물론 문법적 지식을 요하는 부분은 암기가 필요하다. 교과서에 나오는 작품은 일부분만 나오므로 전체 작품을 읽도록 해야 한다.

독서량을 넓혀 가려면 교과서에 등장하는 작가의 다른 작품부터 차츰 읽어나가는 것도 좋은 방법이다. 무작정 읽기보다는 작품의 해제 등을 참고해 생각하면서 읽는 책읽기가 필요하다.

무엇보다 가장 중요한 것은 폭넓은 독서이다. 교과서 외 작품까지 읽도록 신경을 써두면 고등학교에 가서도 크게 도움이 된다.

아이의 중학교 3년간 독서 프로그램을 직접 짠 정연덕 씨는 초등학교 때와는 달리 한 단계 폭넓은 사고영역의 독서가 이 시기에 충분히 이뤄져야 한다고 강조했다.

중학교부터 내신관리를 잘해야 한다면서 학원에, 과외에 쫓기다 보면 독서는 말뿐이 되기 싶다고 했다. 프로그램은 국어교과서와 각종 단체의 추천도서 등을 참고해 만들었다.

그는 중학교 3년 동안 연간 독서프로그램을 만들어 부모와 아이가 함께 완벽히 실시한다면 고등학교에서 시간이 모자라 채우기 힘든 독서량을 충분히 커버할 수 있다고 했다. 다양하고 심도 있는 독서와 이에 따른 논리적 사고와 글쓰기를 계속 시킨다면 대학입시에서도 큰 어려움은 없다는 것이다.

눈앞 공부와는 닿지 않아도 다양한 읽기를 시키다

정연덕 씨는 중학교 때부터 아이에게 신문 사설을 읽도록 하고, 글을 요약하고 요지를 쓰도록 요구했다. 방학 때는 고전문학을 읽도록 독려했다. 이런 점이 뒤에 사고의 틀을 잡고 언어영역에서 실력을 높이는 데 도움이 되었던 것 같다고 분석한다. 그의 두 아이는 한양대 의대와 고려대 법대에 재학 중이다.

첫째를 서울대 법대에 보낸 정병희 씨도 중학교 1학년 때부터 진보 성향과 보수 성향의 신문 1개씩을 하루 2시간씩 꼭 읽게 했다. 신문을 읽고 난 후에는 아빠와 이야기를 나눠 생각의 가닥을 정리했는데, 이것들이 뒤에 큰 힘이 되었다고 했다.

그는 진보 성향의 지식인이라 할 수 있는 홍세화, 박노자, 강준만, 유시민 등이 쓴 책을 꾸준히 읽게 했다. 정치에 관심이 많은 아빠가 그런 책들을 적극 추천했다. 그 결과 사회에 대한 비판적인 시각을 가질 수 있어 뒤에 사회탐구에도 큰 도움이 되었다.

김금남 씨는 아이가 도서관에서 철학과 논리, 문학 서적을 빌려 많이 읽게 했다. 이때 의도적으로 읽혔던 책은 서울대 철학연구소에서 나온 책들과 중고교 때 알아야 할 문학 시리즈 등이었다. 아이가 원해서 읽은 책은 시오노 나나미의 역사소설 〈로마인 이야기〉 시리즈와 〈바다의 도시〉, 〈전쟁〉, 〈이문열의 삼국지〉 등이었다. 아이는 시오노 나나미의 책뿐 아니라 베르베르의 책을 즐겨 읽었고 중3 때는 판타지 소설에도 빠졌다.

엄마는 판타지소설을 너무 좋아하는 것 같아 은근히 걱정이 되기는 했지만 아이를 믿고 내버려 두었다. 진보적 지식인들의 책도 많이 읽었는데 이런 독서 경험이 눈앞의 시험에서는 당장 도움이 되지 않았지만 대입 논술시험에 크게 도움이 되었음은 물론이다.

수학은 교과서를 무시하고는 절대 성공 못한다

김금남 씨 첫째는 중학교 때 별로 공부를 하지 않았다. 특히 수학이 유난히 뒤떨어졌다. 선행학습을 한 적도 없었다. 이런 영향으로 고1 때는 공통수학을 잘 따라가지 못할 정도가 되었고 수학은 내내 아킬레스건이 되었다.

중학교 수학의 경우도 교과서에 답이 있다. 교과서에 나오는 기본 개념이나 원리를 무시하고는 절대 성공하지 못한다. 기초를 충실히 한 다음에는 문제지를 풀어 한 걸음 더 전진한다. 처음엔 쉬운 문제지를 풀고 능력이 된다면 어려운 것까지 풀어본다. 원리에 대한 이해가 없이 공식만 외워 대입하거나 문제만 풀어댄다면 실력은 늘 제자리걸음만 하게 된다.

엄마들은 이구동성, 수학은 선행학습이 필요하다고 했다. 이것도 당연히 해당 단원에 대한 이해가 완전히 이뤄진 다음의 일이다. 물론 특목고에 진학하려면 선행학습은 필수나 다름없다.

선행학습 정도는 아이 수준에 맞추라

"중학교 2학년 때 아이를 외국어고에 보내려니 너무 늦었어요. 수학, 과학이 어려웠기 때문이죠. 조금 후회가 되었어요. 지금 다시 중학교로 돌아간다면 영어, 수학은 좀더 선행학습을 시킬 것 같아요." 정병희 씨의 아쉬움이다. 그는 고생을 하지 않으려면 수학 선행학습을 시키고 생활화시키라고 솔직하게 털어놓았다.

선행학습을 하지 않아 고생한 이야기를 들으면 선행학습에 동의하지 않을 수 없다. 그렇다면 중학 수학의 선행학습은 어느 정도 선에서 이뤄져야 할까? 공부 잘 시킨 엄마들 사이에서도 이 문제에 관한 해법이 달랐다.

정연덕 씨는 "강남에서는 초등학교 고학년이 되면 이미 중학교 3년 과정의 원리 정도는 마스터하고, 고등학교 들어가기 전에 〈정석〉을 두 번 정도 보는 게 일반적인 코스"라고 전했다.

신지연 씨는 "중학교 때 수학 선행학습은 적어도 1년 정도, 능력이 되면 1년 반 정도는 괜찮다"는 의견을 제시했다.

선행학습의 정도는 엄마들 사이에 편차가 있었지만 분명한 것은 아이의 실력과 능력, 의욕과 기질을 꼼꼼히 살펴야 한다는 점이다. 이들 엄마들의 제안은 비교적 우수한 아이들을 대상으로 했다는 점을 감안해야 한다. 아이의 능력이나 의욕과는 거리가 먼 지나친 욕심은 소화불량이라는 부작용을 낳게 된다.

첫째를 직접 돌본 조옥남 씨는 참고서 2권을 준비해 아이와 함께 풀었다. 하나는 내신용으로 학교 진도에 맞춰 풀었고 다른 하나는 선행학습용이었다. 선행학습용은 내신용보다 다소 쉬운 것으로 골랐다. 방학이 되면 좀더 진도를 나갔다. 아이가 풀고 나면 채점을 해서 틀린 것을 다시 풀게 했다. 다시 풀어서 또 틀린 문제는 블랙리스트에 올렸다. 틀린 문제는 왜 아이가 틀렸는지 엄마가 직접 연구했고 그래도 안 되면 아빠의 도움을 받았다.

영어는 끈질기게 붙들어야 성공한다

영어 공부관리에서 엄마들 간 차이가 컸다. 학원에 보내지 않고 집에서 교과 정도의 공부만 한 아이가 있는가 하면 중학교 1학년 때 고등학교 과정까지 마스터한 경우도 있었다. 타임 등 영어 잡지로 공부시키는 학원에 보낸 엄마도 있었다. 물론 외국어고에 진학하려는 아이의 경우에는 모두 학원을 다녔다. 중학교 때 영어공부를 그다지 시키지 않은 엄마들은 한결같이 "형편이 된다면 최고로 시켜라!"는 조언을 아끼지 않았다. 언젠가는 꼭 해야 하는 게 영어기 때문이다.

초등학교 때 아이를 영어회화 전문학원에 보냈던 신지연 씨는 "중학교 때 토플을 꼭 시켜라"고 당부했다. 토플은 영어실력 향상은 물론, 높은 토플 성적은 고3 수시 지원 때 커다란 무기가 되어 내신의 상당 부분을 만회할 수 있도록 도와준다는 것이 그의 지론이다.

'엉덩이 싸움'과 '앵무새 학습법'으로 영어를 돌파하라

어릴 때부터 아이들이 못 알아들어도 영어 비디오를 보여주고, 영어단어를 재미있게 익힐 수 있도록 했다는 정연덕 씨. 중학교 때까지 아이 영어를 직접 관리해 주었다. 중학교 들어와서는 재미있는 영화나 비디오를 보여주면서 영어에 대한 흥미를 잃지 않도록 했다. 영어 일기 쓰기와 영어에세이 연습을 시켰다.

정 씨는 둘째를 외국어고에 보낼 요량으로 중2 때 SAT로 공부하는 학원에 보냈다. 강남에서 조기유학 붐이 불면서 학원 선생들이 방학 때 해외로 나가 원서 교재를 구해와 공부하는 학원으로도 유명했다. 3학년 때부터는 원어 시사지로 공부시키는 학원에 보냈다. 내신관리는 시험 때 한 번씩 봐주고, 대부분은 타임지 등의 시사지에 집중하는 학원이었다.

"영어는 사교육이 어느 과목보다 필요하고, 무엇보다 꾸준히 공부시키는 것이 중요하다고 생각해요. 그렇게 시키지 않으면 우리 아이만 떨어지는 것 같은 불안감에 사로잡히게 됩니다. 그 결과 엄마들이 아예 아이들을 조기유학을 보내는 경우가 늘고 있어요. 유학 가는 아이들의 연령도 어려지고 있고요." 정씨가 전하는 강남 영어교육 현주소이다.

두 아이를 외국어고에 보낸 박석희 씨의 경우도 비슷한 정도의 선행학습을 시켰다. 초등학교 고학년 때부터 영어 전문학원에 보내기 시작한 결과 중1학년 때는 고등학교 과정을 마스터할 정도가 됐다.

특히 테이프를 많이 듣게 한 게 큰 도움이 되었다고 했다. 아침에 일어나면서 영어 테이프를 틀어주어 학교에 갈 준비 시간, 학교 갔다와서 학원 준비하는 시간에 꼭 듣게 했다. 그는 영어는 시간싸움이라면서 엉덩이를 오래 붙이는 시간에 비례해 실력이 는다고 했다.

조옥남 씨는 영어는 기본적인 것만 해두고 회화는 대학에 가서 필요할 때 바짝 열심히 하면 된다고 생각했다. 자연 영어에 크게 신경을 쓰지 않았다. 큰애의 경우 어릴 때부터 영어비디오를 많이 보여주었고 영어 학습지를 중학교 가기 전후 2년간 시켰지만 본격적인 영어 공부와는 거리가 멀었다.

큰애는 고등학교 때 "듣기는 문제없는데 어휘력이 부족하다"면서도 학교시험이나 모의고사 때 항상 만점을 받았다. 수능 때도 만점을 받았다. 아이는 영어 실력이 깊지 않다는 걸 스스로 잘 안다. 대신 듣기에 문제없게 된 건 팝송을 많이 듣고 따라 부른 게 도움이 되었다고 한다. 듣기만 한 게 아니라 따라 부르고, 의미 파악을 했다. 조 씨는 팝송 듣는다고 혼내지 않았던 게 그나마 다행이라고 생각한다.

과학고를 거쳐 연세대 공대에 들어간 둘째는 영어단어 외우는 것 자체를 아주 싫어했다. 외우기 싫어하는 것은 이과적성이 강한 아이들의 특성이기도 하다. 대학에서는 원서로 공부해야 하는데, 어려운 수학, 과학 공부하는 데도 시간이 부족할 아이가 영어까지 공부하려면 얼마나 더 힘들지 걱정이다.

셋째는 언니들과는 달리 영어 교과서 외우기를 시켰다. 교과서는 일상에서 영어 말하기와 쓰기 표현의 가장 좋은 교재라고 봤기 때문이다. 문장을 통째 외워두면 그때는 단어 숙어나 문법을 정확하게 이해하지 못하더라도 언젠가는 '아, 이게 바로 그 부분이구나' 하고 깨치는 범위가 차츰 넓어질 것이라고 판단했다.

아이가 교과서를 외우는 데 처음엔 시간도 많이 걸리고 발음도 신통치 않았으나 시간이 흐를수록 시간도 단축되고 발음도 많이 좋아졌다. 교과서 외우기는 영어공부에서 최소한의 공부일 뿐이다. 이를 기초로 영어실력을 더 체계적으로 향상시켜야 하는 것은 물론이다. 조 씨는 듣기와 말하기를 앵무새처럼 따라한다면 얼마든지 원어민처럼 할 수 있다고 믿는다.

특목고와 일반고, 장단점은 무엇일까?

"과학고에서는 무엇보다 아이들을 자율적으로 가르치기 때문에 일반고보다 좋아요. 기숙사 생활을 하기 때문에 집에서 손이 거의 가지 않죠. 한 학년이라 해도 많아야 150명 정도에 불과해 아이들끼리도 친하죠. 또래 아이들과 기숙사 생활을 하면서 서로의 어려움을 공유하면서 사춘기를 좀 수월하게 보낼 수 있었어요." 이현숙 씨

"아이가 외국어고에 입학한 후로는 본인이 알아서 하도록 놓아두고 좀 편하게 잘 수 있었어요. 왕따문제도 없고, 거칠거나 질이 안 좋은 아이들도 없으니까 학교생활이 수월하죠. 현실적으로는 좋은 대

학 가는 데도 유리하고. 아이에게 이런 좋은 이미지를 많이 이야기해 주었어요."^{박석희}

특목고는 SKY대학 가는 지름길이다

외국어고나 과학고에 아이를 보낸 엄마들은 가능하면 아이를 특목고로 보내라고 권한다. 특목고는 SKY대학 가는 지름길이기 때문이다. 2006학년도 입시에서도 특목고 출신들의 성적이 입증됐다. 대원외고는 390여 명이 서울대, 고려대, 연세대에 합격했고 명덕외고도 270여 명이 SKY대학에 합격했다. 비록 졸업생들이 포함된 숫자이긴 하지만 이들 학교의 학년 정원이 420명인 점을 감안하면 대단한 성적이 아닐 수 없다. 다른 외국어고들도 좋은 성적을 거두었다. 물론 과학고도 예년과 비슷한 성적을 올렸다.

수능이 어렵게 출제되면서 특목고생들이 상대적으로 유리했다는 점을 감안하더라도 이런 약진은 그 옛날 명문고들의 재판이나 다름없다. 서울시교육청에 따르면 2005학년도 서울지역 6개 외국어고 졸업생 2천여 명 중 SKY대학에 진학한 학생은 50%가량, 서울지역 2개 과학고 졸업생 270여명의 진학률은 80%가량이었다. 수능 난이도와 각 대학의 선발 재량에 따라 특목고생의 명문대 진학률은 다소간 변화가 있겠지만 전체적인 기조는 계속 맑음이다.

"특목고에서는 거의 아이가 학습을 주도할 수밖에 없어요. 부모는 상담, 후원만 감당하는 셈이 되죠. 이때 부모가 아이의 어려움을 공감하고 이해한다는 감정전달이 중요합니다."

박석희 씨는 "과외나 학원이 필요하다면 보내 주고, 그 외 필요한 것은 원할 때 엄마가 판단해서 제공하면 된다"면서 학원이나 과외에 대한 정보는 아이와 엄마가 공유해서 의논하고 결정하는 게 정답이라고 했다.

특목고의 장점 중 하나는 엄마들이 아이를 관리하는 데 별 손이 가지 않는다는 점이다. 학교생활의 큰 틀 속에 아이가 있기 때문이다. 특히 아이가 기숙사 생활을 하는 경우 엄마 역할은 토, 일요일 기숙사에서 집으로 돌아온 아이의 부족한 잠을 보충해 주고, 잘 먹이고, 기분 좋게 해서 다시 돌려보내는 정도에 불과하다. 물론 부족한 과목은 주말이나 야간 자율학습 시간 등을 이용해 별도로 학원을 다니거나 과외를 받기도 하지만 학교생활 위주로 움직여야 하기 때문에 아이들에게 주어진 시간 자체가 넉넉하지 않다.

특목고가 짧은 역사에도 불구하고 과거 고교 입시제도 때와 같은 명문고가 되어 우리 사회의 새로운 학연의 핵심이 된다는 점도 돋보이는 강점 중 하나다. 최근 사법시험 최다 합격자를 배출한 고교 5위 안에 3개 외국어고가 포함돼 있다는 사실 하나만으로도 특목고의 막강 네트워크를 예감할 수 있다.

"일반고에서 서울대로 진학한 큰아이는 과학고에 다니던 동생이 학교생활을 하는 것을 보고 많이 부러워했어요. 수업 수준과 탐구활동, 서클활동, 외국연수 프로그램, R&E활동, 심지어는 끊임없이 쏟아지는 과제를 보면서 저렇게 힘들게 공부 한번 해보고 싶다고 했어요."

김순미 씨는 "일반고에 다니던 큰아이는 고등학교 3년을 보내면서 시간이 아깝다는 소리를 자주 했다"면서 여러 수준의 아이들이 한 자리에 모여 수업하는 상황을 듣고는 미리 알았다면 학교 선택을 다시 한 번 진지하게 생각했을 것이라고 말했다. 특히 뛰어난 아이일수록 특목고가 바람직하다는 소리다.

일반고가 대학입시에서 더 유리할 수도 있다

"명문대 진학에는 일반고가 더 나은 면이 있어요. 아이가 열심히 하면 금방 두각을 나타낼 수 있기 때문이죠. 과학고 같은 경우에는 정말이지 공학에 관심이 있는 아이가 가지 않으면 안 된다고 생각해요. 그렇지 않은 경우에는 오히려 대학 진학이 더 힘들다고 볼 수 있죠."

두 아이를 일반고에서 서울대 법대와 치대에 보낸 정병희 씨의 이야기다. 조옥남 씨도 비슷한 의견이다. 우리 아이가 다른 아이보다 뛰어나니까 특목고에 보내야겠다는 생각은 지나치게 단순한 생각이라고 했다. 서울대 경제학과에 다니는 그의 첫째는 과학고에 응시했다가 실패했지만 결과적으로 보아 일반고에 진학한 걸 그는 큰 행운으로 생각한다.

"둘째가 이공계 적성이 뛰어난 반면 첫째는 다방면에 걸쳐 성적이 좋았어요. 그래서 하고 싶은 게 무척 많았고 고등학교에 가서도 계열을 선택하는 데 어려움을 겪다가 최종적으로 문과계열로 결정했죠. 그러나 둘째는 워낙 자신이 갈 길이 분명했기 때문에 과학고 진학에 한 치 망설임도 없었어요."

조 씨는 첫째가 과학고에 갔더라면 적응을 못해 방황했을 것이라면서 첫째도 그런 이야기를 한 적이 있다고 했다. 수학, 과학 분야에 적성이 남다르고 과제 집착력이 뛰어난 아이라면 과학고에 가도 되지만 아이가 모든 분야에서 두각을 나타낸다면 일반고에 가는 게 대학입시에서 유리한 고지를 선점하는 길이라는 것이 조씨가 내린 결론이다. 특목고 진학을 원하는 엄마들은 왜 꼭 특목고이어야 하는지 다시 한번 생각해 보라고 했다.

역설적이긴 하지만 서울대 진학을 목표로 한다면 특목고보다 오히려 일반고가 더 나을 수도 있다. 같은 양의 공부를 하더라도 특목고에서는 내신 성적 올리기가 쉽지 않지만, 일반고에서는 훨씬 수월하기 때문이다. 특목고 진학에 실패한 아이가 분발해 서울대에 들어간 경우가 적지 않다. 또 일반고에 진학했더라면 서울대에 진학할 수 있었던 아이가 특목고로 오는 바람에 서울대에 진학하지 못하는 아이러니한 경우도 주변에서 종종 볼 수 있다.

대신 일반고의 어려움은 엄마들이 관리해 주어야 할 것들이 많다는 점이다. 변수가 그만큼 많아진다. 학교에 머무는 시간이 짧고 집이나 학원에 가 있는 시간이 길기 때문에 시간 스케줄을 촘촘히 관리해 주어야 하는 부담도 남는다. 일반고 수업이 보통학생을 기준으로 진행되기 때문에 우수한 학생이라면 치열한 경쟁을 피부로 느끼지 못할 수도 있다.

특목고는 여유 있게 준비하라

아이를 특목고에 보내려면 여유 있게 준비해야 낭패를 보지 않는다. 내신은 늦어도 1학년 말부터는 잡아두어야 한다. 서울, 경기지역 특목고의 경우 2학년 1학기부터 3학년 1학기까지 학교 내신이 반영된다. 아차하면 원서를 넬 기회조차 없을 수도 있다. 과목별 가중치가 부여되기 때문에 학교에서 요구하는 과목은 반드시 기준치 안에 들어야 한다.

특목고 입시제도의 변화도 잘 읽어두어야 한다. 외국어고의 경우 글로벌전형 등의 이름으로 특별전형이 확대되는 추세며, 과학고에서는 구술, 면접 비중이 강화되고 단계별 전형이 늘고 있다. 경시대회 전형이 줄어들거나 없어지는 게 외국어고와 과학고의 일반적인 흐름이다.

각 학교별로 전형 요소, 반영 방법, 지원 자격 등이 다양하기 때문에 꼼꼼하게 살펴봐야 한다. 이해가 되지 않는 사항은 해당 학교에 직접 문의하면 정확한 답변을 들을 수 있다.

그렇다면 특목고는 언제부터 준비해야 하나? 아이를 특목고에 진학시키는 데 실패한 엄마들은 "너무 늦게 준비했다"고 후회한다. 영어나 수학, 과학은 하루아침에 되는 공부가 아니기 때문이다. 이들 과목은 특목고로 진학하지 않더라도 일반고에서 필요한 과목들이기 때문에 미리 공부해두면 다 힘이 되는 과목들이다. 아이를 특목고에 보낸 엄마들은 2학년 때 시작하기에는 늦은 감이 없지 않다며 늦어도 1학년 때는 준비에 들어가는 게 좋다는 의견을 내놓았다.

셋째 아이까지 외국어고에 보내려고 준비하는 박석희 씨는 첫째와 둘째를 모두 중1 말부터 특목고 전문학원 보냈다. 그 학원은 한 해 특목고 진학생이 수백 명이라는 신문광고까지 내는 학원이었다.

"학원에서 얼마나 시켰는지 아이가 중3 때쯤 되니까 더 볼 영어책이 없다고 할 정도였어요. 그래서 토플을 시켰어요. 학원에서 토플, 토익, 텝스 등을 많이 시켰어요. 외국어고 준비하는 애들은 중2 때쯤 되면 수능영어는 다 맞을 정도예요."

그는 학원에서 맡아서 다 해주는 바람에 별로 한 게 없다고 표현할 정도로 학원 덕을 많이 봤다고 했다. 대신 엄마는 아이들한테 특목고에 가야 하는 목적과 이유를 끊임없이 일깨워 주었다고 했다.

특목고에서 인정하는 대회 입상을 통한 진학도 도전해 볼 가치가 있다. 입상하면 가산점이 있어 유리할 뿐 아니라 실패하더라도 그동안의 공부가 일반고에서 고스란히 밑거름이 되기 때문이다.

"특목고에 가기 위해 열심히 했는데 안 되면 어떻게 하나 걱정하는 엄마들이 많아요. 원했던 성과를 거두지 못하면 엄마들도 큰 상처를 입게 되죠. 그러나 그런 식으로 노력했던 애들은 그게 안 되면 다른 길이 또 있어요."

정보경시대회를 준비시켰던 이현숙 씨는 뭐든 열심히 하면 거기에 관계되는 어떤 것들이 아이들에게 주어지게 마련이라고 했다.

경시대회는 수학, 과학, 영어, 논술, 정보 등으로 다양하다. 눈여겨봐야 할 대목은 이들 경시대회가 해당 학교에서 인정하는 대회냐 아니냐는 점이다. 과학고나 외국어고는 지원자격이나 가산점을 인정하는 경시대회를 입시요강에서 밝히고 있다. 최근 경향은 특목고에서 인정하는 경시대회가 줄어들고 있다는 점이다. 서울지역 과학고의 경우 올림피아드에만 가산점을 부여하고 시 교육청 대회는 2005년도 이후 것은 반영하지 않고 있다.

❖ 경시대회 이렇게 준비했어요

소화할 수 있는 범위 내에서의 선행학습으로 이미경

초등학교 4학년 때 교내 경시대회에서 기대치도 않은 성적을 거둔 둘째를 집앞 수학 전문학원에 줄곧 보내다 아이가 중학교에 진학한 뒤에는 과학 과목으로 바꾸어 경시대회를 준비했다.

사실 경시대회 준비를 위해서라기보다 선행학습을 시키기 위해서였다. 큰아이가 외국어고에 들어갔지만 선행학습을 별로 시키지 않았다가 고등학교 때 고생했던 경험이 있었기 때문이었다.

목표는 소화할 수 있는 범위 내에서의 선행학습이었다. 수학이 선행학습이 되어 있으면 물리는 특히 수월하다. 과학은 많은 과목을 공부해야 하기 때문에 일요일이면 학원에서 10시간 이상 수업을 받아야 했다. 아이는 어려서부터 단련된 집중력 덕인지 힘들다는 말없이 열심히 해냈다. 칭찬할 수밖에 없었다.

영어, 국어도 부족해서 보충해야 하지만 지칠까 봐 방학 때 혼자 문제집을 풀게 하고 어느 부분이 취약한지 스스로 느끼게 했다.

중학교 방송반에서 워낙 열심히 활동하는 바람에 걱정한 적도 있었다. 어차피 스스로 해내어야 한다는 생각에 무거운 경시 책가방을 한 번도 들어주지 못했고 매일 밤 12시 넘어 마을버스를 타고 돌아올 때도 데리러 가지 않았다. 집에 들어 올 때마다 번쩍 안아주고 머리를 쓰다듬는 것으로 그쳤다.고등학교 진학도 큰아이 때와는 달리 쉽게 결정하였다. 중3 때 오빠가 의과대학에 진학하는 것을 보고 아이도 의과대학에 진학하고 싶다고 하였다.

엄마 입장에서는 일반고로 보낼까, 과학고로 진학시킬까 잠시 망설였으나 아이도 과학고 진학을 원하고, 과학고의 내실 있는 교육과정을 포기할 수 없어 진학을 결정하였다. 과학경시대회 입상 실적이 있어 특차 전형으로 어렵지 않게 입학할 수 있었다.

머리보다 노력이 경시대회 입상의 큰 힘 이현숙

아이가 초등학교 5학년 때부터 정보학원에 줄곧 보냈다. 초등학교까지는 전국대회에도 나가고 곧잘 했지만 중학교 때는 전국대회에도 못 나가 엄마와 아이 모두 충격을 받았다. 과학 쪽으로 아이가 취미를 보여 잠시 1년을 쉬면서 과학경시를 준비하기도 했으나 학교 정보영재반에 뽑히면서 다시 정보경시 준비에 들어갔다.

아이가 내신이 안 되기 때문에 경시를 준비하도록 권했지만 경시를 준비하면서도 수학 같은 것은 꾸준히 과외를 시켜 좋은 성적을 거둘 수 있었다. 다행스럽게도 과외 선생님이 아이의 일정에 전적으로 맞추어 주어 아이가 경시준비와 과외를 병행할 수 있었다. 다른 과목의 경우는 내신 시험 한 달 전부터 경시공부를 잠시 중단하고 준비했다.

밤을 새면서 하는 아이의 부단한 노력이 있었기 때문에 정보경시대회에서 좋은 결과를 거둘 수 있었다. 과학고를 못 가더라도 일반고에서 정보경시는 꼭 한다고 생각하라고 이야기해 주었다. 감격스럽게 전국대회 대상을 받아 과학고에 내신에 관계없이 입학했다. 머리보다 노력이 정말 큰 힘이 됐다.

컴퓨터 앞에 앉아있는 아이를 보면 다른 짓을 하는지 몰라 불안할 수도 있지만 아이가 스스로 자제하는 의지력이 있었다. 아이가 게임만 해도 웬만하면 그냥 보고 있다가 너무 심하다 싶으면 한마디 하는 걸로 그쳤다. 아이도 이제는 다 컸기 때문이다.

컴퓨터에 관해서 아무것도 모르는 엄마가 관리할 수도 없었다.

정보경시 이외에도 천문 등 다른 분야의 경시들이 많다. 예전에는 대학별로 경시대회가 있기도 했는데 요즘은 그런 게 별로 없다. 수학 같은 분야와 달리 정보 분야는 계속 빠른 속도로 변화하는 분야이기 때문에 지속적으로 공부해 주어야 하는 분야다.

지금도 어떻게 그렇게 아이가 잘하느냐고 주위에서 물으면 서슴지 않고 끝없는 노력과 끈질김이라고 이야기한다. 그 끈질김과 노력 앞에는 동기부여가 반드시 있었다. 지금 생각해 보면 동기부여가 없었다면 우리아이도 평범한 일반 고등학교에서 대학입시만을 위한 공부를 하느라 학원만 들락날락했을 것이다.

특목고 준비 엄마들이 알아두어야 할 것들

특목고를 준비하는 엄마들은 특목고와 대학 입시제도와의 상관관계를 알아야 한다. 대학 입시제도가 어떻게 바뀌느냐에 따라 특목고의 희비는 엇갈렸다. 특목고가 어문계나 이공계열 인재를 양성한다는 본래 취지와는 달리 인문, 사회계열과 의치대계열 입학생을 대거 배출해 내자 특목고의 명문대 입시기관화를 막고 본래 취지를 살려야 한다는 주장이 제기되면서 혜택과 불이익의 숨바꼭질이 계속되어 왔다.

이러한 숨바꼭질은 2008학년도 입시에서도 계속된다. 2006년에 고등학교 2학년생인 학생들부터 적용되는 2008학년도 입시에서는 학생부 석차등급제와 수능등급제가 도입된다. 학생부 반영비율이 50% 이상으로 확대된다. 그 결과 수능이 현재보다 상대적으로 무력화되고 내신이 현재의 절대평가에서 상대평가로 바뀌면서 우수 학생이 모인 특목고는 외형상 불리해졌다.

물론 외국어고 출신이 어문계열을, 과학고 출신이 이공계를 지원할 때는 내신평가에서 역차별을 받지 않도록 해 이들 계열로 진학하려는 학생들의 경우에는 나빠질 게 없다. 특목고 동일계 특별전형이라는 돌파구가 마련되어 있는 셈이다. 문제는 외국어고에서 인문 사회계열이나 이공계로, 과학고에서 의치대 계열로 진학하려는 등의 특목고에서 동일계 외로 진학하려는 경우이다.

입시전문가들 사이에는 2008학년도 입시에서 동일계 외 진학의 경우라도 절대적으로 불리하지 않을 것이라는 조심스런 전망도 있다. 우수 학생을 확보하기 위한 특목고용 특별전형이 어떤 형태로든 다양하게 생겨날 것이라고 보기 때문이다. 실제로 주요 대학들은 내신을 중요시하라는 정부의 방침에도 불구하고 특목고생을 확보하기 위한 '특별전형'을 그동안 해왔다. 2008학년도 입시에서도 이런 전형이 계속될 것이라는 예측이 맞아떨어진다면 특목고가 현재보다 크게 불리할 게 없다는 분석은 가능하다.

그럼에도 불구하고 외국어고에서 이공, 의학계열 진학을 희망하는 경우 학교에 이과반 자체가 없어졌기 때문에 이과 과목을 따로 공부해야 하는 어려움을 각오해야 한다. 서울지역 6개 외국어고 졸업생중 이공, 의학계로 진학하는 비율은 20%가량 된다.

또 과학고에서 의학계열로 가기 위해 3학년까지 남게 되는 경우는 최악의 경우 수능시험을 치러야 하는 상황까지 몰릴 수 있다는 사실도 미리 알고 있어야 한다. 과학고에서 1~2학년 때 배우는 공부는 수능과는 거리가 멀기 때문에 남은 1년간 일반고 3년 과정을 마스터해야 하는 어려움이다. 서울지역 과학고에서 3학년까지 남는 학생은 한해 10~20%가량 된다. 물론 학교에서 이들에게 수능 위주의 공부를 시키지만 일반고에서 3년에 걸쳐 하는 공부를 1년 만에 마무리하기에는 아무리 우수한 학생이라 하더라도 절대적인 시간이 너무 짧다.

첫째를 외국어고에서 의대로 진학시킨 이미경 씨는 "학교에서 이과지망생을 위해 방과 후 수학, 과학 보충수업을 실시했으나 이것만으로는 턱없이 부족해 별도 학원수업을 받아야 했다"고 어려움을 털어놓았다.

❖ 두 아이 나란히 특목고 보낸 엄마들의 성공 비결

특목고 전문학원에서 준비해 외국어고 보내다 박석희

중학교 1학년 말부터 특목고 전문으로 보내는 학원에 보냈다. 외국어고반도 특정 학교별로 나누어져 있을 정도로 유명한 학원이다. 굉장히 심하게 공부시키는 학원이라 1학년 초부터 보내면 질릴 것 같아 말에 보냈다. 학원에서는 공부도 많이 시켰지만 아이들 간 경쟁을 묘하게 유발시켰다.

학교 갔다 오면 오후 4시. 잠깐 재운 뒤 학원에 보내면 밤 11시, 12시에 들어왔다. 중3 때는 새벽 1시 반에 돌아왔다. 피크였다. 애들이 지쳤다. 학원에서 시키는 대로 했다. 아이가 원하는 건 다 해주었다. 책이든 참고서든 다 사 주었다. 시간을 절약해야 한다고 생각했기 때문이다.

둘째 아이는 중학교 입학하기 전 겨울방학에 보냈는데, 별로 늘지 않았다. 그래서 능력이 조금 떨어진다고 생각해서 꼭 복습을 시켰다. 학원에서 돌아오면 그날 배운 내용을 다 복습시키면서 채점했다. 그러다보니 학원의 허점이 보였다. 큰아이 때는 못 느꼈었는데 둘째 아이 때는 보였다. 문법 같은 게 좀 허술했다. 그래서 겨울방학 때만 보내고 그만뒀다.

◆ 학원으로 부족해 과외를 시키다

둘째한테는 영어, 수학 과외를 붙였다. 다시 학원에 보내더라도 최고반에 붙는 게 중요했다. 최고반에 들어가면 합격은 거의 정해진 거나 다름없었다.

과외를 시키면서 선생님한테 주문을 했다. 교재는 이런 걸로 써 주고, 6개월 안에 진도는 여기까지 나가 주고, 영어는 문법, 독해, 듣기, 쓰기 다 주문을 했다. 과외 선생님들의 주관에만 의존하지 않았다. 학원 최고반에 들어가려면 이 정도는 해야 된다는 것을 알고 있었기 때문이다. 과외는 매일 복습시켰다. 매일 단어를 외우게 했다.

교재를 약간 높은 걸로 더 사서 엄마랑 따로 했다. 독해나 문법 같은 것은 같이 붙어 1년 동안 했다. 둘째는 엄마 손을 많이 탔다. 엄마가 엄청 시킨 끝에 중학교 1학년 때쯤 거의 고3 것까지 다 뗐다.

◆ 매일 영어 테이프를 들려준 게 최고

첫째 때는 안했는데 둘째 때는 잘했다고 생각하는 것은 아침에 일어나면서 영어 테이프를 틀어준 것이다. 학교에 갈 준비 시간, 학교 갔다 와서 학원 준비하는 시간에 꼭 듣게 했다. 전에 했던 영어 테이프도 틀어주고 서점에 자주 나가 영어소설 테이프 등을 사 주었다. 학원에서 하는 것 말고도 더 사서 엄마가 직접 돌봤다. 다행히 아이가 잘 따라왔다. 테이프 덕분에 듣기를 잘했다. AFKN뉴스 같은 것도 귀에 잘 들어온다고 했다. 중3 때는 AFKN을 스스로 틀기 시작해 주식시황까지 알아듣는 수준이 되었다.

좌절을 딛고 희망을 쏘다 김현숙

첫아이가 중학교에 입학하고 얼마 되지 않은 4월 말에 교내 수학, 과학 경시대회가 있었다. 사람 일이란 어떻게 될지 모르니 경험 삼아 한번 보라고 했는데 상을 받았다. 2, 3학년도 있는데 1학년생이 수학, 과학 은상을 받은 것이다. 그러나 2개월 뒤 서울시 경시대회 과학부문에 학교 대표로 참가했지만 상을 받지 못했다.

◆ 첫째는 경시대회에 희망을 걸다

2학년이 되어 다시 교내 대회에서 큰아이가 과학 금상, 수학 은상을 받았고 작은아이는 과학 은상, 수학 금상을 받았다. 자매가 상을 받았으니 큰 영광이었다. 다시 서울시 대회에 도전키로 하고 학교로, 학원으로 상의하러 다녔다. 학교에서는 별다른 관심이 없었다. 서울시 대회는 6월로 예정돼 있어 시간 여유는 2개월 정도 밖에 남지 않았다.

학원을 알아봤더니 경시 전문학원이 상계동 쪽에 많았다. 집 근처에서 크게 멀지 않고 이전에 살던 곳이라 선뜻 한 곳을 골랐다. 상담과 테스트를 거쳐 결정했다. 그날부터 한 달여 공부해서 서울시 대회에 참가했다. 장려상이라도 탔으면 좋겠다는 소박한 소망은 이뤄지지 못했다. 다니던 중학교에서 과학고를 간 아이가 한 명도 없었다. 과학에 매달리다 보니 영어와 수학은 공부할 시간이 없어 놓고 있었다.

과학고에 보내고 싶었지만 길을 알지 못해 막막했다. 담임선생님과 상의했더니 경시대회가 아니어도 내신으로도 갈 수 있다고 했다. 중간, 기말고사 시험에 대비해 수학, 과학을 중점적으로 시켰으나 2학기 중간고사에 어이없는 실수로 지원자격 수학, 과학 성적 7% 이내를 벗어났다. 이대로 원서를 써 보지도 못하고 끝나는 것이 아닐까 하는 두려움이 생겼다.

경시대회에 마지막 희망을 걸었다. 아이가 3학년에 올라가자 아이의 피곤함을 덜어주기 위해 운전을 배워 살고 있는 서울 종암동에서 학원이 있는 상계동까지 밤마다 실어 날랐다.

다행히 두 아이가 교내 경시대회에서 수학, 과학 부문 금상, 은상을 차지했다. 큰아이는 학교 대표로 서울시 대회에 참가해 과학 부문에서 장려상을 받았다. 아이에게 가산점이 있으니까 해보자며 용기를 북돋워 주었다. 원서 접수일이 임박했다. 떨렸다. 엄마도 떨리는데 아이는 얼마나 떨릴까? 아이는 엄마의 정성에 보답했다.

◆둘째는 내신으로 승부를 걸다

첫째는 집으로 오는 영어, 수학 학습지로만 공부를 했으나 둘째는 초등학교 6학년 때 미리 영어를 준비했다. 조금 잘 가르친다는 동네 영어 전문학원에 1년간 보냈다. 중학교에 들어가서도 2학년 여름방학 전까지 영어학원을 계속 다녔다.

그러다가 조금 쉬고는 겨울방학 때 아이가 외국어고에 가고 싶다고 해서 서울 중계동에 있는 외국어고 전문학원으로 옮겼다. 아이들마다 특성에 맞게 운영하는 학원이었다. 수학은 잘하는데 영어가 조금 떨어진 반, 영어는 잘하는데 수학이 조금 떨어진 반, 수학과 영어가 다 우수한 반, 영어와 수학이 좀 부진한 반 등의 식으로 수업을 진행했다.

아이가 열심히 해주었다. 지금도 생각해 보면 그때만큼 열심히 한 적이 없다. 학원을 다니던 중 아이는 진학 희망 학교를 외국어고에서 과학고로 바꿨다. 과학고에 다니던 언니가 교복이 아닌 대학생 같은 옷차림으로 기숙사를 오가는 모습이 어린 눈에 멋지게 보였던 모양이었다.

둘째는 내신관리를 하고 있었다. 가능하면 국, 영, 수, 과 성적을 놓치지 말자고 했다. 중3 여름방학 때부터 과학고에 많이 보내는 학원으로 옮겼다. 들어갈 때는 두 번째 반이었으나 목표를 세우고 열심히 공부한 결과 차츰차츰 성적이 올라 두 달 만에 첫 번째 반으로 옮겼다. 4개월 동안 새벽 2시까지 공부하고 내신 특별전형으로 과학고에 합격했다.

중학교 때 만나는 공부의 적

특목고나 SKY대학에 진학한 아이들이 중학교 때 만났던 공부의 적으로는 공부에 대한 회의를 꼽은 엄마들이 있었다. 공부에 대한 회의가 내부의 적이라면 외부의 적은 컴퓨터게임, 판타지소설, 왕따 문제 등이었다.

"가장 힘들었을 때가 공부에 회의를 갖고 방황할 때였어요. 이때는 계속 엄마, 아빠가 대화하며 어려운 부분이 무엇인지 서로 이해하면서 인내하며 기다려주었죠."

아이가 중학교 때 공부 회의로 어려움을 겪었다는 박석희 씨는 엄마, 아빠의 상담만으로는 한계를 느껴 전문기관을 몇 번 찾았는데 효과를 보았다고 했다. 흔히 상담이라고 하면 색안경을 끼고 보기 쉬운데, 전문가들의 풍부한 경험을 토대로 아이와 부모가 직접적으로 말할 수 없는 이야기까지 객관적으로 해줄 수 있기 때문에 이런 문제가 발생하면 주저하지 말고 문을 두드리라는 게 박 씨의 조언이다.

아이는 몇 차례 상담을 하면서 인생에서 공부의 중요성을 본인이 깨달아 다시 노력의 고삐를 쥐었다. 아이는 외국어고에 진학했다.

중학교 3학년이 된 김순미 씨의 둘째가 경시 대비를 한다며 학원에 가는 날은 계속 늦게 돌아왔다. 어느 날 버스가 끊어질 시간인데도 아이가 오지 않아 마중을 나갔던 엄마는 다른 방향에서 오고 있는 아이를 발견했다. 아이는 "지하철에서 졸다가 내려야 할 곳을 지나쳐 다시 버스를 타고 왔다"고 했다. 처음에는 그런 줄 알고 그냥 넘어갔다.

그런데 다음에도 아이가 제 시간에 오지 않았다. 학원에 전화를 했더니 "경시 때문에 특별히 늦게 보낸 적이 없다"며 오후 8시면 정확하게 마친다고 했다. 엄마는 거짓말을 잘하지 않는 아이가 자신을 속였다는 데 화가 났다. 동네 PC방을 다 뒤져도 없었다. 골목길을 지나오다 책방에 앉아 판타지소설에 빠져있는 아이를 발견했다.

아이에게 무섭게 야단을 쳤지만, 정작 자신이 아이가 거짓말을 하게 내몰지는 않았는지 돌아보고 자신에게도 막 화가 났다고 했다.

김금남 씨도 아이가 판타지소설에 빠져 한때 걱정을 했다. 선생님과 상의를 했더니 "그래도 책 보는 게 낫다"고 해서 걱정을 적당히 접었다.

엄마가 생활전선에 뛰어든 1년간 아이가 컴퓨터 게임에 빠져 하마터면 외국어고 입시에 고배를 마실 뻔 했다는 이미경 씨의 사례는 대부분의 가정에서 겪고 있는 고민이기도 하다. 디지털시대에 자라난 아이들이 일찍부터 컴퓨터에 접하면서 부모들이 공부관리에서 가장 어려운 상대가 PC게임이 됐다.

집에서는 직장 다니는 엄마가 집을 비운 사이, 밖에서는 아이가 학원을 오가는 동안은 허점이 생기는 시간이다. 그렇다고 아이를 따라다니며 감시할 수도 없다. 엄마들은 PC게임이 싫더라도 현실로 받아들여야 한다.

대신 효율적인 관리방안을 찾아야 한다. 게임을 집에서 어느 정도까지 허용해 주고 게임과 공부와의 상관관계에 대해 수긍할 수 있도록 사전에 충분히 이야기를 해두는 것이 한 방법이다. 조옥남 씨의 경우 일찍부터 컴퓨터를 마루에 내어 두어 아이들이 언제나 공개된 장소에서 게임을 하도록 했다. 컴퓨터 앞에 앉는 규칙을 정해 두면 큰 문제는 없다고 조 씨는 말했다. 이 집에서는 지금도 누구든지 인터넷을 하려면 마루로 나와야 한다.

L씨의 경우 딸아이가 중2 때 학교폭력으로 한동안 마음고생을 했다. 담임선생님이 예뻐한다고 다른 아이들이 아이를 집단으로 때렸다. 이 소식을 들은 L씨는 피가 거꾸로 솟는 것 같았다. 전학을 고려할 정도로 하루하루가 지옥이었다.

"열심히 공부해서 고등학교를 좋은 곳에 가자"면서 아이를 매일 학교에 데려다 주고 데리고 왔다. 다행히 선생님이 친구들을 붙여 주었다. 그리고는 부모님이 다른 아이들 눈에 뜨이면 도움이 안 되니 학교로 오지 말라고 했다. 등하교 길은 친구들이 도와주었다. 점심시간에는 주임 선생님이 의도적으로 복도를 왔다 갔다 했다. 3개월 만에 조금씩 안정을 찾게 되면서 학교생활은 정상을 회복했다.

L씨는 "학교폭력 문제는 학교와 부모가 함께 힘을 쏟아야만 예방도 치유도 거둘 수 있다"면서 "아이가 왕따가 되지 않도록 평소 세심하게 신경을 써야 한다"고 말했다.

❖ 중학교 공부관리 POINT

* 공부를 해야 하는 이유에 대해 아이가 동의할 수 있도록 이야기해 준다.

* 동기부여, 고민이나 심리상태 수시 체크, 학습계획, 시간 조절 등에 대해 엄마와 아이가 서로 이야기한다. 결국 아이가 계획하게 하고 공부하도록 유도한다. 대화를 많이 해 아이의 심리상태를 파악하고 엄마와 신뢰와 공감형성이 중요하다.

* 학교 공부는 본인이 알아서 하는 습관을 들이도록 한다.

* 내신관리를 위해 국어, 영어, 수학, 과학을 집중 관리한다.

* 한 과목 정도는 심화학습을 시킨다.

* 국어는 한 단계 넓은 사고영역의 독서가 충분히 이뤄져야 한다. 독서와 글쓰기를 통해 논리적 사고를 배양시킨다. 중학교 1~3학년 독서프로그램을 만들어 부모와 함께 완벽하게 실시한다.

* 신문 사설을 읽게 하고, 글을 요약하고 요지를 쓰게 한다.

* 비판적 시각을 길러주기 위해 보수, 진보 성향 신문을 하나씩 읽힌다. 진보 성향 논객들의 책을 읽힌다.

* 학교에서 다루기 힘든 독서, 논술, 토론 등은 필요할 때 소수정예로 시킨다.

* 글로벌 시대 영어에 관심과 흥미를 잃지 않도록 재미있는 비디오나 영화 등을 보여 준다

* 영어 일기 쓰기를 시작하고 에세이 연습을 시킨다.

* 수학은 아이의 능력에 따라 6개월에서 1년 반 정도 선행학습을 시킨다.

* 예체능 분야가 취약하다면 단기간 개인지도를 통해 기본기를 익히게 한다.

* 특목고 진학을 희망할 경우 학원에 다니게 하면서 준비한다. 학원 선택이 중요하다.

* 특목고에 보내려면 늦어도 중학교 2학년부터 계속 공부를 시킨다.

스스로 공부하게 하라 —고등학교 공부관리

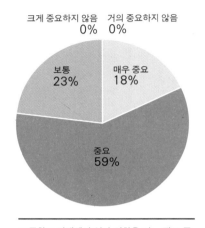

크게 중요하지 않음 0%　거의 중요하지 않음 0%

보통 23%

매우 중요 18%

중요 59%

고등학교 단계에서 엄마 역할은 어느 정도 중요하다고 생각하나요?

좋은 성적 올리라고 엄마가 해준 금반지를 낀 아이, 엄마가 받아온 부적을 몸에 지니고 다니는 아이. 겉으로 보기에는 조용하지만 엄마들의 고민과 정성으로 가득한 고3 교실 풍경이다.

고등학교 시기는 12년간 자식농사의 파이널 리그가 열리는 때이다. 아이들뿐 아니라 엄마들의 성적까지 매겨진다. 가장 결정적인 시기이면서도 엄마들이 해줄 수 있는 것들이 상대적으로 가장 줄어드는 아쉬운 때이기도 하다.

특목고와 SKY대학에 아이를 보낸 엄마들을 대상으로 이 시기 엄마 역할의 중요성을 물은 결과 "중요하다"고 응답한 엄마는 77%였다.

초등학교나 중학교 시기 엄마 역할의 중요성에 비해서는 상대적으로 낮은 비율이었지만 대학입시라는 목표점을 향해 아이의 일거수일투족에 더 신경을 써야 하는 가장 힘든 시기이다.

두 아이를 한양대 의대와 고려대 법대에 보낸 정연덕 씨는 아이가 중학교 때는 시험공부를 밤늦게까지 하면 엄마도 자지 않곤 지켜보았지만 고등학교 때는 아이가 조금 부담스러워하는 것 같아 슬그머니 그만두어야 했다.

엄마가 입시 정보에 밝아야 한다

이 시기 엄마의 가장 중요한 역할 중 하나는 입시에서 핵심을 잘 파악해서 여기에 맞는 전략을 잘 세워야 하는 것이다. 어느 대학, 어느 과를 목표로 어떻게 공부할지 구체적인 계획을 세우고 스스로 공부하도록 관리해 주는 일이다. 어려운 일이지만 꼭 해내어야 하는 일이기도 하다. 그동안 공부가 다소 부족했다 하더라도 크게 비관할 필요는 없다. 공부 잘 시킨 엄마들 중 아이가 고등학교에 들어가 두각을 나타냈다는 응답이 12%였다는 사실에 용기를 내야 한다. 그 시기는 빠를수록 좋다.

두 아이를 서울대 법대와 치대에 보낸 정병희 씨는 "부모들이 어렵더라도 입시설명회에 자주 가거나 인터넷을 통해 정보를 수집하고, 학교에 가서 다른 엄마들을 만나 학원, 과외 등에 관한 많은 정보를 얻어야 한다"고 강조했다. 사실 이런 부분은 직장 다니는 엄마들이 가장 취약한 부분이기도 하다.

고교 교사인 그는 일반고 엄마들 중에서 정보가 없어 쓸데없는 일에 진을 빼는 경우를 종종 보았다면서 학교가 요구하는 과목 이

외의 것에 신경을 쓰거나 수시나 정시 모집요강을 잘 모르는 경우 등이 여기에 해당된다고 했다.

그는 "엄마들로부터 과외를 같이 시키자는 연락이나 좋은 정보를 많이 받았고, 아이와 같은 학년 담임을 하면서도 아이가 다니는 학교의 정보를 알려고 학부모 총회나 모임에도 가능한한 참석했다"고 말했다. 그런 일들이 입시정보에 가장 밝다고 할 수 있는 고3 담임인데도 많은 도움이 되었는데, 정보에 어두운 일반 엄마들은 이보다 훨씬 더 활발하게 움직여야 하는 게 아니냐고 말했다.

2008학년도 입시제도에서 달라지는 것들

2006년 현재 고2인 학생들부터 적용되는 2008학년도 입시제도의 핵심은 수능등급제와 학생부 석차등급제 도입이다. 여기에다 주요 대학의 학생부 반영비율이 50% 이상으로 확대돼 전형에 큰 영향을 미치게 된다.

수능등급제가 도입되면 현재 영역별 표준점수와 백분위 등급이 주어지던 수능은 점수 대신 1등급에서 9등급으로 된 등급만 제공된다. 수능시험에서 상위 4%이내면 1등급, 11% 이내면 2등급이 된다. 현재보다 수능의 영향력이 줄어드는 셈이다.

학생부 표기방식이 절대평가에서 상대평가로 바뀌면서 현재 수우미양가의 절대평가가 없어지고 대신 9등급의 석차등급제가 도입돼 과목별 등급과 원점수와 평균, 표준편차가 함께 기록된다. 일선 고등학교에서 공공연히 진행되고 있는 내신 부풀리기를 막기 위한 조치이다. 특목고에서는 우수 학생들을 어쨌든 9등급으로 나눠 줄을 세워야 한다.

달라지는 입시제도를 한마디로 요약한다면 내신 강세, 수능 약세이다. 수시든 정시든 학생부 반영률이 50% 이상이 되면서 내신을 확보하려는 경쟁이 치열해질 수밖에 없다. 물론 대학들이 학생부 영향력을 줄이기 위해 기본 점수를 많이 주고 최고, 최저 간 차이를 줄여 실질반영률을 낮출 가능성도 있다.

수능이 상대적으로 무력화되지만 그렇다고 무시할 수도 없다. 학생부 비중이 높아짐으로써 상대적으로 대학별 고사의 비중은 낮아질 수밖에 없지만 당락에 미치는 영향력은 오히려 더 커질 가능성이 높다. 주요 대학 입장에서 내신과 수능에 큰 차이가 없다면 논술, 면접 등 대학별 고사를 통해 변별력을 높이지 않을 수 없게 된다. 결국 수험생은 내신, 수능에 대학별 고사까지 세 마리 토끼를 모두 잡아야 하는 큰 부담을 안을 수밖에 없다.

일반고는 내신관리가 관건이다

대학 입시전략의 출발점은 내신이다. 수시 지원을 희망한다면 더더욱 내신에 목숨을 걸어야 한다. 수시 전형의 문이 점점 넓어지고 있어 내신 중요성은 갈수록 높아지고 있다. 정시 지원의 경우라 하더라도 내신이 받쳐주지 않으면 수능만으로는 SKY대학에 진학하기는 사실상 어렵다. 학생부 반영비율이 50% 이상으로 확대되는 2008학년도 이후에는 더욱 그렇다. 내신 중심 학원이 바빠진 이유다.

"내신관리가 가장 기본입니다. 아이가 학교에서 수업 내용을 완벽하게 이해할 수 있도록 집중력을 높여주어야 합니다." 정연덕 씨는 일반고의 경우 충실한 학교 공부만으로도 내신 관문을 돌파할 수 있다면서 규칙적이고 짧지만 충분한 수면이 최고의 집중력으로 학교 수업에 임할 수 있게 해주는 키워드라고 했다.

첫째를 수시로 서울대 사회대학에 보낸 조옥남 씨는 내신관리의 중요성을 '합격보증서'라는 말로 대신했다. SKY대학에 보내기 위해서는 힘들더라도 1학년부터 교과 과목은 물론, 봉사활동 등의 비교과 영역까지도 어느 하나 소홀하지 않게 내신을 관리해준다면 수시에서 남들보다 빨리 웃을 수 있다고 했다. 설령 수시에서 고배를 마시더라도 학교 공부와 전혀 별개가 아닌 수능에서 힘을 받을 수 있는 데다 그동안 따놓은 내신 점수까지 있어 내신관리를 놓칠 이유가 없다는 것이다.

정병희 씨는 "선생님이 수업시간에 가르친 내용을 아무래도 출제하게 되는 학교시험과 사고력을 측정하는 수능은 다를 수 밖에 없다"면서 내신 위주로 치우치면 수능에서는 좋은 점수를 거두기 어려

운 점이 있다고 했다. 실제로 언어
영역 같은 경우는 학교 선생님
조차 설명하기 어려울 정도
여서 수능 공부를 시키기
가 쉽지 않은데, 문제는 암
기가 아니고 사고력이기
때문이라는 것이다.

　정 씨는 고등학교 공부
관리 비법을 다시 짠다
면 "아이가 스스로 공부
하게 하고 부족한 부분만 사교육을 통해 보충해 주겠다"고 했다. 학
교에서 좋은 성적을 거두려면 부족한 부분을 집에서 메워야지 가능
하며, 학교 진도만 따라가서는 심도 있는 학습이 어렵다는 것이다.
심도학습을 위해서는 사교육이 꼭 필요하다는 논리다.

　"우리 아이에게 맞는 학원, 과외 선생님을 찾아 아이가 최선의 능
력을 발휘할 수 있도록 믿어주고 밀어줘야 합니다. 돈이 아까우면 공
부가 안 되죠." 그의 말이다.

　정연덕 씨도 학교 공부만으로 부족한 부분은 학원이나 과외를 통
해 해결해야 한다는 데 공감하면서 국어의 경우 소수 그룹별 논술,
영어는 시사 토익 토플 수준의 보조학습을 시키고, 수학은 취약 부
분을 개인과외 또는 소수 정예반에서 반복적으로 학습해 원리를 이

해하도록 하면 된다고 덧붙였다.

학원은 부족한 과목 위주의 단과학원이 좋다

특목고, SKY대학에 아이를 진학시킨 엄마들에게 명문대에 진학하려면 고등학교 때 사교육이 얼마나 필요한지 물었다. "필요하다"는 응답은 70%로 초중고 교육단계 중 가장 높았다. 예상했던 결과이다. 이에 비해 "필요하지 않다"는 6%. 어떤 형태로든 사교육 도움을 받지 않고 명문대에 합격하기가 어렵다는 소리다.

정병희 씨는 학교 공부가 매우 중요하지만 공교육만으로는 대학입시를 감당하기 어렵고, 학원으로도 부족하다면 과외라도 시켜야 된다는 입장이다. 과학탐구의 경우 1학년 여름방학부터 방학 때만 주로 했는데, 짧게 해도 된다고 했다.

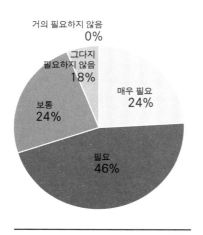

명문대 진학에 고등학교 때 사교육이 얼마나 필요하다고 보나요?

고려대 법대에 다니는 김금남 씨의 첫째는 2학년 말부터 학원에서 보충한 수학공부가 크게 도움이 되었다. 김 씨는 부족한 과목 위주의 학원 강의가 효과적이었다면서 전 과목을 학원에 의존하는 경우를 주위에서 더러 보았는데, 별 효과가 없는 것 같았다고 했다. 아이는 학교 수업과목이 아니었던 세계사도 학원을 통해 보충 받았다. 그는 사교육에서는 좋은 강사를 만나는 게 특히 중요하다면서 강의에 대한 평판, 교사의 질, 집이나 학교에서의 거리, 교통편 등이 고려 요인이라고 했다. 물론 학원은 학습에 대한 진도와 열의가 다른 아이들을 다루는 곳이므로 꼭 효과적이지는 않다는 단서도 붙였다.

정연덕 씨는 큰아이에게 특별히 취약 과목이 없었지만 고등학교 1, 2학년 때 영어, 수학은 좋은 학원에 보내 관리하고 고3 올라가는 겨울방학 때는 유명 강사의 사회탐구, 과학탐구 강좌를 듣게 했다. 강남에서는 이때 엄마들이 사탐, 과탐 정리를 한 번씩 한다는 게 그의 귀띔이다. 사탐, 과탐 강좌가 끝난 뒤에는 뛰어난 아이들로 팀을 만들어 논술을 시켰다. 엄마들 사이에 생각과 기대치, 그리고 호흡이 맞았다고 했다.

학원 중심의 사교육만이 꼭 정답은 아니다. 바로 인터넷 강좌이다. 김금남 씨는 아이가 몇 번인가 인터넷 강의를 들었는데 아주 효과적이었다면서 학원에 가지 않더라도 인터넷이나 문제집을 잘 활용하면 학원 강의 이상의 효과를 기대할 수 있다고 했다. 첫째는 고3 때 주말을 이용하여 EBS 강의를 1주에 3~4강 정도 들었다.

박석희 씨도 인터넷 강의의 효과에 동의한다. 외국어고에 다니는 둘째가 혼자 공부하면서 인터넷 강의로 보충하고 있는데 효과적이라고 했다.

여유 있는 1학년 때 한 과목 정도 심화학습을 시켜라

큰아이가 고1이 끝나갈 무렵 학교 선생님한테서 과학경시를 준비해 보는 게 어떻겠느냐는 연락이 왔다. 김순미 씨는 알고 지내던 다른 학교 아이들 엄마들을 따라 압구정동에 있는 S학원을 찾아갔다. 김 씨는 여러 상황을 종합한 결과 지금 경시를 시작하기는 너무 늦은 것 같다는 결론을 내렸다. 늦게 시작한 경시에서 성적을 내려면 집중이 필요한데, 일반고에서 내신을 챙겨 가며 경시를 하기에는 무리가 따르겠다고 판단했다.

대신 비교적 여유가 있는 1학년 때 구술면접에 대비해 물리 한 과목쯤은 학원에서 심화학습을 시키기로 했다. 처음 물리 수업을 할 때 큰아이는 자기 실력이 제일 부족한 것 같다며 힘들어했다. 자기는 이해가 잘 되지 않는데, 다른 아이들은 너무 잘 안다는 표정이라며 걱정을 하곤 했다. 그런데 막상 평가시험을 치면 큰아이 성적이 제일 좋았다.

큰아이는 친구들이 왜 학원을 다니는지 이해가 안 될 때가 종종 있다고 했다. 진도에 맞추어 자기 공부가 뒤따라야 효과적인데 숙제조차 해오지 않는 아이가 많고, 자기가 모르고 있다는 사실조차 드러내는 것을 싫어하는 아이도 있다고 했다.

큰아이는 수학, 과학은 예습이 효과적이라고 생각했다. 그냥 대충 넘기지 못하는 큰아이의 성격으로 학원 다니는 데 의외로 시간이 많이 걸려 중도에 그만두었다. 김 씨는 그때 그만둔 게 못내 아쉬웠다면서 시간이 조금이라도 나는 1학년 때 무조건 한 과목 정도는 심화학습을 시키라고 했다. 그의 첫째는 서울대 생명과학부에 다니고 있다.

핵심을 정확하게 집어내는 힘은 독서에서 나온다―언어영역

언어영역의 핵심은 글을 읽고 내용을 파악하는 능력이다. 암기가 아니기 때문에 실력은 단기간에 쌓여지지 않는다.

가장 손쉬운 대비는 교과서 읽기이다. 교과서 전문과 교과서에 나오는 작품의 배경지식, 작가의 작품세계를 최우선으로 이해한 다음 비슷한 경향의 작품과 작가의 다른 작품까지로 관심을 넓히도록 해주어야 한다.

언어영역의 출제범위는 사실상 무궁무진하기 때문에 교과서에 나오는 작품만으로는 부족할 수밖에 없고, 따라서 문학작품이나 동서양 고전 등의 폭넓은 독서가 이뤄져야 한다. 언어영역은 사고력과 논리력에다 제한된 시간에 많은 문제를 풀어야하는 신속성이 요구된다. 빨리 읽으면서 중심내용을 제대로 잡아내는 힘은 바로 독서에서 나온다. 책을 많이 읽게 한 엄마들의 관리가 돋보이는 분야가 바로 언어영역이다.

학교시험에 대비해 교과서와 자습서를 꼼꼼하게 읽으면서 1학년 말까지 고교과정에 필독해야 할 작품은 마무리하고 이후에는 배경

지식을 익히고 기출문제의 다양한 유형을 보면서 핵심 내용을 정리하는 능력을 키우면 처음 보는 문제라도 그다지 당황하지 않게 된다. 쉽게 틀리는 유형은 오답노트로 실수하지 않게 정리하고, 어휘에 취약하다고 생각되면 어휘노트를 만드는 일도 필요하다.

조옥남 씨의 첫째는 어릴 때부터 책을 많이 읽은 데다 고등학교에 입학한 뒤에는 문예출판사에서 나온 세계명작을 비롯해 다양한 책을 읽었다. 그 덕에 아이는 수능 모의고사와 본고사에서 "읽었던 책에서 지문이 나왔다"고 좋아할 때가 많았다. 김금남 씨는 첫째도 초, 중, 고등학교 때 많은 책을 읽었는데, 이것들이 언어영역은 물론 논술시험에 크게 도움이 되었다고 했다.

언어는 하루아침에 성적이 오르지 않는다

"우리 집 아이는 이과적인 성향이 강해서인지 언어영역이 약했어요. 어릴 때부터 책을 좋아해 친구 집에 가도 책만 읽는다며 눈총을 받던 아이인데도 언어를 힘들어했어요."

김순미 씨는 틀린 문제를 보면 답이 나오는데, 첫째는 "그게 왜 답이 되는지 설명해 달라"고 했다. 특히 비슷한 답 2개에서 하나를 선택하는 문제를 힘들어했다. 아이는 꼭 답만 피해 다니는 것 같다면서 어떤 때는 망설이는 번호 중에서 일부러 정답에서 먼 것 같은 번호를 찍어보기도 했는데 틀렸다고 속상해했다.

3학년이 되어 기출 문제집을 풀면서 감을 익혀도 점수는 마찬가지였다. 3학년 때는 거의 언어만 공부했다는 느낌이 들 정도로 언어에 치중했다. 하지만 결과는 변함이 없었다. 결국 학원의 도움을 받기로 하고 유명세를 타는 선생님 특강에 아이를 보냈지만 2개월쯤 뒤 아이가 이상한 소리를 했다. "수업을 들으면 힘이 나고 잘할 것 같은데, 무엇을 배우고 있는지 모르겠다"는 것이었다.

엄마는 아이와 이야기를 나눈 뒤 무엇이 부족한지 아는 것이 더 중요하다는 결론을 내렸다. 그리고는 학원을 그만두게 하고 스스로 참고서와 문제집을 병행해 공부하며 오답노트를 만들어 분석해 보기로 했다. 시간은 자꾸 흐르고 다른 과목은 틀리는 게 별로 없어 점수를 올릴 수 있는 것은 언어뿐인데, 아이가 속상해하며 초조해하는 것 같았다.

엄마는 아이가 지금 흔들리면 큰일이라고 판단하고 언어를 포기시키고 대신 점수가 더 이상 더 내려가지 않도록 하는 현상유지 전략을 세웠다. 아이의 언어점수가 문제가 쉽든 어렵든 다행히 거의 일정한 수준을 유지한 데 착안한 것이었다.

그러면서 아이에게는 원래 수능대박은 지금까지 모의고사 성적중 제일 좋은 점수가 나오는 법이라며 욕심을 부리지 말라고 아이를 다독거렸다. "올해 언어문제는 아마 어려울 거야! 그래서 우리 딸이 상대적으로 잘 보게 될 걸~"이라며 힘을 북돋워 주었다. 그런데 그말이 현실이 되었다. 그해 언어문제가 어려워 아이는 그때까지 받아보지 못한 점수를 얻었다.

언어공부를 할 때 아이가 묻는 내용을 설명해 줄 수가 없어 수능 2개월 전, 잠시 다니게 한 학원의 수업방식을 아이는 마음에 들어했다. 아이가 문제집을 풀고 채점한 뒤 틀린 문제에 답을 선택한 이유를 적어 놓으면 선생님이 이를 보고 책이나 문제집을 추천해 주는 방식이었다. 그런 식으로 반복했는데, 아이는 '그 선생님을 진작 만났더라면……' 하고 아쉬워했다. 이런 방법이 도움이 되었던 것은 아마도 아이의 자기 공부가 어느 정도 뒤따라 주었기 때문에 효과적이었다는 게 김 씨의 생각이다.

❖논술은 엄마, 아빠가 평소에 챙겨줄 수 있다

조옥남 씨는 서울대 수시에 지원한 첫째가 구술면접을 보게 되자 어떻게 해야 할지 몰랐다. 그동안 책을 많이 읽기는 했지만 대부분의 아이들처럼 특별한 대비를 한 게 없었기 때문이다.

급한 대로 아빠가 해결사로 나서기로 했다. 아빠는 그동안 틈틈이 생각해 두었던 것들과 신문에서 이슈가 됐던 것들을 중심으로 50문항쯤을 골랐다. 아이가 보던 교재가 2권 정도 있었지만 젊은 강사들이 만들어서인지 시야가 좁고 획일적이라는 생각이 들었기 때문이었다.

퇴근 후 아빠가 컴퓨터 앞에 앉아 모범답안을 작성하기 시작했다. 논제와 개요, 쟁점 등을 일목요연하게 정리했다. 신문기자 전력을 믿고 시작했지만 꽤 시간이 걸렸다. 결국 면접 전까지 다 끝내지 못하고 40문항 선에서 마무리할 수밖에 없었다.

시험 2주를 남겨두고는 혹시나 싶어 강남의 서울대 전문이라는 논구술학원에 보냈다. 학원비는 10일 동안 100만 원가량. 고등학교 3년간 들어간 사교육비의 절반을 웃도는 금액이었다. 아빠는 이듬해 친구들에게 모범답안을 돌리면서 몇 십 만원씩 수고비를 내라고 농담을 던지기도 했다.

논술은 부모가 조금만 신경 쓰면 아이를 도와줄 수 있는 가장 손쉬운 영역이다. 모범답안까지 힘들다면 신문이나 인터넷 자료를 통해 관심 있는 논제를 1차적으로 스크랩해 줄 수 있다. 한꺼번에 하기에는 자료검색이 만만치 않기 때문에 평소 관심을 가지고 틈나는 대로 자료를 모으는 게 좋다. 스크랩을 아이에게만 하라고 맡겨두기에는 시간이 너무 부족하다.

또 자료만 던져주고 아이 혼자 끙끙대면서 해결하라면 별 효과가 없을 것이다. 훈련이 되지 않은 아이라면 어디서부터, 어떻게 손대야 할지 모르기 때문이다. 당연히 아이와 함께 이야기를 나누는 과정이 필요하다.

이를테면 출가한 딸들에게도 문중 재산을 상속할 권리를 인정해 달라는 소송 같은 경우가 좋은 이야기 감이다. '딸들의 반란'을 통해 그동안 우리 사회에서 급속하게 진행되어온 여성 지위의 변화, 여성의 사회적 역할 등에 대해 얼마든지 재미있고 다양하게 이야기를 나눌 수 있다.

그런 과정을 통해 아이들은 생각을 정리하고 자기주장을 논리적으로 펴는 눈을 가지게 된다. 이런 경험이 쌓이면 비싼 학원에 보내지 않고도 기본적인 논술준비는 웬만큼 되는 셈이다.

수학은 교과서 개념 원리 이해가 첫걸음이다─수리영역

교과서가 가장 확실한 교재라는 것을 엄마들은 알고 있어야 한다. 모든 문제의 출처는 교과서이기 때문이다. 교과서를 중심으로 기본 개념을 철저히 익히고 공식의 유도나 증명과정 등을 확실히 이해하도록 해야 한다.

교과서에 나오는 문제를 풀면서 각 단원별 핵심 개념과 원리를 이해했는지 점검하고 넘어가야 한다. 이때 참고서를 같이 보는 것도 좋다. 원리 이해가 끝났다면 문제집을 다양하게 풀어 실력을 향상시키도록 한다.

엄마들은 많은 문제집을 풀어보는 데 욕심을 내지만 실은 한 권을 완벽하게 소화해내도록 하는 게 중요하다. 어떤 책이든 그 안에 완결된 논리가 들어 있기 때문이다. 문제를 풀 때는 풀이에 의존하지 않고 스스로 생각하고 해결하는 습관을 들이도록 해야 한다. 처음에는 더디고 힘들지 모르지만 가장 확실하게 이해하는 지름길이다.

오답노트를 적절하게 활용하는 것도 큰 도움이 된다. 시간이 없을 경우에는 틀린 문제들만 한번 쭉 훑어보는 것만으로도 마무리가 되기 때문이다. 여기까지 되면 학교시험은 무리 없이 치를 수 있다. 참고서 한 권을 완벽하게 독파한 다음에는 가속도가 붙게 되어 있다.

개념이나 원리에 대한 확실한 이해가 없으면 응용력이 떨어져 변형된 문제에는 손을 놓기 쉽다. 이래서는 통합형 수능이 어렵다. 취약한 부분에서는 시행착오와 반복학습을 각오해야 한다. 당연히 심화학습에도 힘써야 한다. 시험 난이도는 아무도 예측할 수 없기 때문이다. 이런 준비가 끝나면 기출문제를 중심으로 본격적인 수능 준비에 들어가면 된다. 선행학습은 기초가 다져졌다는 전제로 해야 한다. 최상위권 학생이 아니라면 무리하게 선행학습을 할 이유가 없다.

정병희 씨는 "문과는 수학이 상대적으로 쉬워 선행학습이 크게 필요하지 않지만, 이과는 범위가 넓어 혼자 하기 어렵기 때문에 선행학습이나 사교육이 꼭 필요하다"고 했다. 문과인 큰아이는 모의고사 문제집으로 학원에서 풀어주는 데 한계가 있어 2학년 겨울방학부터 과외를 시켰고, 이과였던 작은아이는 고1 때부터 친구랑 같이 과외를 시켰다. 작은아이는 시간이 많이 필요한데다 학교 수업에서 두각을 나타내기 위해 시작한 것이었는데 충분한 효과를 거뒀다고 했다.

단과학원에서 놓쳐버린 수학을 만회하다

"중학교 때 놓쳐버린 공부, 특히 수학이 차츰 부담스러워져 보충학습이 필요하다는 결론을 내리고 고2 겨울방학 때 단과학원에서 강의를 듣게 했어요. 그런데 그 전에는 학원에 잘 다니지 않으려던 아이가 지루한 학교 강의와 비교하며 흥미롭게 공부를 시작하는 게 아니겠어요?"

김금남 씨의 첫째는 모의고사를 치면 수학 점수가 눈에 띄게 낮았다. 다행히 2학년 때 행렬을 배우면서 수학이 재미있다고 말하기도 하였지만 역시 수학에 자신감이 없어 했다. 아이가 2학년 말 스스로 학원이라도 가야겠다고 하여 아무런 정보가 없는 엄마가 인터넷을 뒤지기 시작했고, 아이도 나름대로 수소문해 단과반을 신청했다. 아이는 그동안 학원에 길들여지지 않았기 때문인지 열심히 했지만 효과는 즉각 나타나지 않았다. 수학이 단계별 학습이기 때문이었다.

아이는 열의를 알아준 선생님이 있어 학원을 지루하지 않게 잘 다녔다. 고3 때는 밤 10시까지 학교에서 야간 자율학습을 하는 바람에 학기 중에는 학원에 다닐 수가 없어 방학 때 다시 나머지를 보충했다. 수학은 계속 아킬레스건이 되었지만 결국 수능에서 이를 극복할 수 있었다. 초등학교 때부터 학원에 의존해 온 여느 아이들과는 달리 학원이란 데를 거의 다녀본 적이 없는 아이는 이때 강의가 큰 도움이 되었다고 김 씨는 말했다.

아이는 대학 입학 후 그 학원에서 보조강사를 몇 달간 하면서 본인이 냈던 수업료보다 더 많은 돈을 벌기도 하였다. 수학 문제아가 수학강사가 되어 돈을 벌다니, 얼마나 멋진 공부역전인가.

1학년 때 기초를 확실히 쌓게 하라 — 외국어영역

아이가 고등학생 정도가 되면 엄마나 아빠가 영어를 돌봐 주기는 사실상 불가능하다. 하지만 어떻게 공부해야 하는지 방법론쯤은 알고 있어야 관리가 가능하다.

우선 시기적으로 시간 여유가 있는 고등학교 1학년 때까지 기초실력을 확실하게 다져두도록 해야 한다. 그렇게 하면 2학년이 한결 수월해진다. 교과서는 기본교재이다. 힘들더라도 내용을 통째로 외우게 하는 게 좋다. 1학년 교과서를 통째로 외워두면 2학년 교과서는 그 절반의 노력으로도 외울 수 있다. 아이가 열 문장을 외울 때 엄마가 한 문장쯤 같이 거들어 준다면 큰 격려가 된다. 엄마의 관심을 알게 되기 때문이다.

참고서는 한 권을 완전히 이해할 때까지 독파시켜라

단어 하나, 관용구 하나에 일일이 매달리면서 시간을 낭비할 필요는 없다. 모르더라도 전체적인 맥락 속에서 이해하는 훈련이 필요하다. 문법이나 어휘도 마찬가지다. 수능에서 글의 전체적인 흐름을 이해하고 논리적인 사고를 할 수 있느냐가 중요한데, 이런 훈련이 쌓이면 문장을 읽어가면서 바로 전체 내용을 파악할 수 있기 때문이다. 이것이 영어를 돌파하는 힘이다.

그런 과정을 거치고난 뒤 지엽적인 것들을 해결하면 된다. 그렇다고 단어를 소홀히 해도 좋다는 뜻이 아니다. 단어를 모르고서는 당연히 독해도, 듣기도 어렵다.

조금씩이라도 매일매일 하는 공부가 성적 향상의 지름길이다. 책을 폈을 때는 다 알 것 같아도 대개는 돌아서면 잊어버리기 때문이다. 당연히 잊어버리는 양보다 새로 기억하는 양이 많아야 실력이 쌓인다. 수능에서는 빠르고 정확한 해석이 중요하기 때문에 감각을 잃지 않기 위해서 매일 공부를 해야 하는 것이다.

하루 20분씩 영어교과서 듣기를 한다면 수능 영어듣기에서 만점은 쉽게 받을 수 있다.

중학교 때까지 아이 영어를 직접 가르친 정연덕 씨는 영어를 매일 보는 것과 그렇지 않은 것은 다르다고 말했다. 영어는 우리가 일상적으로 사용하는 말이 아니기 때문에 반복이 중요하다는 것이다. 아이에게 문장 전체를 외우도록 해 문맥 안에서 단어, 숙어의 뜻을 유추하도록 요구했다. 풍부한 어휘 학습을 한다는 이유로 단어숙어만 외우게 되는 경우 문장에서 종합적 독해력이 뒤떨어질 수도 있다는 이유에서였다.

참고서와 문제집은 여러 권을 한 번씩 보게 하지 말고 한 권을 완전히 이해할 때까지 최소한 3번쯤 독파토록 해야 한다. 그 한 권 안에 완성된 틀이 있기 때문이다. 처음 볼 때, 두 번째 볼 때, 세 번 째 볼 때가 다르다. 세 번쯤 돌파할 때쯤이면 시간도 단축될 뿐 아니라 본인의 약점까지 한눈에 들어온다.

문법도 마찬가지다. 문제를 보면 답이 몇 번인지 금방 떠오를 정도로 눈에 익숙해져야 한다. 처음 틀린 문제, 두 번째 틀린 문제, 세 번째 틀린 문제에 각기 다른 체크를 해두면 어느 부분을 보강해야 하는지 쉽게 알 수 있다. 참고서를 절대 깨끗하게 사용할 필요가 없다. 참고서에 묻은 손때야말로 아이의 실력이다.

기본실력이 갖춰지면 영어소설이나 영어드라마 등으로 관심영역을 넓히도록 한다. 학원이나 과외가 필요하다고 판단되면 과감히 지원해야 한다. 부모의 관심이 끝까지 따라준다면 영어공부에 지레 겁먹을 필요는 없다.

정연덕 씨는 체계적으로 필요한 것을 교육시키는 데는 부모의 소신보다 전문학원에 보내는 것이 좋다는 의견을 제시했다.

정병희 씨는 "우선 당장의 목적은 대학진학이기 때문에 현실적으로 수능영어에 맞춰 준비할 수밖에 없었다"면서 아이가 대학 다니는 모습을 보면 수능에 관계없이 '영어 좀 시킬 걸……' 하는 아쉬움이 남기도 한다고 덧붙였다.

❖고3 엄마들은 이래요

"대학 입시에서 가장 중요한 때는 고3이다. 이 시기에 엄마가 없으면 아이가 마음에 안정감이 없어 공부에 전념하기 힘들다. 당연히 엄마도 아이처럼 긴장해 있어야 아이가 열심히 한다. 엄마, 아빠는 TV를 보면서 아이에게는 공부하라면 아이가 수긍하지 않는 것은 당연하다.

아이가 고3 때는 엄마가 생활을 단순히 하고, 신경을 아이에게만 집중했다. 등하교 때 차 태워주기, 아침에 지각하지 않도록 일찍 깨우기, 아플 때 간호하기 등으로 아이가 항상 최선의 컨디션을 유지할 수 있도록 애썼다." 정병희

"아이가 스스로 컴퓨터 게임을 지우고, 야간자율학습을 열심히 하는 등 공부에 대한 열의를 보여주자 엄마로서는 아이의 안정을 우선 과제로 생각했다.

고3인 아들을 매일 자동차로 태워주었다. 시간을 아껴주려는 생각 외에도 짧게나마 대화 시간을 가지기 위해서였다. 아이가 아침 일찍 나가서 밤늦게 돌아오니 얼굴을 보며 대화할 시간이 별로 없었다. 차안에서나마 학교 이야기, 도시락 반찬 이야기, 친구들 이야기, 우스개 소리 등을 나눔으로써 긴장감을 해소할 수 있도록 신경을 썼다.

신문이나 잡지에 난 입시정보를 스크랩해 두기도 했는데 별반 도움이 되지 않았다. 오히려 따뜻한 위로나 격려, 혹은 종교를 통한 안정감이 더 중요하다고 생각했다. 매주 함께 교회에 나가 설교를 듣고 기도하면서, 힘들지만 일종의 통과의례가 되어버린 입시전쟁의 무게를 조금이라도 가볍게 느끼도록 해주려고 노력했다. 큰아이가 입시 스트레스로 너무 힘들어하고 밥도 제대로 못 먹을 때는 아이에게 공부는 다시 할 수 있지만 건강은 다시 찾을 수 없다며 인생은 다양하고 넓다고 말해 주었다." 김금남

고등학교 공부의 적

외출에서 돌아온 조옥남 씨는 고교 3학년인 큰아이가 동생들과 함께 마루에서 TV 앞에 앉아 영화를 보고 있자 순간 화가 치밀어 가위로 TV 코드를 싹둑 잘라버렸다. 외출 전 TV를 보지 말라고 몇 번씩 말했던 터였다.

고물이 다 된 TV를 버리고 새로 사야 할지 고민하던 참이었고 큰아이도 TV를 안방으로 넣으라고 말하던 터라 주저하지 않았다. 큰 애는 자율의지로는 TV를 보지 않는 게 힘들었든지 오히려 홀가분해 했다. 드라마에 질질 끌려 다니던 조 씨도 아이들 앞에 떳떳할 수 있었다. 조 씨는 두 아이가 대학에 들어가고 난 뒤 TV를 다시 샀다.

아이를 명문대에 진학시킨 엄마들은 아이들의 특별한 일탈행위로 애를 먹은 경우는 별로 없었다. 어릴 때부터 관리가 잘 돼 왔기 때문일 것이다. 조 씨의 경우는 한 편의 에피소드에 불과하다. 하지만 컴퓨터 게임 때문에 애를 먹었다는 엄마들은 간혹 있었다. 컴퓨터가 공부를 방해하는 가장 큰 '공공의 적'인 셈이다.

이미경 씨는 외국어고에 다니던 아이가 컴퓨터게임에 빠지는 바람에 한때 커피 중독이 되었다. 외국어고에서 의과대학을 가려면 성적도 좋아야 했지만 이과 과목을 보충하기 위해 더 열심히 해야 하는 상황인데도 아이가 게임에서 빠져나오지 못했다.

다행히 그전부터 다져왔던 공부 저력으로 의대에 진학했지만 엄마는 그때 냉정을 찾기 위해 뜨거운 커피를 눈물과 함께 씹어 넘기던 일을 생각하면 지금도 목이 멘다.

고등학교 2학년 때 아이의 자퇴소동으로 한바탕 홍역을 치렀던 조옥남 씨도 컴퓨터 때문에 위험천만한 시간을 보냈다. 학교를 다니지 않겠다고 버티던 아이가 마음을 추스르자 고맙다며 사준 노트북이 말썽이었다.

아이는 서울대에 들어가고 난 뒤 "사실은 고3 때 컴퓨터로 만화 300편 정도를 보았다"고 실토하는 것이 아닌가? 불 끄고 잔다던 아이가 만화책을, 그것도 300편이나 봤다는 소리에 엄마는 뒤로 넘어질 뻔했다. 원하는 대학에 갔으니까 그나마 다행이지만 그때를 돌아보면 아찔하기만 하다고 말했다.

조 씨는 "아이들에게서 잠시도 눈을 떼지 말라"면서 "아이가 대학생이 될 때까지 개인용 컴퓨터를 사 주는 일을 보류하라"고 당부했다.

❖ 고등학교 공부관리 POINT

*공부는 본인이 스스로 하는 것이므로 스스로 성적에 대해 생각하고 대책을 수립
 해 나가도록 한다

*아이가 주도적으로 학습하게 한다. 부모는 상담, 후원만 감당할 수밖에 없다. 부모
 가 아이의 어려움을 공감하고 이해한다는 감정 전달이 중요하다.

*학원이나 과외가 필요하다면 보내주고, 그 외 필요한 것은 아이가 원할 때 엄마가
 판단해서 제공한다.

*문과, 이과 적성을 구분해 그에 필요한 취약과목에 대한 집중 심화학습을 시작한다.

*내신관리가 관건이다. 집중력을 길러주어 수업시간에 완벽하게 이해하도록 한다.
 규칙적이고, 짧지만 충분한 수면이 최고의 집중력을 키워준다.

*내신은 선택과목 중심으로 집중한다.

*학교에서 다루기 힘든 독서, 논술, 토론 등은 필요할 때 소수정예로 시킨다.

*언어, 수리, 외국어, 탐구 영역 모의고사 문제집을 1학년 겨울방학부터 집중 풀이한다.

*영어는 시사, 토익, 토플 수준의 보조학습을 학원을 통해 시킨다.

*수학이 취약하다면 개인, 또는 소수정예반에서 반복학습을 통해 원리를 이해
 하게 한다.

*고등학교 1, 2학년 때는 영어, 수학을 집중 관리한다.

*과탐, 사탐은 1학년 여름방학 때 짧게 선행학습을 한다.

*고2 겨울방학에는 사탐, 과탐, 논술 등 주변 과목을 정리한다.

*비교과 영역관리의 하나로 아이를 학급 임원, 동아리 임원, 학생회 임원을 시키는
 한편 장애인시설 봉사활동도 시킨다. 교내외 상을 받게 한다.

9. 직장 엄마의 어려움은 정보 부족—직장 엄마의 자녀 관리 성공 사례

*직장엄마라는 핸디캡을 극복하고 아이를 서울대 법대와 치대, 고려대 법대에 각각 보낸 정병희 씨와 김금남 씨가 털어놓는 자녀관리 노하우. 정 씨는 고교 교사로, 김 씨는 법원 공무원으로 재직 중이다.

부모가 아이를 신뢰하는 것보다 더 큰 무기는 없다 김금남

처음부터 직장생활을 할 마음이 없었지만 어쩌다보니 계속 직장을 다니게 되었다. 그 후 계속 승진하고 공부하면서 아이들에게 본보기를 보여줄 수 있다고 생각하게 되었다.

전공은 유아교육이었다. 아이들에게는 무릎학교가 인생의 기본이다. 사람이 정서적인 기반을 잃으면 평생 치유되지 않는다고 생각했다. 어릴 때는 엄마가 공부하면 같이 하겠다고 들고 나오기도 했다. 아이가 큰 후에도 공부하기를 싫어할 때, 엄마도 공부를 한다는 것을 보여주면 아이들도 별 불평불만 없이 자신의 공부를 했다.

이런 것들이 쌓여 아이들이 공부를 어렵지 않게 느끼고, 공부가 일시적인 것이 아닌, 지속적으로 생활 속에서 해야 하는 것이라고 느끼게 했다고 생각한다.

가장 큰 어려움은 정보 부족

우리는 맞벌이 부부라 하루 종일 아이를 관찰할 수 없다는 게 늘

핸디캡이었다. 아이가 특별한 일탈행동을 하지 않아 속을 썩인 일이 없었다는 게 그나마 천만다행이었다. 다만 아이의 성적이 떨어졌다거나 하면 우리 부부로서는 아주 난감했다.

우리 부부는 결국 아이를 믿기로 했고 결과적으로 성공했다. 부모가 나를 신뢰하고 전폭적으로 지원해 준다는 것, 아이에게 이것보다 더 큰 무기가 세상에 어디 있겠는가?

직장에 다니는 엄마로서 아이들과 함께 하는 시간이 부족했던 점이 가장 아쉬웠다. 그러나 다행스럽게도 아이들이 엄마의 직장생활을 이해하며 긍정적으로 받아들였다. 불평하지 않고 자신의 일은 스스로 챙겼으므로 특별히 어렵지는 않았다.

가장 큰 어려움은 정보가 별로 없다는 것이었다. 가령 새로운 학년이 되어도 학교에 갈 짬을 내지 못했고, 당연히 선생님이나 다른 엄마들을 만나지 못하여 답답했다. 아이에게 미안할 때가 많았다.

특히 준비물을 일일이 챙겨주어야 하고 학교와의 의사소통이 많이 필요했던 초등학교 저학년 때는 혹 아이가 소심해지지 않을까 염려를 많이 하였다.

잠재적인 가능성에 기대감을 갖게 하라

그러나 책을 많이 읽는 아이를 격려해 주고, 휴일에 특별한 경험들을 갖도록 하여 대화를 많이 한 것이 아이에게 정서적 안정감을 주었던 것 같다.

공부를 아주 잘하지는 않았지만 칭찬을 해주었고 잠재적인 가능성에 대하여 기대감을 가지도록 하였다. 아이의 일기장과 선생님의 답글을 유심히 지켜본 것이 많은 도움이 되었다.

그리고 당장 필요할 때에 엄마가 곁에 없다는 것 때문에 아이가 결핍을 느끼지 않도록, 엄마가 일하는 곳에 데리고 가서 보여주기도 하고 엄마가 하는 일의 중요성과 성취에 대하여도 설명해 주었다. 그 때문인지 아이는 일찍부터 엄마가 낮에 직장에 나간다는 사실을 받아들였고 불평하지 않았다.

중학교 때는 다른 엄마들처럼 공부에 대한 불안감 때문에 학원에 보내기도 하였으나 아이가 흥미를 느끼지 못하므로 곧 그만두게 하였다. 무슨 일이든지 충분한 동기유발이 되지 않으면 효과가 없다는 생각에 아이 스스로 공부할 마음이 생길 때까지 기다려 주기로 하였다.

대신 학원에 가지 않아 시간이 남는 아이와 가족여행을 많이 다니곤 하였다. 엄마인 나 스스로 새로운 공부를 시작하여 공부가 특별한 일이 아니라 자연스러운 일상생활의 일부로 느껴지도록 하였다.

필요하면 전화나 편지로 선생님과 상담

중학교 때도 다른 엄마와 교류가 없어 답답하기는 하였으나 필요하면 선생님께 편지나 전화로 상담하기도 하였고 인터넷으로 정보를 구하기도 하였다. 그리고 이때부터는 아이가 엄마의 직장생활에 긍정적인 태도를 보였기 때문에 집안일청소도 분담시켰다. 엄마의 가사부담을 덜어주는 것은 물론, 교육적인 면에서도 효과가 컸다.

고등학생이 되자 아이 스스로 문제점을 느끼고, 학습방법을 모색하기 시작하였다. 어릴 때부터 책을 많이 읽었던 터라, 언어나 사회영역은 별 문제가 없었으나 수학에서 전 단계 학습이 충분히 이루어지지 않았기 때문에 걱정이 많았다. 그러나 방학을 이용해 단과학원에 다녀본 아이가 다행히 흥미와 의욕을 가졌기 때문에 극복할 수 있었고, 모든 시간표를 스스로 계획하였기 때문에 엄마로서는 그저 정서적인 면과 건강을 살피는 일에 주력하였다.

고교 때는 아이가 학생회 간부였기 때문에 자연히 다른 엄마들을 만나게 되었다. 그러나 모임에서 들은 정보들은 내가 아는 것과 큰 차이가 없었다. 오히려 이런저런 쓸데없는 정보 때문에 전전긍긍하는 것이 아이들을 더 불안하게 한다는 생각이 들었다. 그냥 평소에 생각하던 대로 아이에게 신뢰감과 자신감을 갖도록 격려하는 일이 더 중요한 것 같았다.

이때 아이는 엄마의 직업에 대하여 구체적으로 알고 싶어하였다. 그래서 지위나 보수에 대하여도 솔직히 얘기해 주고, 앞으로 성취하게 될 일들에 대하여도 설명해 주어 아이가 자신의 미래를 설계하는 데 참고할 수 있도록 하였다.

현실을 긍정적으로 보고 스스로 해결하게 하라

아이와의 시간이 절대적으로 부족한 직장엄마로서 어쨌든 원하는 대학에 아이가 무난히 합격한 데에는 주어진 현실을 긍정적으로 바라보도록 솔직히 대화하고, 스스로 문제를 발견하고 해결할 수 있도록 믿고 기다려 준 부분이 가장 크지 않았을까 생각한다.

사실 아이와 함께할 수 있는 시간은 다시 돌아올 수 없는 순간인데 엄마가 나가서 자신을 위해 일하느니 집으로 돌아오는 게 옳지 않을까 하고 많이 고민했다. 남편은 "힘들면 그만두라"며 전적으로 결정을 내게 맡겼다.

환경적으로 주위에 아이를 돌봐줄 분들이 많았다는 게 복이었다. 아이들이 어느 정도 컸을 때 아이들에게 엄마가 직장을 그만두는 것에 대해 의견을 물었다. 아이들은 엄마가 직장을 다니는 게 더 좋다고 했다.

직장 다니는 엄마들이 저지르는 실수 중 하나가 미안하다는 죄책감에 보상심리로 아이들에게 모든 것을 지나치게 해주려는 것이다. 하지만 본인은 그런 마음을 일찍 버렸다. 왜냐하면 사회인으로서 엄마 일을 아이들에게 가르쳐주는 것 또한 좋은 교육이라고 생각했으니까.

회사에 있을 때 밖에 비라도 오면 정말 마음이 미어졌다. 우산도 가져다주고 그래야 되는 건데⋯⋯. 그래서 집을 산 후에도 회사에서 10분쯤 되는 가까운 곳에 살기로 했다. 출퇴근 시간에 꼬박꼬박 한 시간씩 버리는 것은 너무나도 아까웠기 때문이다. 그 덕에 아침에 애들을 다 챙겨주어서 보내고 점심시간에 비가 오면 우산도 가져다 줄 수 있었다. 이때 못 가는 경우가 있더라도 아이들이 친구와 비교해 실망하고 불행감에 빠질까봐 이야기를 미리 해주었다.

엄마가 하는 일에 관해 충분히 설명해 주어라

엄마가 하는 일을 알려주고 사무실도 미리 데려가 구경시켜 주었다. 그러면서 아무나 이런 일을 해내지 못할 것이라는 것, 그리고 엄마가 평일에는 아이들과는 함께 못하지만 휴일에는 충분히 함께 할 수 있다는 것도 말해 주었다. 엄마가 지금 일을 그만두면 어떤 일을 할 수 있는지, 그리고 그게 더 나은지는 지금은 모르겠지만 당장은 지금 일을 계속해야겠다고 설명했다. 아이들은 아빠로부터 논리적으로 설명을 듣는 일에 익숙해서인지 그냥 받아들였다.

아이들이 점점 커가면서 붙잡는 일도 없어졌다. 당연히 엄마가 오면 말해야지 하면서 초등학교 저학년 때부터는 스스로를 잡아갔다. 그 무렵에는 알림장에 준비물이 많아 걱정이 컸다. 늦은 시간에 퇴근해서 들어와서 알림장을 확인해 보면 병뚜껑 10개, 흰색 손수건 2장 등 밤중에 해결할 수 없는 준비물이 많았기 때문이다.

그래서 아이에게 학교에서 돌아온 후 미리 준비물에 대해 전화로 엄마에게 이르라고 말했다. 그렇게 하지 않았을 경우에는 엄마도 밤 중에는 준비물을 챙겨줄 수 없고, 학교에서 혼이 나도 분명 본인 책 임이라는 것을 인지시켰다. 아이는 몇 번의 시행착오를 겪은 후 준비 물을 챙기지 못하는 경우가 없어졌다. 준비물 같은 것은 아이와 엄마 간 약속이나 훈련으로 해결할 수 있는 것이다.

마음의 상처가 남지 않도록 늘 유의해야

하지만 얼마 전에 딸아이가 어릴 때 자신은 외로운 적이 많았다고 했다. 큰아이 적만 하더라도 집에 할머니가 계셔서 손자를 잘 챙겨주셨다. 손자 키우는 데 보람을 느끼고 기력도 좋으셨다. 하지만 작은아이 때는 기력도 쇠하고 경로당에서 보내는 시간이 많아졌다. 그래서 작은 아이는 혼자 집에 있으면서 무섭고, 마음이 외롭고, 오빠와 비교해 사 랑을 좀 덜 받은 것 같다는 이야기였다. 딸아이이고, 또 예민한 면이 있 어서 아이가 더욱 그렇게 느낀 면도 있겠지만 아이에게 정말 미안했다.

이런 점이 직장 엄마들이 해결해야 하는 문제라고 생각한다. 이런 것은 나중에라도 마음의 상처가 되어 남을 수 있기 때문에 직장엄마 들이 유의해야 할 점이라고 생각한다.

큰아이에게 부모가 없을 때는 작은아이를 네가 보호해야 한다고 말 했고 큰아이가 동생을 끔찍이 챙겨주었다. 그래서 둘은 지금도 사이 가 아주 좋다. 아마도 둘이 어릴 때 계속 붙어 있어서 그런 것 같다.

적극적으로 열심히 사는 모습을 보여주라 _{정병희}

직장엄마지만 교사라서 자녀관리에 여러 모로 도움이 많이 되었다. 아이가 어렸을 때는 친정어머니가 집에 오셨고, 조금 크면서는 아줌마가 와서 아이들을 돌봐주었다. 큰아이가 만 세 돌 지난 후, 작은아이는 두 돌 지난 후 조금 있다가는 같이 어린이집에 맡겼다. 둘이라서 서로 의지가 된 것 같다.

어린이집이 굉장히 엄격했고 매일 오후 4시 30분 퇴근 시간에 데리러 갔다. 내 시간이 없었다. 큰아이는 세 돌, 작은아이가 두 돌 반 만에 한글을 읽었는데, 어린이집에서 빨랐다. 방학 때는 어린이집에 보내지 않고 집에서 데리고 있었다. 그 사이 같이 있지 못했던 시간을 보충하기 위해서였다. 그때는 수영장을 데리고 다녔고 친구 집이나, 학교, 엄마와 아이들끼리 같이 가는 여행, 등산에도 많이 데리고 다녔다. 적극적으로 열심히 사는 모습을 보았을 것이다.

이사를 가서 집이 멀어져도 어린이집을 옮기지 않고 멀리서도 다녔다. 아이가 새로운 환경에 적응하는 데 따른 스트레스를 주지 않기 위해서였다. 아이를 데려다주기 위해 운전을 배웠다.

그리고 어린이집에서 오후에 찾을 때거나 퇴근 후에 만나면 호들갑을 떨며 반가워했다. 아이들 앞에서 모든 것이 즐겁게 보이도록 했다. 아이들은 내가 애들만 보면 지금까지도 그저 좋아하는 것처럼 엄마만 보면 즐거워하고 반가워하고 행복해했다.

안쓰러웠지만 항상 예뻐하고 좋아하고 사랑하다

문제는 초등학교부터였다. 방과 후에 돌봐 줄 곳이 마땅하지 않았다. 초등학교 저학년 때는 급식이 되지 않아 점심 해결이 힘들었다. 다행히 연년생이라 큰아이가 2학년 때부터는 둘이 서로 의지가 되어 점심도 같이 사서 먹고 학원도 같이 다녔다. 아이들에게는 미안했지만 내가 고생하는 것이 다 너희들 잘 키우기 위한 것이라고 말했다.

수업이 끝나서부터 엄마가 집에 돌아올 때까지 비는 시간을 때우게 하려고 학원을 돌렸다. 바둑, 피아노, 영어, 수영학원 등이었다. 수영, 피아노는 가까운 데 보냈고 영어는 학원버스를 타게 했다. 학원 마치는 시간이 퇴근 시간과 거의 맞았다. 항상 일찍 퇴근했다.

그때 자립심을 키운 것 같다. 학원에 안 가면 혼을 냈다. 차가 안 오면 30분 이상을 걸어서라도 학원에 가게 했다. 엄마가 없다고 애들이 의기소침하고 소심할 수도 있었을 텐데, 다행히 그렇지는 않았다. 또 그렇다 하더라도 별 다른 해결방법이 없었을 것이고, 엄마랑 같이 있는 시간에 잘 해주려고 했을 것이다.

안쓰러웠지만 항상 예뻐하고 좋아하고 사랑했다. 잘못할 때는 야단도 많이 쳤다. 그러나 짧게 끝내고, 금방 안아주었다.

평소에 해주지 못한 것들을 방학 때 보충해 주려고 애썼다. 아이들 중심으로 생활했다. 돌아가면서 하는 미술공부는 우리 집에서 했다. 친구 엄마들과도 많이 놀고, 친구 집에도 데리고 다녔다. 아이들과 같이 항상 있었다. 물론 교사라는 직업이어서 가능한 일이었다.

무관심이 쌓이면 회복이 안 될 수도 있다

아이가 중·고등학교를 다닐 때는 크게 어려움이 없었다. 중학교 때는 퇴근시간이 오후 4시 30분이라 비슷했고, 고등학교 때는 학교에서 자율학습을 밤 9시~10시까지 해서 저녁이 해결되었다.

사춘기가 시작되는 중학교 때는 가장 힘든 시기이다. 음주, 흡연 등 호기심에서 나쁜 행동에 빠질 위험이 있다. 질이 낮은 친구들과 어울릴 수도 있다. 나중에 알았지만 우리 아이도 이런 데 호기심이 있었던 같다. 하지만 여기에 빠지지 않고 별 무리 없이 지나갔다. 이성문제도 특별한 건 없었다. 공부하느라고 다른 데 신경 쓸 틈이 없었을 것이다.

엄마가 학교생활이나 교우관계 등을 꼼꼼히 챙겼다. 담임교사를 한 학기에 한 번씩 찾아가 이야기를 들었다. 친구 엄마들을 동네에서 만날 때마다 꼭 물어보았다. 아이 친구들에게도 얘기를 시키곤 했다.

직장엄마들이 가장 취약한 부분이 바로 정보이다. 고등학교 교사이고 아이와 같은 학년 담임을 했음에도 아이 학교 정보를 알려고 학부모 총회 등의 모임에 가능한 한 참석했다. 학교 선배 선생님들에게도 많이 물어보았다. 그리고 많은 도움이 되었다.

자녀교육에 관한 책을 많이 읽어야

과외나 학원 정보, 대입 맞춤 정보는 교사라는 직업이 많이 도움이 되었다. 자녀교육에 관한 책도 많이 보았다. 정보가 없는 엄마들은 여기저기 물어봐야 한다. 당연히 관련 책도 많이 읽어야 한다.

직장엄마들은 바쁘다. 너무 바쁘기 때문에 아이들 일에 무관심하게 지나칠 경우가 많다. 하지만 무관심이 쌓여 회복이 안 될 수도 있다. 힘들더라도 늘 관심을 가져야 한다. 스스로 노력하지 않으면 안 된다.

10. 아빠는 좋은 상담자이자 인생 선배—아빠의 역할

가정이 화목한 집 아이가 공부를 잘한다. 특목고나 SKY대학에 아이를 보낸 집안의 특징 중 하나는 화목한 가정이라는 점이다. 당연하다. 엄마, 아빠가 호흡이 잘 맞지 않는 집의 아이가 공부에 집중한다는 것은 상상하기 어렵다. 엄마, 아빠가 티격태격하면 아이가 곁길로 빠지기 쉽다.

아이를 좋은 학교에 보내는 데에는 엄마가 1등 공신이지만 대개 그늘에 가려 잘 보이지 않는 아빠의 역할도 무시할 수 없다. 아빠는 좋은 상담자이자 인생 선배로서 역할을 해주기 때문이다. 엄마의 사회적 역할이 크게 늘어나는 동시에 아빠의 교육적 관심이 증가하고 있는 것도 최근의 큰 흐름이다.

"때론 쉽게 감정을 드러내기 쉬운 엄마보다는 아빠 쪽이 훨씬 이성적으로 아이와 이야기를 나눌 수 있었어요. 뿐만 아니라 아빠가 열심히 살아가는 모습을 보이는 것 자체가 아이에게 훌륭한 모델이 되어 아이 스스로 장래에 대한 설계를 하는 데 힘이 되어 주었어요."

김금남 씨는 아빠가 훌륭한 상담자와 좋은 모델이 되어주었다고 했다. 아빠는 아이에게 자신의 어린 시절 이야기를 많이 해주었다. 고등학교 때 아빠는 문학에만 관심을 가지는 바람에 성적은 반에서 꼴찌에서 2등일 정도였고, 재수를 하면서 뒤늦게 공부에 눈을 떠 단기간에 성적을 크게 올렸던 이야기를 아이들에게 들려주었고, 아이들은 자신들도 할 수 있다는 자신감을 갖게 되었다.

"아들에게 아빠의 역할은 절대적이죠. 엄마가 많은 부분을 엄마가 전적으로 알아서 하지만 아빠는 치우치지 않고 더 넓은 안목을 가지고 아이들을 봐주었어요."

정병희 씨는 아이에게 일어나는 모든 일을 남편에게 일렀다. 양육 책임은 엄마에게만 있는 것이 아니어서 비밀이 없도록 했다. 엄마한테만 비밀이라고 한 얘기도 아빠한테까지 했을 정도였다. 엄마에게 야단맞은 일로 아빠한테도 야단을 맞은 경우에는 아이가 "두 번 다시 엄마한테 아무 얘기도 하지 않겠다"고 반발하기도 했다.

그러고도 아이는 조금 있으면 얘기를 하곤 했다. 그래서 모든 얘기를 아빠와 같이 상의할 수 있었다. 아빠의 말에 아이들이 좀더 나아졌다고 정씨는 생각한다. 실보다 득이 많았다는 것이다.

특히 밥상머리 교육은 아빠의 몫이었다. 시간이 별로 없으니까 밥 먹을 때 이런저런 이야기를 많이 들려주었다. 시사문제에서 직업이나 삶까지 다양한 주제의 이야기였다. 차로 함께 움직일 때도 마찬가지로 아빠가 많은 이야기를 했다. 초등학교 들어가기 전까지는 아빠가 아이들 관리를 많이 맡았다고 했다.

아빠는 아무래도 아이들이 무서워한다. 말이 먹힌다. 아빠의 관심은 아이들에게 무게를 얹어준다는 게 정 씨의 말이다.

"아빠가 관심 있게 지켜본다는 것을 보여주었어요. 아이가 방황할 때는 인생 선배로서 상담도 해주고요."

지켜봐 주고, 격려하고, 자랑스러워하는 아빠의 모습이야말로 아이에게 든든한 힘이었다는 박석희 씨. 인생을 보는 안목을 길러주고, 가치를 부여하는 일에는 아빠보다 더 좋은 선배는 없었다고 말했다.

특히 엄마가 아이들을 이끌어가면서 힘들어할 때, 아빠는 아이들에게 직접적으로 말하지 않고 엄마에게 중요한 걸 찍어줬다. 이럴 때는 기다려라, 이런 경우에는 이렇게 하는 게 좋겠다는 등의 조언을 아끼지 않았다.

아이들의 경우 대개 엄마 이야기는 아무래도 가볍게 받아들이지만 아빠 이야기에는 무게를 느끼기 때문에 아빠가 직접 아이들을 닦달하기보다는 어깨를 두드려주면서 격려해 주는 것만으로도 충분하다고 박 씨는 말했다.

"남편은 논리적이고 매우 이성적이며 판단이 정확한 편이에요. 그래서 문제가 있으면 남편의 의견을 들어보는 경우가 많았죠."

김순미 씨는 "남편은 아이들을 키우는 데 한 일이 없다고 말하지만 남편의 도움이 컸다"면서 자신을 믿어 주고 뜻에 따라주는 편이지만 가끔씩 찌르기도 해 과욕을 부리지 않도록 했다고 말했다.

아이들도 좀 고지식하고 보수적인 아빠에게 겉으로는 툴툴거려도 마음으로 아빠를 많이 인정하고 존경하는 눈치라고 했다.

에필로그

공부하는 엄마 아빠의 모습을 보여 줘라 김금남

우리 부부가 한 일은 아이가 자기의 일을 찾을 때까지 많은 세계를 경험하고 많은 사람들을 만나게 하는 것이었다. 우리 부부는 아이가 스스로를 행복하다고 생각하면 그것으로 족하다고 생각했다.

이것저것 많이 시도해 보기는 했지만 아이가 싫어하면 금방 그만둬 버린 것도 그런 이유에서였다. 공부에 대해 염려하지 않은 것은 아니지만, 크게 잘하지 않아도 학년별 진도만 대충 따라가 준다면 스스로 필요성을 깨닫는 날, 언제든 잘할 수 있을 것이라는 신뢰를 가지고 있었다. 다행히 아이 교육에 관해서 우리 부부는 뜻이 잘 맞았다.

다만 한 가지 강조한다면 아이에게 공부하라고 말하지 말고 공부하는 엄마, 아빠의 모습을 보여주라는 것이다. 그리고 아이를 믿고 아이와 자주 대화를 나누는 것, 이것 외에 무슨 자녀관리의 왕도가 있겠는가.

꽃은 그 본성마다 다른 재배법이 있다. 아이도 이와 마찬가지라고 생각한다. 만 가지 가정이 있고 만 가지 아이가 있기 때문에 우리 집의 방향이 정답이라는 법은 없다. 아이를 키우는 과정이란 부모와 아이가 끊임없이 상호작용을 하는 과정이다. 아이들과 부모가 때로는 양보하고 수긍하면서 맞추어가는 것이다. 부모가 항상 옳은 것은 아니다. 다만 아이보다 인생경험이 더 많은 것뿐이다. 타고난 결대로 아이 그 자체를 잘 피워나갈 수 있게 도와주어야 한다. 어떤 경우에도 강요하진 않되 아이가 부족한 부분은 채워주려고 노력했다. 해도 해도 안 되는 부분에 대해서는 아이를 인정해야 한다고 생각한다. 다만 아이들에게 많은 시간을 들이고 다양한 경험을 접하게 해주라고 당부하고 싶다.

아이가 좋아하는 것에 빠져 행복할 수 있게 하라 김순미

남들이 명문이라고 말하는 대학에 둘 다 합격하여 성공했다고 주위에서는 말한다. 그러나 이것은 단지 인생에서 지금 이 순간, 한 부분의 성취일 뿐 인생의 성공은 아니라고 아이들에게 분명히 말한다. 지금부터가 더 중요한 시작이고 우리는 또 다른 출발선 상에서 제대로 된 스타트를 하기 위해 긴장하고 있을 뿐이다.

'가장 높이 나는 새가 가장 멀리 볼 수 있다'라는 말처럼 우리는 아이들에게 높이 날아오르라고 말한다. 그런데 가장 높이 날아오르기 위해서는 뭔가 이유가 있어야 한다. 나는 큰아이와 작은아이 모두 자기가 선택한 길을 좋아했으면 하고 간절히 바란다. 좋아한다는 것만큼 강한 동기는 없다.

'머리가 좋은 사람보다 노력하는 사람이 더 잘할 수 있으며, 노력하는 사람보다 좋아하는 사람이 더 잘할 수 있다'는 말이 있다. 자기가 좋아하는 것을 선택하고 거기에 빠져 행복할 수 있는 삶을 산다면 아이들에게 더 바랄 것은 없다고 생각한다.

아이가 꿈을 향해 나아갈 수 있게 하라 김현숙

아이들이 원하는 학교에 합격했으나 당시에는 고마운 줄 몰랐다. 당연시했으니까. 그러나 한 해가 지나고 주변에서 원하는 학교에 가고 싶어도 진학하지 못하는 아이들을 보면서 참으로 고마움을 느꼈다. 어리석게도 다른 아이들을 통해서 보니 아이가 잘 자라준 게 보였다.

두 아이를 키우면서 가장 힘들었던 것은 아이들이 꿈과 목표가 정확하게 없다는 것이었다. 중학교 때에는 과학고라는 목표가 있었지만 고등학교 때는 자기가 하고자 하는 상급학교 전공분야 선택에 뚜렷한 목표가 없자 성적관리도 힘들어졌다.

꿈이 없으면 생각의 폭과 행동의 폭이 좁아진다. 현명하고 지혜로운 엄마라면 아이가 꿈을 갖게 하고 그 꿈을 향해 흔들리지 않고 나아갈 수 있도록 모든 지원을 아끼지 말아야 한다.

아이한테 필요한 게 무엇인지 고민하라 박석회

아이의 인생은 엄마가 얼마나 지혜롭게 잘 관리하고 돕느냐에 따라 엄청나게 달라질 수 있다. 초등학생을 둔 엄마라면 습관 잘 들이기, 대화와 스킨십을 통해 부모와 친해지기, 올바른 가치관 심어주기, 신앙 갖게 도와주기 등을 해야 한다고 말할 수 있다.

건전한 사고를 갖고 부모와 친하게 지내는 것은 성인이 되어서도 필요한 덕목이기도 하다.

공부관리 노하우를 굳이 든다면 목표 설정, 계획 수립, 시간 조절, 복습 잘 시키기, 숙제 꼭 챙기기, 중요 과목 강조, 가끔 체조시키기, 영어테이프 듣게 하기, 공부하는 데 무엇이 힘든지 대화하기 등이다. 엄마가 항상 눈을 떼지 않고 애한테 지금 필요한 게 뭘까 고민하면 보이는 것들이다.

아이가 공부를 잘하려면 스스로 움직이게 해야 한다. 용돈주기, 노래방 가기, 대화하기, 자랑스러워하는 마음 보여주기 등 아이들 공부 스트레스를 덜어주기 위한 보살핌이 필요하다. 부모가 안정이 되어야 아이도 안정이 된다. 남편이 신앙으로 중심을 잡아주었다. 교회를 다녀서 싸울 일도 별로 없었다.

아쉬움도 있다. 좀더 인생에 대해 긴 안목을 갖고 여유롭고, 자유롭게 키웠으면 하는 것이다. 공부보다 더 중요한 것들에 더 많이 중점을 두지 못했던 아쉬움이다.

능력 있는 사회인으로 잘 키워내는 것도 엄마의 또 다른 성공 신지연

아이들이 다 성장한 이 시점에서 뒤돌아보면 아이에게 사랑하는 마음만 있으면 문제는 있을 수 없다고 생각한다. 우리 아이들의 미래는 부모의 사랑, 정성과 노력을 먹고 산다. 뿌린 대로 거두리란 말처럼. 우리도 지금까지 인생을 살면서 거저 되는 것은 없다는 것을 느끼지 않았던가?

공부는 장기레이스이다. 서두르지 말고 장기계획을 세워 천천히, 꼼꼼히, 꾸준히 아이의 성장을 도와주고 지켜봐 주어야 한다.

소중한 우리 아이를 위해 장기적으로 엄마의 인생을 투자해 보는 것도 삶의 방법 중 하나라고 생각한다. 엄마들이 사회적으로 성공해 성취감을 갖는 것도 좋지만 아이들을 사회에 보탬이 되는 훌륭하고 능력 있는 아이로 잘 키워내는 것도 커다란 성공이라고 생각한다.

자녀교육에서 소소한 것들에 얽매일 필요는 없다. 내가 끈을 놓아 버리면 끝이라는 생각으로 끊임없는 희망과 용기를 주어야 한다.

'똑부형 엄마'보다 '똑게형 엄마'가 좋다 이미경

한때 엄마들의 유형을 '똑부형', '똑게형', '멍부형', '멍게형' 등 4가지로 나누어 비교하는 것이 유행한 적이 있었다. '똑부형'은 똑똑하고 부지런한 엄마, '멍게형'은 멍청한 데다가 게으르기까지 한 엄마를 말한다.

자녀 수가 많았던 우리 부모세대에서는 '멍게형 엄마'의 아이들이 단연 대박감이었다. '멍게형 엄마'는 길도 모르고, 아이들에게 도움을 제대로 줄 수 없는 엄마였다. 아이들은 그저 형제간 경쟁에서 스스로 자생력을 키워 사회에 나가 성공할 수 있었다.

그러나 지식정보 사회가 되면서 아이들 스스로 유익한 정보를 찾아 바르게 성장하기를 기대하기는 아주 어렵게 됐다. 엄마들의 역할이 이전에 비해 크게 필요해졌다. 당연히 '똑부형 엄마'를 선호하게 마련이다.

하지만 나는 '똑부형'보다는 '똑게형'을 최고 엄마라 생각한다. 아이 둘을 키우면서 교육철학이 바뀌었다고나 할까? 아무런 경험이 없던 큰아이 때는 계속되는 시행착오 속에서도 아이가 스스로 깨우치기를 기다리기만 했다. '멍게형 엄마'였다. 하지만 둘째를 키우면서는 큰아이에게서 겪은 시행착오가 좋은 경험이 됐다. 아이가 스스로 할 때까지 기다릴 줄 알게 되었다. '똑게형 엄마'가 된 것이었다. '똑부형 엄마'는 아무래도 타율적인 아이를 만들기 쉽다고 본다. 엄마들이 '똑게형 엄마'의 의미를 곰곰이 새겨보면 좋겠다.

포기할건 포기하고 자신 있는 것만 밀고 나가라 이현숙

엄마가 자기 때문에 고생한다고 생각하면서도 돌아서면 엄마 말을 한 귀로 흘리는 게 아이들이다. 아이가 공부를 할 것이라는 믿음이 없는 건 아니지만 언제나 마음이 초조하고 졸여지는 게 사실이다.

초등학교 때 수학과목 같은 것은 뛰어났지만 사회과목 같은 것은 성적이 썩 좋지 않았다. 아이 본인도 시험보고 나서 놀란 경우도 있었다. 그래서 경시를 준비했다. "사람은 어차피 다 잘할 순 없다. 용기 있게 포기할 건 포기하고, 좀더 자신 있는 부분을 밀고 나가라"고 늘 이야기해 왔다. 영재가 아니더라도 어릴 때부터 아이의 재능을 살려주는 게 중요하다고 생각한다.

엄마들에게 조언한다면 공부에 위기가 오더라도 흔들리지 말라는 것이다. 이 길이 아니면 저 길이 있고, 나락으로 떨어지더라도 마음만 있으면 바닥을 치고 올라올 수 있기 때문이다. 한 우물을 파면 좋은 결과가 있게 마련이다.

정말이지 아이랑 많은 시간을 보냈고 행복했다. "네가 있어 행복했다." 이 말은 죽을 때 아이에게 꼭 들려주려고 아껴두고 있는 말이다. 모든 엄마들은 아이들 때문에 행복해질 수 있다. 행복해지려면 원하는 이상의 정성을 쏟아야 한다.

아이들을 내 수준으로 끌어 올려라 정병희

아이들을 그저 사랑하기만 했고 항상 아이들을 내 수준으로 끌어 올리려고 했다.

초등학교 때부터 학습지 영어를 시켰고, 큰아이와 작은아이를 함께 영어학원에 보냈다. 당시 바둑도 같이 보내고 피아노도 보냈는데, 사교육비가 상당히 들어서 영어를 그만두었다. 사실 부모가 아이에게 영어를 공부시키는 건 중학교 때까지인 것 같다. 그런 점에서 시기를 놓친 것 같아 아쉽다. 공부에는 다 때가 있는 법이다.

두 아이를 좋은 대학, 좋은 학과에 보내게 된 데에는 적절한 사교육 선택이 큰 작용을 했다고 솔직히 말하고 싶다. 이게 엄연한 우리 현실이다.

무리할 것까지는 없더라도 돈을 들여야 할 때라고 판단되면 주저하지 않고 돈을 써야 한다. 아깝다고, 혹은 없다고 머뭇거리기에는 경쟁이 너무 치열하다.

아이들에게 어른들을 자주 만나는 기회를 주어야 한다는 생각이 든다. 핵가족시대여서 그런지 이런 데 별로 신경을 쓰지 않는데, 길게 보면 아이들 인성교육에 굉장히 중요한 역할을 한다는 점을 꼭 말하고 싶다.

부모의 마음만 앞선다면 절대 성공하지 못한다 정연덕

성취욕이 강한 아이에게는 조금 덜하겠지만 아이에게 엄마의 역할은 필수적이다. 하지만 부모의 마음만 앞선다면 절대 성공하지 못한다. 아이가 따라준다면 다행이다. 따라줄 수 있도록 마음이 통하는 사이가 되어 있어야 한다.

아이에 대한 기대가 큰 나머지 엄마가 지나치게 아이를 챙기다 실패한 경우를 종종 보았다. 중학교 때까지는 아이가 부모를 따라주었지만 고등학교에 와서 엄마와의 골이 깊어진 경우이다.

아이들이 착하고 해서 직접적으로 아이에게 학습에 대한 지적을 하지 않았다. 엄마가 끈기 있고 지구력 있는 모습을 못 보여준 것이 조금 안타깝기도 하다.

아이를 신뢰하고 긍정적인 마음을 심어주는 것이 중요하다. 더러는 흔들리더라도 너를 믿는다고 끊임없이 상기시켜 주어야 한다. 자신감을 갖도록 격려하고 칭찬하고, 동기를 부여하는 것이 엄마의 역할 중 가장 중요하다.

아이로 인해 힘들 때도 있지만 아이들이 곁에 있을 때가 엄마, 아빠가 가장 행복할 수 있는 시간이란 걸 많은 엄마들이 알았으면 한다.

사랑을 표현하는 기술이 필요하다 조옥남

아이들은 엄마의 욕심대로 잘 따라와 원하는 학교에 진학했다. 남들은 부러워하지만 아쉬운 점이 많다. 다른 집에서는 엄마와 딸이 팔짱도 끼고 다니는데 좀처럼 그런 법이 없다.

밖에서는 사랑 받으면서 집에서는 딴판이다. 아이들은 엄마가 뒷바라지한다고 고생한 줄을 잘 모르는지, 본인이 받았던 상처를 종종 들춰낸다. 학교 시험에서 아이가 아는 문제를 틀렸을 때는 화부터 먼저 내고 손이 올라가기도 했다. 이런 것들이 가슴에 남았던 모양이다.

가족이란 서로 사랑하면서도 또 서로 상처를 주고받는 사이라고 했던가. 18년 동안 "너를 위해서"라며 아이에게 숱한 욕심을 부렸다. 그 욕심으로 인해 아이에게 상처를 입히기도 하고 때로는 미워하며 얼마나 서로 가슴앓이를 했는지. 마음 표현이 서툴렀다고 후회하지만 후회는 항상 늦게 오는 법인 모양이다.

때늦은 애정 표현이 영 낯설다. 그러면서 서로를 다시 맞추어 가고 있다. 직선적인 엄마보다는 곡선적인 엄마가 커뮤니케이션에 도움이 된다고 본다.

요즘 아이들의 정서가 메말랐다. 아름답게 핀 꽃을 보고도 여간해서는 감탄하는 법이 없다. 문학작품을 읽고 눈물 뚝뚝 흘릴 수 있는 감성 풍부한 아이로 키웠으면 하는 아쉬움이 남는다.

부록 : 명문대 보낸 엄마들의 자녀관리 설문 결과

아래 설문 결과는 이 책의 필자로 참여한 10명의 엄마를 포함해 특목고, SKY대학에 아이를 보낸 엄마 20명을 대상으로 실시한 것입니다.

◆공부 성공 요인

다음 공부 성공 요인 중에서 가장 중요한 두 가지를 꼽는다면?	
아이의 노력	61%
아이의 지능	18%
집안의 뒷바라지	21%
학교	0%
학원	0%

아이의 노력은 공부 성공에 얼마나 중요한가요?	
매우 중요	88%
중요	12%
보통	0%
크게 중요하지 않음	0%
거의 중요하지 않음	0%

집안의 뒷바라지는 공부 성공에 얼마나 중요한가요?	
매우 중요	17%
중요	61%
보통	22%
크게 중요하지 않음	0%
거의 중요하지 않음	0%

학교나 선생님은 공부 성공에 얼마나 중요한가요?	
매우 중요	22%
중요	50%
보통	28%
크게 중요하지 않음	0%
거의 중요하지 않음	0%

학원은 공부성공에 얼마나 중요한가요?	
매우 중요	24%
중요	24%
보통	52%
크게 중요하지 않음	0%
거의 중요하지 않음	0%

◆ 교육단계별 엄마의 역할

자녀교육에서 엄마 역할은 어느 정도 중요하다고 생각하나요?	
매우 중요	28%
중요	56%
보통	10%
크게 중요하지 않음	6%
거의 중요하지 않음	0%

초등학교 단계에서 엄마 역할은 어느 정도 중요하다고 생각하나요?	
매우 중요	29%
중요	47%
보통	24%
크게 중요하지 않음	0%
거의 중요하지 않음	0%

중학교 단계에서 엄마 역할은 어느 정도 중요하다고 생각하나요?	
매우 중요	18%
중요	76%
보통	6%
크게 중요하지 않음	0%
거의 중요하지 않음	0%

고등학교 단계에서 엄마 역할은 어느 정도 중요하다고 생각하나요?	
매우 중요	18%
중요	59%
보통	23%
크게 중요하지 않음	0%
거의 중요하지 않음	0%

◆ 엄마들의 공부관리법

자녀 공부에 보통 엄마들과는 다른 노력을 기울였다고 생각하나요?	
확실히 그렇다	19%
그런 편	50%
보통엄마와 차이 없음	31%
그렇지 않은 편	0%
전혀 그렇지 않다	0%

자녀 공부에 대한 열정을 가지고 있다고 생각하나요?	
확실히 그렇다	35%
그런 편	47%
보통	18%
그렇지 않은 편	0%
전혀 그렇지 않다	0%

소신 있게 자녀 공부를 관리하는 편인가요?

확실히 그렇다	18%
그런 편	47%
보통	29%
그렇지 않은 편	6%
전혀 그렇지 않다	0%

학습 정보 수집에 능하다고 생각하나요?

확실히 그렇다	6%
그런 편	29%
보통	53%
그렇지 않은 편	12%
전혀 그렇지 않다	0%

공부 위기관리에 뛰어나다고 생각하나요?

확실히 그렇다	6%
그런 편	33%
보통	55%
그렇지 않은 편	6%
전혀 그렇지 않다	0%

공부관리가 힘들 때는 주로 어떻게 했나요?

학교와 상담	13%
학원과 상담	13%
친구 엄마들과 상담	37%
남편과 상담	31%
전문 기관과 상담	6%

엄마의 관리가 없더라도 자녀가 특목고나 명문대에 입학했을 것이라고 생각하나요?

확실히 그렇다	12%
그런 편	35%
조금 어려웠을 것	47%
거의 불가능 했을 것	6%

엄마의 공부관리는 어디에 중점을 두어야 한다고 생각하나요? 두 가지를 꼽는다면?

아이의 자신감부여	46%
학원 등 정보 관리	18%
시간 관리	22%
건강 관리	14%

보통 엄마들의 자녀 공부관리에 부족한 점이 있다면?

동기부여 부족	61%
관심 부족	6%
체계적인 관리 부족	33%
경제적인 지원 부족	0%
기타	0%

명문대에 보내려면 공부 관리는 언제부터 시작해야 한다고 생각하나요?

초등학교 입학 전부터	24%
초등학교 때부터	58%
중학교 때부터 해도 충분	12%
고등학교 때 해도 늦지 않다	6%

어느 단계까지 아이의 학교 공부를 직접 챙겨주었나요?

유치원	7%
초등학교까지	66%
중학교까지	27%
고등학교까지	0%
챙겨준 적 없다	0%

인생의 목표가 자녀 뒷바라지에 있다고 생각하나요?

확실히 그렇다	12%
그런 편이다	35%
그렇지는 않다	53%

자녀관리에서 자녀와의 친밀도가 얼마나 중요하다고 생각하나요?

매우 중요	47%
중요	53%
보통	0%
그다지 중요하지 않음	0%
전혀 중요하지 않음	0%

실제로 얼마나 친밀하다고 생각하나요?

아주 친밀	12%
친밀한 편	70%
보통	12%
별로 친밀하지 않음	6%
거의 친밀하지 않음	0%

공부관리에 잔소리가 필요하다고 생각하나요?

아주 필요	6%
필요한 편	41%
보통	29%
필요 없는 편	24%
거의 필요 없다	0%

자녀 관리 방식은?

방임형이다	6%
뒤에서 받쳐주는 형	88%
리드형이다	6%

아이가 슬럼프에 빠졌을 때는 어떻게 했나요?

내버려 둔다	38%
물질적인 보상을 해 준다	0%
엄마 생각대로 밀고나간다	0%
기타	62%

자녀 교육과 관련된 교육을 받은 적이 있나요?

도움이 될 정도로 받았다	18%
거의 없었다	76%
전혀 없었다	6%

◆ 공부 중요성과 사교육

학교 공부가 인생에서 어느 정도 중요하다고 생각하나요?

매우 중요	18%
중요	64%
보통	18%
크게 중요하지 않음	0%
거의 중요하지 않음	0%

명문대 진학에 초등학교 때 공부가 얼마나 중요하다고 생각하나요?

매우 중요	0%
중요	35%
보통	30%
그다지 중요하지 않음	35%
거의 중요하지 않음	0%

명문대 진학에 중학교 때 공부가 얼마나 중요하다고 생각하나요?

매우 중요	6%
중요	55%
보통	28%
그다지 중요하지 않음	11%
거의 중요하지 않음	0%

명문대 진학에 고등학교 때 공부가 얼마나 중요하다고 생각하나요?

매우 중요	44%
중요	31%
보통	25%
그다지 중요하지 않음	0%
거의 중요하지 않음	0%

명문대 진학에 초등학교 때 사교육이 얼마나 필요하다고 보나요?

매우 필요	41%
필요	24%
보통	35%
그다지 필요하지 않음	0%
거의 필요하지 않음	0%

명문대 진학에 중학교 때 사교육이 얼마나 필요하다고 보나요?

매우 필요	12%
필요	53%
보통	29%
그다지 필요하지 않음	6%
거의 필요하지 않음	0%

명문대 진학에 고등학교 때 사교육이 얼마나 필요하다고 보나요?

매우 필요	24%
필요	46%
보통	24%
그다지 필요하지 않음	6%
거의 필요하지 않음	0%

아이들 학습교육정보는 주로 어디에서 얻었나요?

학교	11%
학원	28%
친구 엄마	33%
신문 등 미디어	22%
기타	6%

자녀의 초등학교 때 성적은?

최상위권	39%
상위권	61%
보통	0%
하위권	0%
최하위권	0%

자녀의 중학교 때 성적은?

최상위권	59%
상위권	41%
보통	0%
하위권	0%
최하위권	0%

자녀의 고등학교 때 성적은?

최상위권	29%
상위권	65%
보통	6%
하위권	0%
최하위권	0%

초등학교 때 사교육이 반드시 필요하다고 보는 과목은?

영어	64%
수학	32%
과학	0%
국어	4%
사회	0%
기타	0%

중학교 때 사교육이 반드시 필요하다고 보는 과목은?

영어	43%
수학	43%
과학	11%
국어	3%
사회	0%
기타	0%

고등학교 때 사교육이 반드시 필요하다고 보는 과목은?

영어	27%
수학	45%
과학	9%
국어	5%
사회	9%
기타	5%

초등학교 때 지출한 월간 사교육 비용은?

10만원 이하	41%
10만원~30만원	47%
30만원~50만원	12%
50만원 이상	0%

중학교 때 지출한 월간 사교육 비용은?

10만원 이하	18%
10만원~30만원	35%
30만원~50만원	47%
50만원 이상	0%

고등학교 때 지출한 월간 사교육 비용은?	
10만원 이하	23%
10만원~30만원	8%
30만원~50만원	61%
50만원 이상	8%

학교와의 관계는 어떠했나요?	
자주 찾아가 상담	0%
보통	59%
잘 찾지 않는 편	41%

지능과 노력 중 공부에 꼭 필요한 한 가지를 꼽는다면?	
지능	0%
노력	100%

지능은 타고난 것이기도 하지만 후천적으로 획득된다는 견해에 동의하나요?	
동의한다	88%
동의하지 않는다	12%

◆ 공부 잘한 아이들의 특징

자신의 아이가 다른 아이들과 비교해 능력이 뛰어나다고 생각하나요?	
매우 뛰어남	12%
뛰어난 편	64%
별 차이 없음	24%
약간 떨어짐	0%
크게 떨어짐	0%

보통아이도 노력하기에 따라 명문대에 진학할 수 있다고 생각하나요?

확실히 그렇다	35%
그런 편이다	59%
다소 어렵다	6%
거의 불가능하다	0%

자녀가 엄마의 관리방법에 잘 따라 주었나요?

아주 그런 편	6%
그런 편	59%
보통	29%
그렇지 않은 편	6%
거의 그렇지 않은 편	0%

아이가 공부를 즐겨하는 편이라고 생각하나요?

매우 즐기는 편	6%
즐기는 편	64%
보통	24%
싫어하는 편	6%
아주 싫어하는 편	0%

아이가 자기 일을 스스로 알아서 하는 편인가요?

거의 그렇다	41%
그런 편	47%
보통	0%
그렇지 않은 편	12%
거의 그렇지 않다	0%

아이가 언제부터 두각을 나타냈나요?	
초등학교 전부터	12%
초등학교 때부터	47%
중학교 때부터	29%
고등학교 들어	12%

아이가 두각을 나타내게 된 비결은 무엇인가요?	
스스로 꿈을 가진 뒤	75%
엄마가 직접 돌봐주기 시작한 뒤	0%
학원에 다니고부터	6%
학교선생님을 잘 만나고부터	0%
기타	19%

아이가 공부를 잘한다는 이유로 '왕따'를 당한 적이 있나요?	
감당키 어려울 정도로 당했다	0%
당한 편이다	12%
그런 적이 없다	88%